Trabalho Além da Barbárie

Organização:
Ana Paula Alvarenga
Gabriel Velloso
Hugo Cavalcanti Melo Filho
Magda Barros Biavaschi
Raquel Rodrigues Braga
Reginaldo Melhado
Suely Filippetto
Xerxes Gusmão

Trabalho Além da Barbárie

LACIER

LACIER

Lacier Livraria e Editora
www.livrarialacier.com.br

Rua Doutor Quirino, 808 – Centro
CEP 13015-081 – Campinas, SP – Brasil

Maio, 2022

Diretor: *Lacier José de Rezende*
Diretor assistente: *Eduardo Soares Aureliano*
Projeto de capa: *Fabio Giglio*
Projeto gráfico e editoração eletrônica: *Peter Fritz Strotbek – The Best Page*

Ficha Catalográfica

Dados Internacionais de Catalogação na Publicação (CIP)
(Câmara Brasileira do Livro, SP, Brasil)

Trabalho além da barbárie. — 1. ed. — Campinas, SP : Lacier Editora, 2022.

Vários organizadores.
Bibliografia.
ISBN 978-65-88805-29-9

1. Direito do trabalho.

22-109833 CDU– 34:331(81)

Índices para catálogo sistemático:

1. Brasil : Direito do trabalho 34:331(81)

Aline Graziele Benitez – Bibliotecária – CRB-1/3129

Sumário

Política Judiciária

Direito do Trabalho

Apresentação

A obra "Trabalho Além da Barbárie" é fruto da imperiosa necessidade de divulgação da cultura democrática e da socialização deste pensamento.

As redes sociais são importante ferramenta para este fim, mas contam com poucos sites que se dedicam ao temário jurídico e ofertam restrito material da área do direito do trabalho. Por esta razão, juízes da Associação Juízes para a Democracia, de vários cantos do Brasil, se reuniram para realizar um projeto que consistiu na realização de uma coluna que recebeu o título homônimo da obra, com seu lançamento no site Justificando, em 06 de agosto de 2020, com a proposta de produção de artigos semanais, que ora estão reunidos e apresentados em blocos temáticos.

Verificou-se que era imprescindível que a valorosa contribuição dos autores, tomasse a forma insubstituível de um livro.

O projeto também contou com a participação de autores convidados pelos colunistas, de modo que dela participaram juízes não associados da entidade mencionada e autores de outras áreas (medicina, psicanálise, economia, advocacia e acadêmicos).

O leitor encontrará 62 artigos de 46 autores, que compartilharam generosamente o pensamento, que é uma forma insubstituível de resistência.

São magistrados e outros profissionais que elegeram o trabalhador e a justiça social como um norte de vida.

A mim coube a pequena tarefa de ter sido a animadora do projeto e coordenadora da coluna pelo período de um ano, sucedida por Suely Filippetto, o que me deu o privilégio de ler os artigos em primeira mão e ver que somos muitos que sonham em construir um outro país, no qual certamente os trabalhadores estarão da centralidade, envoltos sob o manto da dignidade humana.

Neste Brasil, sobretudo nos últimos anos, ela urge diante da barbárie que vem caracterizando as relações de trabalho e que se apoia em mudanças legislativas e políticas econômicas e sociais, facilitadas por golpes de Estado, que recebem novo formato no século XXI, como o que ocorreu no Brasil em 2016, além de um judiciário constitucional, que não prima pela preservação das conquistas históricas dos trabalhadores.

Sabemos que a chamada crise do capitalismo buscou uma solução que tem em seu alicerce a aliança do capital corporativo globalmente integrado com elementos neofascistas locais. Neste sentido, dentro do cenário mundial, podemos apontar o atual governo (de Jair Bolsonaro), como um de seus grandes exemplos.

O que colhemos deste período no Brasil é a devastação.

Estamos dentre os dez países mais desiguais do mundo e possuímos o pior nível de concentração de renda. De acordo com o relatório do Pnud (Programa das Nações Unidas para o Desenvolvimento), de 2019, estamos no sétimo lugar.

Esta política gera mais e mais concentração de renda. O Banco Credit Suisse divulgou o seu Relatório anual de Riqueza Global, e em 2021, 49,6% da riqueza do país estava nas mãos do 1% mais rico da população. A concentração só fez aumentar, pois em 2019, esta parcela detinha 46,9% da riqueza.

Do informe de 2022 da OIT, constatamos que em 2019 o número de desempregados era de 12,5 milhões — 11,9% e em 2021 a taxa chegou ao patamar assustador de 14,3 milhões — 14,4%, índice superior ao dobro da média mundial.

Acrescente o número dos desalentados, pessoas que tristemente abandonaram o mercado de trabalho e nem buscam mais emprego e, ainda, junte a crescente informalidade.

A pesquisa Economy Informal comprova que somos muito pródigos nos *ranking* mundiais, já que o Brasil foi considerado o terceiro pior país para trabalhar, especialmente em razão de três fatores: grande número de assassinatos, repressão a greves e enfraquecimento de negociações coletivas, fato agravado com a política governamental durante a pandemia, com edições de medidas provisórias que mais vulneraram o trabalhador e com fortes ataques desde 2017 (ano da Reforma Trabalhista).

No temário "trabalho infantil", a Organização Internacional do Trabalho (OIT) e o Fundo de Emergência Internacional das Nações Unidas para a Infância (Unicef) apontaram, no relatório "Trabalho Infantil: Estimativas Globais 2020, tendências e o caminho a seguir", que houve aumento do trabalho infantil, na escala mundial, estagnada há vinte anos. Em São Paulo, houve aumento de 26% de crianças em situação de trabalho infantil entre maio e julho de 2020, dentre as famílias assistidas pela Unicef.

Poderia seguir com uma sucessão de dados, de várias vertentes das relações de trabalho, e todos eles apontariam para a conclusão apresentada pela ITUC (Internacional Trade Union Confederation), no relatório "Global Rights Index" de 2021 (Índice de Direitos Globais), que avalia desde 2014 os direitos sindicais e humanos por país. O último relatório indicou que o Brasil está entre os dez piores países para os trabalhadores, levando em conta quase cem indicadores, que avaliam o cumprimento dos direitos trabalhistas coletivos e as violações, pelos governos e por empregadores, dos direitos reconhecidos internacionalmente.

No campo normativo tivemos as reformas neoliberais, a chamada reforma trabalhista de 2017, cuja agenda central foi dizimar os direitos trabalhistas, em atenção aos interesses do mercado, além de diversas medidas provisórias, no período da pandemia, que retiraram mais direitos laborais.

Mas não cessam, ainda na seara legislativa, temos até proposta de decreto legislativo (PDL n. 177/2021) para denunciar a Convenção 169, que visa autorizar o presidente da República a denunciar a Convenção e muitas outras iniciativas que têm no fundo o mesmo objeto: jogar o prato da balança em que está o trabalhador, no chão.

No campo do Judiciário constitucional encontramos mais uma mão a empurrar os trabalhadores para o abismo, como se pode concluir do precioso e minucioso estudo de Grijalbo da Costa Coutinho (*"in"* Justiça Política do Capital).

As intervenções governamentais, por suas políticas, é que fomentam, cada dia mais e mais a barbárie e reforçam as tendências mais perversas e malignas do neoliberalismo, que aumentam a pobreza, o desemprego.

Tudo só mostra a terra arrasada que estão transformando o país.

Neste ciclo do sistema capitalista intensifica-se a busca pelo rompimento da identidade de classe coletiva. Vejam que desde a edição da Lei n. 13.3467/2017, o sistema de negociação coletiva teve uma queda imediata e drástica de 45%. Mas isto me fez lembrar da *greve negra dos ganhadores*, considerada a primeira greve do Brasil, que aconteceu na Bahia, em 1857.

Eram os negros que transportavam gente e carga. Ganhadores que se organizavam em *cantos*, que ressoavam nas esquinas e encruzilhadas da cidade, o espírito coletivo, que unia os trabalhadores.

Pois bem, diante deste quadro, que eu diria dantesco, cabe aos juízes fortalecer o ethos coletivo do trabalho e garantir aos trabalhadores a dignidade humana do trabalho.

A resistência dos autores, que me encantam e nos brindam com esta coletânea, composta por artigos densos, catalisados pelo tema do trabalho nos remete para necessidade do sistema de justiça fazer frente, dentro de seus limites e dar fim a este estado de coisa inconstitucional.

Só posso dizer para cada um dos autores e autoras: Bravíssimo! Obrigada por socializarem o que pensam e o que sonham!

"Mesmo na noite mais triste
Em tempo de servidão
Há sempre alguém que resiste
Há sempre alguém que diz não."

Miguel Alegre – referido por João José Reis *"in" Ganhadores:* a greve negra de 1857 na Bahia.

Os leitores certamente concluirão após a leitura dos ricos textos:

Há juízes no Brasil!

Há juízes que dizem não!

Vamos reconstruir a base civilizatória mínima do trabalho com todas as letras da Constituição cidadã.

Adelante!

Kenarik Boujikian
Desembargadora aposentada TJSP.
Cofundadora da Associação Juízes para a Democracia.

Prefácio

Nos idos de 2020, cometi a ousadia, em artigo na revista Carta Capital(1), de lançar a indagação: *O trabalho tem futuro?* Hesitei quanto ao título. Primeiro, acudiu-me a ideia de encimar o texto com o título "O Futuro do Trabalho". Rapidamente meu inconsciente suscitou uma advertência: por acaso o senhor tem certezas sobre o trabalho do futuro? Reconheci que o tema está inçado de incertezas.

Por isso, ouso aqui invocar algumas ideias que, com Gabriel Galípolo, desenvolvi no livro *A Escassez na Abundância Capitalista.*(2) O título é paradoxal, assim como o paradoxo da produtividade apontado pelo relatório *Compendium of Productivity Indicators 2018*, da Organização para a Cooperação e Desenvolvimento Econômico (OCDE): "A despeito da retomada do crescimento na maioria dos países da OCDE, o maior peso de empregos de baixa produtividade reduziu os salários reais na economia como um todo".

O paradoxo revela que a aceleração do progresso tecnológico deslocou um contingente significativo de trabalhadores para atividades de baixa qualificação, o que deprime a produtividade e a capacidade de consumo dos trabalhadores submetidos ao emprego precário. Em seu rastro de vitórias, as legiões do progresso tecnológico deixam uma procissão de desgraças: além do desemprego, promovem a crescente insegurança e precariedade das novas formas de ocupação, a queda dos salários reais, a exclusão social.

Em *Phenomenology of The End*, o filósofo Franco Bifo Berardi(3) desvenda as transformações: "O capital deixou de alugar a força de trabalho das pessoas, mas compra 'pacotes de tempo', separados de seus proprietários ocasionais e intercambiáveis. O tempo despersonalizado tornou-se o agente real do processo de valorização e o tempo despersonalizado não tem direitos nem demandas. Apenas deve estar disponível ou indisponível, mas essa alternativa é meramente teórica, pois o corpo físico, a despeito de desconsiderado juridicamente, ainda tem de se alimentar e pagar aluguel". À sua maneira, Bifo Berardi aponta para uma transformação crucial nas relações de trabalho no capitalismo contemporâneo. O progresso tecnológico da inteligência artificial, da internet das coisas e da robótica promove a dissolução das relações de assalariamento, o dito "emprego formal" que sustentou essas relações ao longo dos séculos de evolução da assim chamada economia de mercado.

---

(1) Nota do editor: BELLUZZO, Luiz Gonzaga. "O trabalho tem futuro?", *Revista Carta Capital*, 22 jul. 2020.

(2) Nota do editor: BELLUZZO, L.G; GAÍPOLO, Gabriel. *A Escassez na Abundância Capitalista*. São Paulo: Contracorrente, 2019.

(3) Nota do editor. BERARDI, Franco Bifo. *Fenomenologia do Fim*. Buenos Aires: Caja Negra, 2020.

Isso porém não significa que os trabalhadores ganhem mais independência e autonomia, tempo livre e outras delícias embutidas no rol de possibilidades desse sistema paradoxal. Muito ao contrário, acentuam-se as dependências das grandes estruturas monopolistas que surgem das transformações tecnológicas e organizacionais. São os grilhões da liberdade. O fenômeno do surgimento e multiplicação das chamadas plataformas digitais invade o espaço ocupado pelo comércio, pela finança, pelos serviços, pela publicidade e pela produção. As empresas de plataforma têm um papel cada vez mais importante nas economias contemporâneas. Além dos gigantes numéricos, como *Google*, *Apple*, *Facebook*, *Amazon* e *Microsoft*, as plataformas ocupam outros setores como finanças, hotelaria, transportes, comercialização e distribuição de mercadorias, entrega de comida em domicílio.

Outrora apoiado em edificações distribuídas pelos espaços físicos nas cidades e arredores, o comércio — atacado e varejo — baseado no contato pessoal entre funcionários vendedores e clientes vem sendo substituído pelo *e-commerce*. Os bancos e as demais instituições financeiras reduzem as agências e os serviços prestados pessoalmente por gerentes e funcionários. Os serviços bancários são terceirizados para agentes autônomos, sem relações de trabalho formais com as plataformas que funcionam como um centro de controle das atividades. Ao contrário do que sugerem as versões disseminadas pelo senso comum, essas plataformas facilitam a concentração bancária. As chamadas *fintechs*, apresentadas como um avanço para a maior competitividade, transformam-se, na verdade, em operadoras das grandes instituições bancárias e financeiras.

Os trabalhadores autônomos, empreendedores de si mesmos, assumem os riscos da atividade — investimento, clientela —, mas estão submetidos ao controle da plataforma na fixação de preços e repartição dos resultados. Essa organização do trabalho foi predominante nos primórdios do capitalismo manufatureiro da era mercantilista, sob a forma do *putting-out system*. Os comerciantes forneciam a matéria-prima para os artesãos "autônomos" que estavam obrigados a entregar o produto manufaturado em determinado período. O salário por hora de Paulo Guedes é uma tentativa de restaurar as relações de trabalho do mercantilismo. O capitalismo das plataformas transforma a possibilidade do tempo livre na ampliação das horas trabalhadas, na intensificação do trabalho, na precarização e empobrecimento do óleo queimado que sobrevive na bolha cada vez mais inflada dos trabalhadores em tempo parcial.

Peço licença e volto a Bifo Berardi. Em entrevista recente ele dispara: "O desenvolvimento tecnológico, em si mesmo, não é uma coisa má, pelo contrário. O problema está na forma como o capitalismo organiza as possibilidades tecnológicas de maneira a cairmos numa armadilha. O que quero eu dizer com isto? Que somos levados a pensar que a liberdade advém do trabalho e do salário. Que somos obrigados a pensar que a tecnologia é uma ferramenta para a acumulação, o lucro. Ora, é difícil sair de 'armadilhas mentais' como essa."

O capitalismo da grande indústria, da finança e da construção do espaço global, entre crises e recuperações, exercitou os poderes de transformar e dominar a natureza — até mesmo de reinventá-la — suscitando desejos, ambições e esperanças. A admirável inclinação para revolucionar as forças produtivas há de aproximar homens e mulheres do momento em que as penas do trabalho subjugado pelo mando de outrem seriam substituídas pelas delícias e liberdades do ócio com dignidade. Estaria prestes a se realizar o projeto humano de trabalhar menos para viver mais. Os avanços da microeletrônica, da informática, da automação dos processos industriais já permitem vislumbrar a libertação das fadigas que se padece em nome de uma ética do trabalho que só engorda os cabedais dos que nos dominam. Veja o caro leitor que alguns cidadãos já podem trabalhar em casa, longe dos constrangimentos da hierarquia da grande empresa e assim escolher à vontade entre o tempo livre e as fadigas do labor.

As transformações tecnológicas e suas consequências sociais ensejariam a proeza de realizar o projeto da autonomia do indivíduo, aquele inscrito nos pórticos da modernidade. A autonomia do indivíduo significa sua autorrealização dentro das regras das liberdades republicanas e do respeito ao outro. O projeto da autonomia do sujeito é uma crítica permanente e inescapável da submissão aos poderes — públicos e privados — que o cidadão não controla. A globalização, o avanço tecnológico e a transformação das formas de trabalho estariam a realizar esta maravilhosa promessa da modernidade. A economia capitalista engendrou formas de sociabilidade que descortinaram a possibilidade de libertar a vida humana e suas necessidades das limitações impostas pela natureza e pela submissão pessoal. A indústria moderna, essa formidável máquina de eliminação da escassez, oferece aos homens e mulheres a "realidade possível" da satisfação dos carecimentos e da libertação de todas as opressões pelo outro.

Na marcha de sua realidade real, o capitalismo incitou os anseios de realização pessoal, mas também fez emergir estruturas técnico-econômicas e formas de dependência que agem sobre o destino dos protagonistas da vida social como forças naturais que frequentemente destroem a natureza, fora do controle da ação humana. O processo de valorização do capital libera tempo de trabalho socialmente necessário, mas o valor criado é enclausurado nos grilhões do capital fictício, a forma mais avançada e abstrata do capital-propriedade. Não se trata de uma apropriação que favorece os direitos de uns em detrimento de outros. Muito ao contrário, a apropriação do tempo livre pelo capital-propriedade respeita rigorosamente os fundamentos jurídicos da ordem capitalista, a propriedade privada e o contrato.

Os artigos deste livro foram escritos durante difícil período da história em que o capitalismo globalizado busca realizar sua essência, mercantilizando, sem peias, todas as esferas da convivência humana e, concentrando renda, riqueza e poder, impõe graves riscos à democracia. A partir de distintas lentes, trazem reflexões interdisciplinares que se complementam e se inter-relacionam, contribuindo para que se trilhem os desejados caminhos superadores de nossas abissais desigualdades sociais que, no Brasil, a mal conduzida pandemia da Covid-19 escancarou e aprofundou, trazendo luzes às tarefas de reconstrução de uma tela pública de proteção fundada nos princípios da igualdade e da não discriminação e de um sistema de produção que a todas e todos possa beneficiar.

Luiz Gonzaga Belluzzo[(4)]
Economista. Professor titular do
Instituto de Economia da Unicamp.
Fundador e Professor da Facamp.

(4) Formou-se em Direito pela Universidade de São Paulo (USP) em 1965. Estudou Ciências Sociais na Faculdade de Filosofia, Letras e Ciências Humanas da USP. Ingressou no curso de pós-graduação em Desenvolvimento Econômico, promovido pela CEPAL/ILPE, graduando-se em 1969. Doutor em Economia pelo Instituto de Economia da Unicamp, passou a integrar seu corpo de professores, passando, em 1986, a professor titular do Instituto. Assessor econômico e secretário de Política Econômica do Ministério da Fazenda (1985-1987), durante o governo de José Sarney, foi, de 1988 a 1990, secretário de Ciência e Tecnologia do estado de São Paulo, durante a gestão de Orestes Quércia. Um dos fundadores e Professor da Facamp (Faculdade de Campinas), recebeu, em 2005, o Prêmio Juca Pato de Intelectual do ano. Incluído no *Biographical Dictionary of Dissenting Economists* entre os 100 maiores economistas heterodoxos do século XX. É, ao lado de María da Conceição Tavares e de Celso Furtado, considerado um dos maiores economistas heterodoxos do país devido às interpretações, sugestões e críticas à sociedade brasileira, sob a ótica de Karl Marx e John Maynard Keynes. Foi, entre outras posições de destaque, membro do Conselho Diretor da mantenedora da Fundação Escola de Sociologia e Política de São Paulo e conselheiro da Fundação de Amparo à Pesquisa do Estado de São Paulo (FAPESP), bem como presidente do Conselho Curador da Empresa Brasil de Comunicação (EBC), que opera a TV Brasil, emissora pública criada no Governo Lula, tendo, também, integrado o conselho deliberativo do Centro Internacional Celso Furtado de Políticas para o Desenvolvimento. Ainda, é consultor editorial da *Revista Carta Capital.*

Sociologia do Trabalho

A Domesticarização no Mundo do Trabalho

Por Marcelo Tolomei Teixeira[(1)]

Nos últimos tempos, a entrega em domicílio de mercadorias encomendadas por Internet substituindo compras, a entrega em domicílio de comida pronta acabando com a obrigação de cozinhar, o *personal trainer* individualizando o exercício físico, seja na academia ou nas residências, o uso dos aplicativos para utilização de transporte se tornou cada vez mais intensificado, assim como dos chamados passeadores de cachorros, já que o profissional sobrecarregado não tem tempo para tal. Sem falar do nosso tradicional trabalho doméstico — nossas diaristas ou trabalhadoras mensais.

O sociólogo francês André Gorz já denunciava, nos anos 80, que o tempo que essas atividades nos oferecem, ou seja, o tempo que nós ganhamos com a contratação de tais serviços, principalmente por parte da classe média, não é mais produtivo, mas de consumo, de conforto, que está a serviço de nossos deleites privados. Demonstra o sociólogo que essas relações de trabalho são de tipo servil ("neodomesticidade"), geralmente subqualificadas e sub-remuneradas, mas que podem representar o que ele chama de uma "jazida de empregos".

Cabe a ressalva de que as pessoas, necessitando de trabalhar, recorrem à *domesticarização* (junção com terceirização, já que há um terceiro utilizado para nossas atividades domésticas ou privativas), e muitas vezes de forma dolorosa. Podemos pensar no tempo que não podem, mas que gostariam de ficar com seus filhos, e daí recorrem às babás ou serviços de creches. Por outro lado, a utilização dos carros por aplicativos barateou os gastos com transportes e abriu o leque para sua utilização até por setores mais populares.

Os entregadores de alimentos e demais produtos, assim como grande parte das domésticas, não interromperam as suas atividades por ocasião da pandemia do coronavírus, demonstrando toda a crueza da domesticarização. Tais atividades não são rigorosamente essenciais, já que em situação de guerra, como na da atual pandemia, as pessoas ou famílias deveriam cuidar de cozinhar e manter a higiene de suas casas, são, no entanto, ainda servidos...

O desenvolvimento de tais serviços só é possível em um contexto de desigualdade social crescente, onde uma parte da população açambarca as atividades bem remuneradas e constrange outra parte ao papel de serviçal. E isso vem ocorrendo no mundo todo, do Brasil aos Estados Unidos — relembrando o aumento da desigualdade social americana, que, notoriamente, possui imensos bolsões de misérias, com negros e imigrantes com ocupações subalternas.

Publicação original no *site* **Justificando**: <https://www.justificando.com/2020/08/20/a-nova-domesticarizacao-no-mundo-do-trabalho/>. Data da publicação: Quinta-feira, 20 de agosto de 2020.

(1) Juiz titular da 7ª Vara do Trabalho de Vitória/ES e professor universitário. Doutor em Direitos e Garantias Fundamentais pela FDV, Mestre em Filosofia do Direito pela UFSC.

São as chamadas produções parasitárias, de acordo com a previsão dos liberais clássicos, como Adam Smith, que tinha horror ao trabalho doméstico e acreditava que tais relações seriam cessadas, uma vez que a busca da riqueza pelos indivíduos acabaria por englobar atividades somente benéficas à sociedade, garantindo o bem-estar de todos.

Em tempos de pandemia e mesmo pós-pandemia, com a economia retraída, a oferta de tais serviços pessoais pode ser ainda maior, com a demanda tendo ou não condições de absorver. Desesperador para tantas pessoas que se lançaram em tais trabalhos como estratégia de sobrevivência. Não obstante, estamos tendo movimentos reivindicatórios de tais trabalhadores (chamados de trabalhadores das plataformas digitais), já que as suas jornadas são extenuantes, atuam em péssimas condições de segurança, sem uma remuneração básica e, o que é pior: estão ligados a um estilo de vida sem perspectivas de ascensão profissional ou social. Curiosamente, esses trabalhadores, em suas lutas, vão adquirindo uma identidade baseada no trabalho, por mais precário e instável que sejam tais atividades.

Claro que o objeto da presente análise — a domesticarização — é apenas uma das faces maléficas de nosso mercado de trabalho, temos outras como o trabalho temporário, a terceirização e o próprio desemprego estrutural, que fazem alguns teóricos considerarem a existência de uma nova categoria: o trabalhador precarizado, que hoje trabalha, depois fica desempregado por um longo período. Muitas vezes são jovens à procura do primeiro emprego, beneficiários da recente ajuda econômica criada pelo Governo Federal, que mudam constantemente de atividades e, consequentemente, não podem usufruir de garantias dos empregos formais.

Portanto, tudo clama, tudo é prelúdio, para a necessidade de se pensar em uma nova sociedade de trabalho, na qual todos trabalhassem menos e pudessem assumir mais as suas tarefas domésticas e afetivas, eliminando a pobreza e o desemprego involuntário, que jamais pode ser uma questão de responsabilidade individual como propõe o neoliberalismo. As inseguranças no mundo do trabalho resultam em doenças sociais crônicas como acidentes e doenças profissionais, vícios e suicídios, ansiedades e encarceramentos em massa.

Mudar será difícil no sistema do capital, capitaneado hoje pela política neoliberal, da competitividade e do individualismo, mas como intitula essa coluna são necessárias ocupações dignas e/ou rendas básicas para se evitar o colapso da civilização.

A Era da Barbárie: Dignidade de qual Pessoa Humana?

Por **José Antonio Correa Francisco**[1]

O mundo dos últimos 25 anos do Século XIX
foi um mundo de vitoriosos e vítimas.
Seu drama consistiu nas dificuldades
não dos primeiros, mas primordialmente, dos últimos.
A Era do Capital. Eric J. Hobsbawm

Sob a influência da ideologia neoliberal[2], em quase todos os países, e das escolhas políticas e econômicas da última década, no Brasil, em breve comemoraremos o retorno à barbárie[3]. Sugiro, desde logo, o dia 11 de novembro, como data comemorativa (*"Dia da Barbárie"*), em lembrança à entrada em vigor da denominada "Reforma Trabalhista" (Lei n. 13.467/2017), ou ainda, o dia 13 de julho, data da publicação da referida "reforma", o que for mais conveniente para o aquecimento dos 'negócios'.

O direito do trabalho surge, no final do século XIX, como resultado histórico e político para regular e, assim, minorar, os efeitos devastadores da exploração capitalista: jornadas exaustivas, ambiente do trabalho insalubre, perigoso e penoso, altos índices de acidentes e mortes durante a jornada, ausência de proteção e limitação do trabalho de crianças, adolescentes e da mulher, bem como inexistência de padrões remuneratórios mínimos.

O resultado de mais de um século de lutas dos trabalhadores, em todo o mundo, foi a adoção *universal* de regras mínimas de proteção ao trabalho humano, reunidas a partir do final da Primeira Grande Guerra, no Tratado de Versalhes[4] e demais documentos posteriores.

O Brasil, do segundo quartel do século XIX, gradativa e apenas *formalmente,* partiu de regime híbrido de trabalho subordinado, em que coexistiam a escravidão, cujos efeitos

Publicação original no *site* **Justificando**: <https://www.justificando.com/2020/09/04/a-era-da-barbarie-dignidade-de-qual-pessoa-humana/>. Data da publicação: Sexta-feira, 4 de setembro de 2020.

(1) Juiz do Trabalho Substituto da 11ª Região e membro da Associação Juízes para a Democracia (AJD).

(2) Apesar de surgida teoricamente no final da década de 1930, as políticas neoliberais nada mais são do que nova roupagem do liberalismo capitalista e ganharam força após a crise do petróleo, da década de 1970; aplicada, pela primeira vez, no governo genocida de Pinochet, no Chile, a partir de 11 de setembro de 1973, e repercutida, mundialmente, nos governos Thatcher, na Inglaterra, e Reagan, nos EUA, nos anos 1980.

(3) Barbárie, na acepção histórica e do dicionarista (Houaiss), costumes grosseiros, estupidez, crueldade.

(4) A Organização Internacional do Trabalho (OIT), fundada em 1919, até hoje possui estrutura tripartite (empregados, empregadores e estado).

econômicos e sociais são sentidos até hoje[5] e o trabalho "livre", precário e informal, para chegar à Consolidação das Leis do Trabalho[6], a partir da década de 1940.

O complexo evolver político do Brasil República culminou na redemocratização, iniciada no final da década de 1970[7], cujo resultado jurídico posto é representado pela Constituição de 1988: os direitos e as garantias sociais ali inscritas representam, tão somente, a *base civilizatória mínima* de nosso povo, consequência da luta histórica de gerações de trabalhadores e trabalhadoras.

A dignidade da pessoa humana e os valores sociais do trabalho, além de outros, são fundamentos[8] do Estado Democrático Brasileiro, que se consubstanciam na regra expressa na cabeça do art. 7º da Constituição Federal:

> "São direitos dos trabalhadores urbanos e rurais, além de outros que visem à melhoria de sua condição social."

Outra garantia fundamental da classe trabalhadora é a liberdade sindical, sem qualquer interferência estatal, segundo as regras expressadas no art. 8º da Constituição Federal.

A inconstitucional[9] *reforma trabalhista*, porém, tenta interferir frontalmente nesses princípios e regras, oriundos da luta histórica da classe trabalhadora, como se fosse possível, em reforma legislativa infraconstitucional e episódica, modificar os fundamentos da República, como se fosse possível, em momento de crises econômicas, afastar a aplicação de mandamentos constitucionais[10] dotados de atributos de irrenunciabilidade e imutabilidade.

No presente momento, somos o epicentro do Covid-19, lamentando a perda de centenas de milhares de vidas. Ações estatais contraditórias têm sido insuficientes para garantir a sobrevivência digna da classe trabalhadora e da população em geral. À surpresa inicial dos sintomas do coronavírus e de suas formas de contágio, somou-se a negação[11] do sério problema epidemiológico e, por ausência de coordenação técnico-científica centralizada, pulverizaram-se

---

(5) Recomendo a leitura de "Racismo Estrutural (Feminismos Plurais)", do professor, jurista e doutor Silvio de Almeida, 2019, São Paulo, Pólen.

(6) A legislação social esparsa brasileira se inicia em 1891, com a proibição do trabalho do menor de 12 anos, no Distrito Federal.

(7) As greves dos trabalhadores metalúrgicos, no ABC Paulista, tiveram papel social, econômico e político relevantes para a redemocratização

(8) Art. 1º, III e IV, da Constituição Federal.

(9) Do ponto de vista acadêmico, não há dúvida da incompatibilidade e inconstitucionalidade da reforma trabalhista em relação ao sistema jurídico trabalhista, cuja norma fundamental é a norma mais favorável (não-retrocesso social), segundo o disposto no art. 7º, *caput*, da Constituição Federal, embora essa matéria esteja em discussão judicial, com divergentes decisões, tendo como exemplo a ADI n. 5.766/DF.

(10) Entendo, acompanhando a melhor jurisprudência e doutrina, que os direitos e garantias do art. 7º da Constituição Federal são imantados pelo art. 60, § 4º, IV, da Constituição Federal.

(11) Entre 25 de março e 30 de abril, enquanto havia Ministro da Saúde, as declarações do Presidente da República variaram de "gripezinha" ao "e daí". Até hoje, porém, a preocupação do Poder Executivo com a sobrevivência econômica relativiza outras ações sanitárias (isolamento social) e de distribuição efetiva de renda (auxílio emergencial universal e de valores substanciais), que poderiam diminuir fortemente o número de vidas perdidas e possibilitar o reaquecimento das atividades econômicas com maior segurança e estabilidade.

as ações de enfrentamento, com as conhecidas consequências nefastas e catastróficas sentidas por todas as famílias, em todos os *brasis*.

A desigualdade social, sempre sentida na pele (negra, principalmente) da classe trabalhadora, escancarou-se: as políticas neoliberais monetárias adotadas desde antes do golpe(12) de 2016 e de austeridade fiscal(13) foram solene e materialmente 'dizimadas' pela realidade do quadro de calamidade pública(14), impondo-se, ao Congresso Nacional, a aprovação de medidas de vultosa liberação de gastos públicos.

A ideologia neoliberal, porém, "flexibilizou" ainda mais direitos sociais e trabalhistas(15), permitindo-se, entre outras barbaridades, a suspensão unilateral do contrato de trabalho e a redução do salário, principal (ou único) meio de sobrevivência da classe trabalhadora, por intermédio de acordo individual, sem a participação sindical, na maioria dos casos, em total afronta às garantias e direitos fundamentais, com a surpreendente e inesperada chancela(16) do Supremo Tribunal Federal.

A dignidade da pessoa humana, fundamento da República, ainda pode ser considerada norte jurídico para as relações de trabalho? Voltaremos todos, agora sob o manto(17) "verde e amarelo", às condições existentes nos primórdios da Revolução Industrial, na Europa, ou ao tempo da escravidão negra, no Brasil?

Com a adoção irrefletida de todas as mudanças de "flexibilização" das relações jurídico-trabalhistas, não se percebeu qualquer modificação nos indicadores de emprego, mesmo antes da pandemia do Covid-19. Muitos economistas(18) alertaram que a geração de emprego não seria (e nunca foi ou será) consequência das regras jurídicas subjacentes às relações de trabalho, sejam elas mais ou menos protetivas, mas resultado direto do fortalecimento e aquecimento da economia.

A partir da constatação de que a tentativa de redução de garantias e direitos históricos da classe trabalhadora não resultou em melhorias dos níveis de emprego ou ocupação, mas o contrário;

Considerando, desde sempre, que o aumento de renda dos trabalhadores, segundo a nossa necessidade social contínua e histórica, possibilitaria acesso a direitos de cidadania(19),

---

(12) Em 31.8.2016, o Congresso Nacional afastou a presidenta Dilma Roussef, sem que houvesse qualquer crime de responsabilidade. http://www.ihu.unisinos.br/185-noticias/noticias-2016/559602-golpe-de-2016-e-o-maior-retrocesso-da-democracia-no-brasil-desde-1964 consulta em 20.8.2010, às 9h04 (AMT).

(13) Emenda Constitucional (EC) 95, de 15.12.2016.

(14) No dia 7.5.2020, o Congresso Nacional aprovou o denominado "Orçamento de Guerra" (EC 106/2020).

(15) Medida Provisória (MP) 927 e MP 936.

(16) ADI 6342, 6344, 6346, 6348, 6349, 6352 e 6354.

(17) No final de abril de 2020, a MP 905 caducou, a qual previa novas formas "flexibilizadas" de contratação de empregados.

(18) https://economia.uol.com.br/reportagens-especiais/reforma-trabalhista-completa-dois-anos-/, consulta em 20.8.2020, às 9h31 (AMT).

(19) Art. 7º, IV, da Constituição Federal: "salário mínimo, fixado em lei, nacionalmente unificado, capaz de atender a suas necessidades vitais básicas e às de sua família com moradia, alimentação, educação, saúde, lazer, vestuário,

notadamente à educação, à cultura, à saúde, à alimentação, à moradia, ao saneamento básico, ao transporte e ao lazer, disposições constitucionais de melhoria social crescente (não-retrocesso social), ou seja, em outras palavras, aquecimento global da economia;

Responda a si mesmo: com essas normas de "flexibilização" e destruição de direitos fundamentais, a quem estamos garantindo dignidade?

Vigente o art. 5º, XXXV[20], da Constituição Federal, apesar de ataques covardes e mesquinhos por parte de grupos fascistas minoritários, o Poder Judiciário ainda detém o poder--dever de dar concretude à Constituição Federal, **limite** lógico, político, jurídico e social de nossa República.

higiene, transporte e previdência social, com reajustes periódicos que lhe preservem o poder aquisitivo, sendo vedada sua vinculação para qualquer fim".

(20) Art. 5º, XXXV, a lei não excluirá da apreciação do Poder Judiciário lesão ou ameaça de direito.

Trabalhadores do Mundo, Uni-Vos![*]

Por **Francisco Luciano de Azevedo Frota**[1]

As transformações operadas no processo produtivo a partir da década de 1970, com reflexos diretos no mundo laboral, foram decorrências das necessidades do capital de preservar o seu ciclo de reprodução, que apresentava sinais de esgotamento diante de crises estruturais próprias do sistema capitalista.

Os avanços tecnológicos foram centrais nas mudanças ocorridas no mundo do trabalho, seja porque induziram uma alteração fisionômica na classe trabalhadora, com o labor fabril cedendo espaço ao chamado setor de serviços, seja pela expansão do desemprego estrutural decorrente da robotização e das novas formas comunicacionais, que abriu espaço para a intensificação do trabalho e a precarização dos elos contratuais.

É esse o *modus operandi* do sistema capitalista: criar e recriar formas de aprofundar a exploração do trabalho humano, de modo que o motor acumulativo não sofra descontinuidade no seu funcionamento.

O que assistimos hoje é o mundo sucumbido à força danosa do capital e à sua lógica desumana, que se apresentam não apenas nas ações predatórias da natureza e na destruição dos afetos e dos valores culturais, mas principalmente na mercadorização do trabalho e na deturpação de seu verdadeiro sentido emancipatório e produtor de intersubjetividades e de sociabilidade.[2]

A sociedade precisa melhor compreender esse processo de desvalorização do trabalho enquanto atividade humana vital e as suas consequências deletérias para a efetivação do objetivo civilizatório de igualdade; e identificar, sobretudo, os interesses reais escusos que gravitam em torno do discurso ideológico da imperiosidade dessa nova morfologia precarizada.

Publicação original no *site* **Justificando**: <https://www.justificando.com/2020/10/01/trabalhadores-do-mundo-uni-vo/>. Data da publicação: Quinta-feira, 1º de outubro de 2020.

(*) O título do artigo é inspirado no "Manifesto do Partido Comunista", de 1848, escrito por Karl Marx e Friedrich Engels (extraído do texto integral, tradução de Sueli Tomazini Barros Cassal. Porto Alegre: Editora L&PM POCKET, 2009)

(1) Juiz do Trabalho – TRT 10ª Região. Membro da Associação Juízes para a Democracia — AJD.

(2) Os sentidos do trabalho são tratados na obra magistral do sociólogo Ricardo Antunes, que tem esse título; Antunes afirma a centralidade do trabalho, o seu potencial emancipador e o seu "sentido estruturante para a humanidade" (ANTUNES, Ricardo L. C. *Os Sentidos do Trabalho:* ensaio sobre a afirmação e a negação do trabalho. 2ª edição. São Paulo: Boitempo Editorial, 2009. 287 pags.).

Esse chamado "novo mundo do trabalho", que se apresenta com uma embalagem que sugere modernidade, progresso, avanço, nada tem de diferente ou de inovador. Quando se retira o invólucro, vê-se o mesmo mundo de apropriação de mais valia pela exploração da força humana, intrínseca ao modo de produção capitalista, como já advertido por Marx no século XIX.

No mundo mercantilizado do trabalho, há os que compram a força de trabalho alheia e aqueles que a vendem, os que exploram e os que são explorados, os que detêm o capital e aqueles que dele são dependentes para garantir a sobrevivência. Portanto, povoam o mesmo espaço subalterno todos os que vivem do trabalho, independentemente dos rótulos que lhes são impostos: empregados, parassubordinados, autônomos, informais, uberizados, empreendedores individuais, etc. Essa é a classe trabalhadora que produz a riqueza da qual o capital se apropria.

A doutrina do individualismo, que passa a ser prevalecente na nova ordem globalizada, bem identificada nos processos de gestão produtiva baseada no trabalho flexível, torna o trabalhador refém do sistema e da lógica da competição intraclasse, trazendo como consequência a quebra do solidarismo e a destruição da consciência de classe, que sempre foram a espinha dorsal e força motora da luta coletiva.

São os tempos de barbárie que se apropriam do mundo real, ocultados pela massificação de discursos proselitistas engendrados para obscurecer a razão e construir um ambiente de *despertencimento* de classe, de modo a permitir que a onda avassaladora de destruição dos direitos sociais avance sem percalços reativos, e, até mesmo, com o adesismo acrítico de parte do segmento trabalhador.

É esse o retrato do trabalho no mundo contemporâneo do capital, resultado da adesão incondicional ao ideário neoliberal: precarizado, flexível e fragmentado; e ainda refém do desemprego estrutural, que possibilita o aprofundamento da exploração pela intensificação do trabalho e o barateamento de seu custo.

Não é preciso dizer que esse modelo tem trazido empobrecimento e agravado as desigualdades sociais em todo o mundo, em especial nos países capitalistas periféricos dependentes.

Mas o Brasil, em 2017, sob a batuta dos "invisíveis" interesses do mercado, decidiu fazer uma ampla reforma na sua moldura legal de relações trabalhistas para se adequar ao receituário mundial. E assim o fez pautado no discurso apológico da modernidade e da necessidade da criação de empregos.

Entretanto, o ardil dessa propaganda artificiosa de que o afrouxamento das redes de proteção ao trabalho seria a redenção para a retomada do emprego, logo se desmascarou pelos indicadores progressivos da desocupação/subocupação, pelo crescimento dos desalentados, pelo aumento da informalidade desprotegida, enfim, pelos índices de empobrecimento da classe trabalhadora brasileira, apontados no período pós-reforma de 2017.(3)

(3) O Brasil terminou o ano de 2019 com 12,6 milhões de pessoas desocupadas (acréscimo de 87,7% em relação ao ano de 2014); a informalidade atingiu, no ano de 2019, 38,4 milhões de pessoas (41,1% da população

O lema de "menos direitos e mais empregos" transformou-se, em curtíssimo tempo, em "menos direitos e menos empregos", ou seja, o príncipe virou sapo no conto de fadas que embalou o sono dos incautos. E não havia como ser diferente.

"Proletários de todos os países, uni-vos!", conclamaram Marx e Engels no Manifesto Comunista de 1848. Passados mais de 170 anos da edição desse documento político, que foi, certamente, um dos escritos mais importantes para a compreensão da sociedade industrial burguesa emergente, sobretudo pela clareza profética com que desvendou as contradições e os descaminhos do capitalismo e a necessidade de sua superação, o apelo final proferido para união da classe trabalhadora nunca esteve tão vivo e necessário como nos tempos atuais.

Há em curso um projeto bem desenhado para erosão do sentido emancipador do trabalho, a partir da desconstrução da identidade coletiva da classe trabalhadora e da estrutura que a sustenta, com o objetivo de miná-la na sua capacidade de resistência. E isso vem sendo feito por uma imposição massificada de "novos valores" provenientes da cultura neoliberal, que criminalizam a ideologia de classe, enaltecem o individualismo, pulverizam os nichos de pertencimento e, assim, definham e deformam a luta social.

É preciso não cair nessas armadilhas diversionistas de culto aos valores hedonistas do capitalismo globalizado, que buscam seduzir o trabalhador pela ideologia da prosperidade, apresentada sob a forma de promessas ilusórias de sucesso pessoal, de dinheiro fácil, de possibilidades de consumo, de autorrealização profissional, mas que não passam de estratagemas para promover a intensificação e a exploração do trabalho humano.

As transformações no mundo do trabalho não trouxeram para os trabalhadores nenhum ganho qualitativo, ao contrário, impuseram-lhes mais tempo de trabalho, mais insegurança, mais empobrecimento e ausência de futuro. Precarizaram as suas vidas e confiscaram o seu direito de sonhar.

Ainda é tempo de lutar. Uni-vos!

---

ocupada); a população subutilizada, que inclui as pessoas desocupadas e subocupadas por insuficiência de horas trabalhadas, alcançou no final de 2019 o maior patamar, atingindo 27,6 milhões de pessoas; Dados do IBGE — PNAD Contínua 2019 (<https://agenciadenoticias.ibge.gov.br/agencia-noticias/2012-agencia-de-noticias/noticias/26741-desemprego-cai-para-11-9-na-media-de-2019-informalidade-e-a-maior-em-4-anos>); e a taxa de desalentados, que são aqueles que desistiram de procurar emprego, já somam 5,7 milhões em 2020 (IBGE – PNAD Contínua – 2º trimestre 2020).

Terceirização Mortal

Por **Luis Eduardo Soares Fontenelle**[(1)]

O brutal assassinato de João Alberto Silveira Freitas, ocorrido no hipermercado Carrefour, em Porto Alegre, e a comoção nacional subsequente, trouxeram novamente à pauta as velhas chagas do racismo estrutural e da violência endêmica, problemas imemoriais de um país em agonia por uma pandemia que já ceifou a vida de quase 200 mil pessoas.

Não é um caso isolado, vindo somar-se a diversos outros exemplos recentes de negligência e truculência. O empregado que, morto por mal súbito em pleno trabalho na filial do Recife, teve o corpo escondido por guarda-sóis e engradados de cerveja, para que as vendas não fossem interrompidas. E um chocante episódio, no Rio: uma mulher negra, lésbica e dependente química, acusada de furto, levada por funcionários a uma pequena sala, onde foi espancada e sodomizada, "como lição e castigo".

Dos detalhes do caso de João Alberto, além do racismo e da violência, emerge um terceiro fator que, apesar de aparentemente secundário e relativamente despercebido do grande público, guarda forte conexão com os outros dois: os suspeitos trabalhavam para a empresa terceirizada prestadora de serviços de segurança e vigilância para o Carrefour. Um deles, policial militar temporário, representava o "precário do precário": sequer poderia ter registro para exercer a função de segurança.

A sucessão de casos gravíssimos envolvendo "colaboradores" terceirizados não deixa nenhuma dúvida quanto à responsabilidade do Carrefour, uma vez que as reiteradas demonstrações de despreparo por falta de formação e treinamento, e até da mais singela qualificação formal, sugerem tanto uma escolha da prestadora total e inacreditavelmente desprovida de critério, quanto a medieval inobservância das regras mais básicas de civilidade e respeito à dignidade da pessoa humana no contato com a população.

Mas não basta imputar à empresa responsabilidade pela péssima escolha, ou pela má vigilância. A questão vai além, muito além, do modo como se operou a terceirização, e diz respeito à sua prática em si mesma.

Na esfera puramente trabalhista, os males da terceirização já são de há muito conhecidos. Dados do Dieese mostram que a prática acelera a rotatividade da mão de obra, reduzindo o tempo médio no emprego formal em dois anos e meio; aumenta a jornada de trabalho, em média, três horas por semana; paga 27% a menos de salário em relação ao empregado diretamente contratado; fragmenta categorias profissionais e enfraquece a negociação coletiva, muito ao contrário do que a Constituição expressamente visa prestigiar e incentivar.

Publicação original no *site* **Justificando**: <https://www.justificando.com/2020/11/26/terceirizacao-mortal/>.
Data da publicação: Quinta-feira, 26 de novembro de 2020.

(1) Integrante do Conselho Fiscal da Anamatra. Membro da AJD.

Mas é no campo do direito à vida e da dignidade da pessoa humana que a terceirização ganha contornos ainda mais perversos. O Dieese mostra que cerca de **80% dos acidentes de trabalho no País ocorrem com trabalhadores terceirizados**. Ao terceirizarem, as contratantes transferem a responsabilidade dos riscos de seus próprios processos de trabalho para empresas que nem sempre têm condições tecnológicas e econômicas para gerenciá-los. O terceirizado não tem, para a empresa tomadora, a mesma visibilidade do efetivo, e, psiquicamente mais distanciado dos companheiros e da missão da empresa, é afastado de um compromisso mais rigoroso com os procedimentos de trabalho — notadamente, com a eficácia do treinamento e a plena observância aos padrões de saúde, higiene e segurança.

Este panorama é comum nos setores de saúde, limpeza urbana e lavanderia, onde a contaminação por doenças infecto-contagiosas e os acidentes com instrumentos perfurocortantes são frequentes. Mas é mais bem compreendido em atividades como as dos setores elétrico, petroquímico e da construção civil.

Um relatório interno da Petrobras concluiu que o acidente ocorrido em navio-plataforma terceirizado, em fevereiro de 2015, no litoral de São Mateus (ES), deixando nove mortos e 26 feridos, foi causado pela instalação de uma peça fora do padrão exigido para a transferência de fluidos entre os tanques, sem quaisquer análises prévias de risco ou simulações que, previstas nos normativos da Petrobras, preparassem os profissionais.

O rompimento da barragem da Samarco em Mariana (MG), nove meses depois, tirou a vida de 14 trabalhadores – treze deles, terceirizados. E o maior acidente de trabalho da história brasileira em número de vítimas fatais, a tragédia de Brumadinho (MG), em janeiro de 2019, pelo menos 117 dos 270 mortos eram empregados de terceirizadas da Vale.

No setor elétrico, o número de óbitos de terceirizados é três vezes maior do que os efetivos nas distribuidoras, geradoras e transmissoras, em 62% dos eventos por origem elétrica propriamente dita, o que denota descaso nos treinamentos e na fiscalização do uso de equipamentos de proteção. Na Petrobras, entre 2005 e 2012, o número de terceirizados subiu 2,3 vezes, mas o número de acidentes de trabalho cresceu 12,9 vezes. No mesmo período, 99 trabalhadores da Petrobras perderam a vida em serviço — destes, 85 eram terceirizados e apenas 14 efetivos.

Em junho de 2020, o Supremo Tribunal Federal julgou cinco Ações Diretas de Inconstitucionalidade contrárias à Lei n. 13.429/2017, que permite a terceirização irrestrita das atividades urbanas. O STF, contudo, julgou todas essas ações improcedentes; derrubou a distinção entre atividade-fim e atividade-meio da empresa — curiosamente, uma antiga demanda empresarial, que resultou na Súmula n. 331 do TST —, e apreciou o instituto da terceirização exclusivamente sob o aspecto econômico.

Neste sentido, o STF tratou a terceirização como um inexorável fenômeno da natureza, como se não decorresse da livre opção do empregador, titular da atividade econômica, de promover a transição do modelo produtivo fordista para o toyotista. O relator, Ministro Gilmar Mendes, chegou a proclamar que *"o artigo 7º da Constituição não tem vida própria, depende do seu suporte fático: o trabalho (...) Sem trabalho, não há falar-se em direito ou garantia trabalhista. Sem trabalho, a Constituição Social não passará de uma carta de intenções"*.

Este entendimento subordina a efetividade de garantias fundamentais do trabalhador ao mero arbítrio de quem pretenda exercer ou não uma atividade econômica, o que não se ajusta ao contexto de um Estado Democrático **de Direito** — ou seja, que consagra a supremacia da ordem **jurídica** sobre a econômica. Não bastasse, expõe forte contradição do próprio voto do Ministro Relator, quando ressalta que os valores sociais do trabalho e da livre iniciativa estão dispostos **lado a lado** — e não acima um do outro — como fundamentos republicanos, no art. 1º, IV, da Constituição Federal.

Preso ao viés econômico, o STF descuidou-se de apreciar o tema sob seu aspecto mais importante, o da **dignidade da pessoa humana**. Poderia tê-lo feito sob o próprio critério adotado pelo Ministro Gilmar Mendes, sendo esse, afinal, um princípio inscrito no **mesmo rol de fundamentos republicanos, do inciso III do art. 1º, e que, inclusive, precede o invocado pelo Ministro relator**.

Mas é sobretudo a lacuna mais transcendente, representada pelo **trabalho decente** como garantia dos direitos à vida, à saúde, à moradia digna, à liberdade, à igualdade, ao acesso à justiça e ao meio ambiente sustentável, de que a decisão do STF mais se ressente.

Ao limitar a análise do tema ao prisma econômico, o STF deixou de examinar a questão à luz de um conceito consagrado pela Organização Internacional do Trabalho e representado, na Constituição, por todo um feixe de princípios derivados, dentre eles: **a vedação ao retrocesso social**, causado pela redução de encargos e direitos; **a isonomia**, ao permitir a distinção salarial entre terceirizados e empregados diretos que exerçam a mesma função; **a proteção ao emprego,** pelo estímulo à rotatividade de mão de obra; e o **equilíbrio do meio ambiente do trabalho**, representado pelo direito à tutela por normas de saúde, higiene e segurança.

Temos aqui a real dimensão da oportunidade que o STF lamentavelmente desperdiçou, a de dar à sociedade um grande exemplo dos benefícios concretos que a maior amplitude de alcance da tutela constitucional poderia oferecer.

Não se trata de atribuir ao STF a culpa pelas condutas do Carrefour e da empresa terceirizada. Mas é inegável que o caso de Porto Alegre sofre a influência de duas inconsistências em suas decisões: o primeiro, limitar a abordagem do tema à repercussão puramente econômico-empresarial, abrindo mão da abordagem de todos os aspectos da questão, principalmente o fator humano.

O segundo, ignorar que a terceirização é, **por definição**, um método de redução de custos e esforços. A terceirização tem um caráter **desmobilizador**, e ao chancelar sua prática irrestrita, o STF sinalizou negativamente à sociedade, por sugerir que a liberdade de empreender e contratar possa relegar a segundo plano direitos e garantias fundamentais.

Os reflexos se espraiam país afora, de modo particularmente extremo no infame episódio gaúcho. Naquele caso, os efeitos nocivos da terceirização ultrapassaram o âmbito da precarização do trabalho, tornando-a um **vetor de mazelas ainda mais profundas**, como o racismo e violência. Assim, a terceirização do serviço de segurança do Carrefour contribuiu de forma importante para a barbárie de Porto Alegre, interferindo e se interligando aos demais problemas crônicos e graves que permearam esse trágico evento. **A terceirização mata.**

Sob o impacto de tal constatação, é urgente que, **pari passu** ao racismo estrutural e à violência endêmica, o Poder Público e a sociedade revejam, com a mesma prioridade, a questão da terceirização como forma de organização produtiva e sua incompatibilidade com a ordem constitucional fundada no trabalho decente e na dignidade da pessoa humana. É o mínimo a se fazer, em nome de João Alberto e seu sacrifício.

Quem Salvará os Direitos Trabalhistas?

Por **Marcelo Tolomei Teixeira**(1)

Karl Marx, ao explicar as origens das primeiras leis trabalhistas, na Inglaterra fabril do século XIX, não titubeia ao considerar que embora o movimento operário estivesse crescendo, eles não conseguiriam impor as leis trabalhistas, sem a necessidade das forças armadas terem que recrutar trabalhadores com saúde e em boa forma física (as jornadas praticadas eram criminosas), se não tivessem o apoio da aristocracia fundiária e se os próprios industriais não descobrissem que uma classe operária mais disposta e menos doente poderia ser mais produtiva.

Eram tempos sombrios para os trabalhadores industriais, a força de trabalho chegou a ser contratada diariamente, não havia controle da jornada de trabalho, o trabalho infantil era a regra e as mulheres tinham jornadas desumanas. "O capitalismo comemorava suas orgias" (Marx). Comemorava? Podemos dizer que volta a comemorar, com toda a onda de enfraquecimento dos direitos sociais, já que a força de trabalho cada vez mais, como outrora, vai sendo contratado de acordo com a necessidade da produção, com uma jornada cada vez mais variável e flexível, chegando certos setores de se darem ao luxo de uma contratação diária ou por curto tempo (contrato intermitente), e tem gente neurótica de tanto trabalhar (tendo que atender exigências de meta de produtividade e qualidade, além de certas subjetividades como ter bom humor, ser líder, etc) e tantas outras pessoas desempregadas ou com empregos precaríssimos, todo esse quadro vai desequilibrando a perspectiva de renda, seguridade social e de um trabalho mais humano.

Os direitos trabalhistas, após longas trajetórias, acusou sua época de ouro, do pós-II Guerra Mundial até meados dos anos 80, período em que todas as regiões do mundo cresceram mais do que qualquer outra fase desde 1810, principalmente para os países de primeiro mundo, que tiveram ganhos crescentes formidáveis. Atualmente, a ascensão da ideologia neoliberal levou ao capital a desistir de financiar o Estado Social, e cada vez mais se introduziram modificações nas políticas de proteção ao trabalho, como redução do seguro-desemprego e dificuldade ao seu acesso, possibilidade ampla de demissão dos trabalhadores, desvalorização do poder de compra dos da população, flexibilidade salarial e da jornada de trabalho, etc. As políticas sociais de garantias trabalhistas que foram introduzidas gradualmente, podem ser derrubadas quase da noite para o dia, como vem ocorrendo com inúmeros países.

Publicação original no *site* **Justificando**: <https://www.justificando.com/2021/02/11/marcelo-tolomei-teixeira-quem-salvara-os-direitos-trabalhistas/>. Data da publicação: Quinta-feira, 11 de fevereiro de 2021.

(1) Juiz Titular da 7ª Vara do Trabalho de Vitória/ES. Professor universitário. Doutor em Direitos e Garantias Fundamentais pela FDV. Mestre em Filosofia do Direito pela UFSC. Membro da AJD.

Por sua vez, a classe trabalhadora por condições objetivas (fragmentação, desemprego estrutural, etc.) e por condições subjetivas (consumismo, individualismo, abandono de ambições revolucionárias e até impopularidade crescente dos grandes partidos dos trabalhadores, etc.), também não parece guardar força para resistir às investidas do capital de encontro aos seus direitos. Aceitando, muitas vezes, de forma acrítica, uma justiça de mercado, em que a distribuição da produção se faz de acordo com a avaliação individual, que se opõe à bandeira de que todos tenham direito a um patamar mínimo de qualidade de vida, independente da capacidade de desempenho ou concorrência. E o paradigma do Direito, em tempos neoliberais, segundo Antonio Baylos, está na magia do contrato, a aposta na criação de obrigações de forma não imposta, resultado do concurso de vontades livres, e aí temos a utopia do mercado auto-regulado.

Quem socorreria, então, os direitos trabalhistas? Talvez o próprio capital? Já que ao minimizar o custo dos salários e precarizar a condição formal dos trabalhadores, registra sérios problemas para maximizar a produtividade, com a necessária qualidade e confiabilidade que necessita dos trabalhadores. Ou mesmo a necessidade que o sistema de estabilizar o contrato de trabalho por conta dos mercados internos, já que a classe trabalhadora também é consumidora e necessita de obter crédito nos bancos e pagar compromissos assumidos.

Seria o próprio capital? Já que horrorizado com a "guetização" do mundo e, não suportando viver entre cercas elétricas, faria com que 1%, ou menos da população mundial dos privilegiados, fossem capazes de entender a responsabilidade de melhorar o bem-estar de todos, independente de qualquer vantagem pessoal? Ou seja, seria capaz de desistir de lucros para manter o pleno emprego ou garantir uma renda mínima para desempregados, garantindo saúde, educação e ainda um meio ambiente sadio?

A rigor, tanto o crescimento como o pleno emprego dependem da disponibilidade para investir dos detentores do capital, com suas expectativas de lucros, mas como afirma muito bem Wolgang Street, depende também de uma avaliação geral por parte dos investidores no que diz respeito à segurança da economia capitalista. Ora, podemos lembrar, que o medo do "perigo vermelho", foi uma das razões da construção do Estado Social, em que o capital assumiu obrigações sociais para a manutenção de uma paz.

E por falar em medo temos a realidade da Covid-19 — sempre lembrando que a história da humanidade tem lá seus acidentes. Lukács, aponta, que as catástrofes naturais, como exemplo das ocorridas na Era do Gelo, passando pelo terremoto de Lisboa, não deixa de fazer do homem um ser que responde, "os homens fazem a sua história, só que não sob circunstâncias que eles mesmos escolheram" (Marx). Portanto, responder a tamanha crise sanitária obriga, por exemplo, cada vez mais ao capital a ter que dar respostas muitas vezes que não estava no ideário da ideologia do neoliberalismo.

Da mesma forma, que a classe trabalhadora terá que se reinventar para se proteger de um mundo ainda mais arriscado, buscando, por exemplo, obter a difícil solidariedade entre os ocupados e os desocupados ou precarizados no mercado de trabalho, perturbando assim a ação "livre" de oferta e procura de mão e obra que só beneficia os interesses do capital. Mas, a rigor, não podemos jamais negar a potencialidade de luta dos trabalhadores, que a par de estar passando por um mal momento, tal não é definitivo, e poderá plenamente recuperar sua capacidade de agir sobre seus próprios destinos.

Portanto, o jogo está sendo jogado, e assim como as origens das leis sociais dependeram de inúmeros fatores e de atores com diferentes interesses (como Marx detectou em linhas atrás), a resistência ao movimento de flexibilização e desregulamentação aos direitos trabalhistas tem além da mobilização dos trabalhadores, as contradições do neoliberalismo no contexto da Covid-19, e ainda uma lógica inescapável: que é necessário também um mínimo de direitos sociais civilizatórios para garantir a exploração e reprodução do capital. É claro que poderíamos pensar na saturação de tal círculo, pensando no fim da era capitalista, para quem acredita que o mesmo não seja eterno, seja pela via revolucionária ou pelas suas próprias contradições internas. A questão é boa. Poderá ser um dos próximos artigos do "Trabalho além da barbárie".

O Permanente Ataque à Representação Coletiva dos Trabalhadores

Por **José Antonio Correa Francisco**[1]

Há exatos 173 anos, a publicação do Manifesto do Partido Comunista sintetizou o aspecto mais relevante da contradição entre capital e trabalho: somente a união coletiva e organizada dos trabalhadores seria capaz de refrear a opressão imposta pelos detentores dos meios de produção e pelo sistema econômico capitalista.

A partir dos séculos X e XI, na Europa conviveram, lado a lado, os proprietários da terra (senhores) e os trabalhadores rurais (servos); estes cultivavam a terra para o pagamento do uso e da posse (arrendamento). Os frutos das criações e das plantações serviriam para a sobrevivência dos trabalhadores e dos senhores.

Apesar de não serem proprietárias da terra cultivada, as famílias dos lavradores permaneciam no mesmo local durante gerações. Mudavam-se os senhores, e consequentemente, a propriedade, contudo os servos e as suas famílias permaneciam na posse da terra, concretizando o *direito ao território*, garantia fundamental ainda perseguida por trabalhadores rurais em nosso Brasil, em pleno século 21.

O aumento da população e o esgotamento das terras virgens exploradas permitiram o surgimento das cidades e, com ela, a crescente sofisticação da produção artesanal de peças do vestuário, de instrumentos agrícolas, de bebidas e de ferramentas, dentre outros bens.

Neste contexto, surgem trabalhadores especialistas que, a pouco e pouco, se reúnem em corporações de ofício caracterizadas por garantir o monopólio da atividade econômica em determinada região, por meio do estabelecimento de sistema coeso de aprendizado e de hierarquia de trabalho, controle da matéria-prima e do valor da mercadoria produzida.

O artífice mais experiente — *mestre* — também era um trabalhador, manuseando as mercadorias de sua especialidade; o trabalhador em aprendizado — *aprendiz* — era preparado para atingir todas as habilidades necessárias e, no futuro, também ser o gestor de sua própria oficina. Era uma realidade em que a união coletiva possibilitou a existência digna de diversos trabalhadores, na cidade ou no campo.

Gradativamente, porém, com o aumento da mercancia e a crescente circulação monetária, a relação de trabalho passa a ter outra natureza: os comerciantes passam a investir na produção e contratam o trabalho dos artesãos (mestres, oficiais e aprendizes).

Publicação original no *site* **Justificando**: <https://www.justificando.com/2021/02/25/o-permanente-ataque-a-representacao-coletiva-dos-trabalhadores/>. Data da publicação: Quinta-feira, 25 de fevereiro de 2021.

(1) Juiz do Trabalho Substituto da 11ª Região e membro da AJD.

Na antiga relação entre os mestres e os aprendizes havia o pagamento da jornada ou de salário, porém, os meios de produção permaneciam com os trabalhadores; nesta nova relação de trabalho burguesa, o detentor dos meios de produção não é mais quem produz.

O trabalho humano aliena-se, torna-se mercadoria e, quanto maior a oferta de mão de obra, menor é o salário e, obviamente, maior o lucro do detentor dos meios de produção.

As relações de trabalho sem qualquer regulação sofreriam ainda o impacto direto e continuado da evolução tecnológica oriunda da chamada revolução industrial, reduzindo o valor do salário (aumentando o lucro), com consequências sociais catastróficas à classe trabalhadora, entre as mais lancinantes, a vil exploração do trabalho infantil, jornada de trabalho excessiva, causa material do elevado número de acidentes de trabalho, além de precárias condições sanitárias das moradias dos trabalhadores.

A partir do final do século XVIII, inicia-se um longo período de intensas lutas coletivas das classes trabalhadoras, as quais possibilitariam o gradativo surgimento de normas jurídicas regulatórias desta conflituosa e antagônica relação contratual.

Consolidado o Direito do Trabalho, após as grandes guerras, na segunda metade do século XX, a coexistência relativamente pacífica foi mantida enquanto perdurou o equilíbrio entre a representação coletiva (sindicatos) dos trabalhadores e dos detentores dos meios de produção.

Todavia, a estabilidade das relações de trabalho nunca interessou à acumulação capitalista e, a partir dos anos 1980, sob a justificativa do alto custo econômico do denominado estado de bem-estar social, políticas crescentes de desregulamentação jurídica foram implantadas, em diversos países.

No Brasil, a partir dos anos 1990, diversas alterações legislativas diminuíram a proteção jurídico-trabalhista existente, sob o falacioso argumento da modernização *da empresa*, porém, sem qualquer preocupação com a influência da automação na produção ou a manutenção do poder aquisitivo dos trabalhadores, tratando-os, simplesmente, como custo.

Nas décadas de 2000 e 2010, houve pequeno alento às relações trabalhistas, com o fortalecimento temporário das negociações coletivas e, em consequência, pequena redução das desigualdades sociais, permitindo a valorização real dos salários, o aumento da atividade econômica e da produtividade, bem como o crescimento do mercado consumidor.

Tudo o que era aparentemente sólido se desmancharia no ar de nosso capitalismo periférico. Os liberais e detentores do capital, porém, insatisfeitos com os ganhos da classe trabalhadora, elegeriam os seus inimigos econômicos: o trabalho subordinado, os sindicatos e a legislação social.

Em 2017, a reforma trabalhista, absolutamente inconstitucional, sepultaria, em definitivo, o sistema jurídico de proteção ao trabalhador, invertendo a lógica do ordenamento: "a prevalência do negociado sobre o legislado".

A perversidade da inversão hermenêutica é complementada pela desestruturação do financiamento das entidades sindicais, com o término da contribuição compulsória, em meio à desindustrialização nacional.

A classe trabalhadora, mais uma vez, encontrar-se-ia em clara desvantagem jurídica e econômica, com o enfraquecimento de sua representação coletiva, com a modificação do sistema produtivo, ante a crescente concentração de renda nas mãos dos detentores dos meios de produção e os efeitos dos avanços tecnológicos, sem a devida proteção legislativa.

Diferentemente da identidade entre trabalhadores explorados, na Europa dos séculos anteriores, no Brasil de nossos dias apresenta-se um quadro gravíssimo de desmobilização: número alarmante de trabalhadores informais, de trabalhadores desalentados e de desempregados, sem qualquer união entre si, somados ao baixíssimo número de trabalhadores sindicalizados. Em comum, todos os trabalhadores (des) mobilizados pela necessidade imediata de sobrevivência.

Passados mil anos, os trabalhadores continuam explorados, sendo incertas a existência e a sobrevivência pessoal e familiar, durante a maior crise sanitária e econômica de nossa geração. Defender os interesses dos trabalhadores necessita de solidariedade, de partilha e de luta coletiva permanente.

Renovo o chamado comunista:

Trabalhadores informais, desempregados e empregados do Brasil e de todos os países, uni-vos contra a opressão imemorial dos detentores dos meios de produção.

Quarto de Despejo 4.0: Os Ecos da Escravidão na Pandemia

Por **Rayane Andrade**(1) e **Vladimir Paes de Castro**(2)

Carolina Maria de Jesus em seu diário de uma favelada registrou como era a vida da população pobre e negra do país. Suas páginas, que felizmente tiveram reconhecimento em vida, são ainda mais atuais diante da pandemia provocada pelo Covid-19 que castiga o mundo, e o Brasil em particular. Carolina narra como a fome amargava e fazia tremer, traduzindo o que é viver em um quarto de despejo, e mostra como é ser lida como um corpo além de descartável, como uma existência que incomoda apenas por partilhar o dom da vida.

As páginas de Carolina retratavam o Brasil do início da década de 1960, num momento de ebulição social e econômica, na véspera do golpe cívico-militar, que atava seu destino a elaboração de uma identidade nacional fundada em um mito unificador: o da democracia racial. De lá para esse 2021 pandêmico observamos que sob novas capas essa idealização de "paraíso da cor" é um verdadeiro pesadelo para quem não é lido como branco no país. Em todos os índices de desenvolvimento humano a população negra brasileira tem as piores performances. A origem comum desses trágicos resultados vem da fonte inesgotável opressora do complexo patriarcal-racista-capitalista.

Assim, não estranha que durante a pior crise humanitária que atravessamos enquanto nação, após a abolição formal da escravidão, esses ecos saudosistas dos tempos de "Casa Grande e Senzala" voltem com força, de forma desavergonhada. O recente caso envolvendo o esposo da famosa cantora de axé, Ivete Sangalo, pinta com cores fortíssimas essa triste realidade. Em live transmitida pela rede Instagram, ele conversava com a atriz Regina Casé sobre como a sua família estava reagindo ao resultado positivo para a infecção provocada pelo coronavírus. Em determinado momento ele afirma categoricamente que a origem da doença tinha "chegado pela cozinheira" e que "esse lance de o funcionário passar uma semana aqui, folgar, enfim..." teria sido o responsável pelo Covid-19 ter batido em sua porta. Não custa lembrar que o referido cidadão é branco, privilegiado financeiramente, e expressa exatamente o que os seus pensam: o dedo em riste para a empregada doméstica nunca descansa. E mesmo na pandemia, não seria diferente. Percebam que ele sequer cita o nome da trabalhadora, e para piorar, arremata de forma cruel e irônica que ela teria trazido o vírus quando usufruiu de sua folga.

Publicação original no *site* **Justificando**: <https://www.justificando.com/2021/04/22/quarto-de-despejo-4-0-os-ecos-da-escravidao-na-pandemia/>. Data da publicação: Quinta-feira, 22 de abril de 2021.

(1) Professora de Direito da Universidade Estadual de Goiás. Doutoranda em Direitos Humanos – UNB. Advogada popular pela RENAP.

(2) Juiz do Trabalho do TRT21-RN. Membro da Associação de Juízes para Democracia (AJD) e da Associação Nacional de Magistrados da Justiça do Trabalho (ANAMATRA).

Esse comportamento preconceituoso e desumanizador em face da trabalhadora doméstica é mais comum do que se imagina. Quem não lembra da trágica morte do menino Miguel num condomínio de luxo no Recife? A patroa, "Sinhá 4.0", largou o filho de sua funcionária, uma criança de 5 anos, sozinho dentro de um elevador, enquanto a mãe de Miguel, Mirtes Souza, estava cuidando e passeando com o pet da "madame". Em pleno pico da pandemia no início de junho/2020, a patroa não podia ficar sem os serviços da funcionária, submetendo a trabalhadora a risco de infecção pelo coronavírus, e pior ainda, como ela não tinha com quem deixar seu filho Miguel, já que as escolas estavam fechadas, teve que levar seu bem mais precioso para o trabalho.

A desumanização e objetificação da população negra, a herança escravagista e os privilégios da branquitude na realidade desse sistema capitalista liberal hegemônico, tudo é muito bem retratado nessa tragédia: A mãe que não tem com quem deixar seu filho na sua comunidade periférica; a falta de política pública que proteja essas famílias; a sinhá moderna que "não sabe" cuidar de sua casa, nem mesmo de seu cachorrinho, mesmo estando em pico da pandemia, isolada no conforto de sua residência de luxo; a sujeição cruel da trabalhadora a risco alto de infecção pelo Covid-19 nos deslocamentos em transportes lotados até a "casa grande"; a falta de cuidado e a morte de mais uma criança negra.

A Covid-19 explicita nossa conformação de classe, raça e gênero. Ela não atinge igualmente os sujeitos. Não à toa, segundo a ABES, a Associação Brasileira de Engenharia Sanitária e Ambiental, o risco de morte de um trabalhador de limpeza é seis vezes maior que o do restante da população. Logo atrás deles estão as trabalhadoras domésticas. E o que explica isso senão os corpos que ocupam essas posições vistas como subalternas em nossa sociedade? São homens e mulheres negras cujas vidas sempre foram tratadas como dispensáveis no país que teve mais séculos de escravismo que de República.

Os dados são reveladores de como esse tipo de conduta de nossa elite chucra, e também de boa parte da classe média, empurra essas trabalhadoras para a morte, da mesma forma como se faziam nos tempos da escravidão. Não é obra do acaso que a primeira morte registrada pela doença no país tenha sido justamente de uma trabalhadora doméstica, a diarista Rosana Aparecido Urbano, de São Paulo. Dias após a primeira vítima no Rio de Janeiro foi uma empregada doméstica, cujo nome não foi revelado, que contraiu a doença de sua patroa branca que residia no Alto Leblon, um dos metros quadrados mais caros do país, e acabara de retornar da Itália, importando em primeira mão o vírus que causava frisson na Europa. Então, a lógica se inverte. Quem infectou a população pobre no Brasil foram os privilegiados de sempre, que trouxeram a moléstia de avião, e que agora, através de narrativas desonestas, querem transformar as vítimas vulneráveis de todo esse processo em vilãs.

Outra questão de suma importância que nos salta aos olhos em todo esse cenário de exploração, agressão, e, portanto, de desumanização de trabalhadoras negras periféricas, é o papel "não" exercido pelas instituições que deveriam estar fiscalizando essas violações e buscando alternativas para o respeito de direitos fundamentais mínimos em favor dessas milhões de trabalhadoras. Na nossa avaliação, a institucionalidade, sejam os gestores municipais, estaduais e federais, sejam os órgãos de fiscalização do trabalho e do sistema de justiça trabalhista, continuam no geral inertes nesse triste cenário. Qual a explicação para essa situação de quase absoluta omissão das instituições quando se trata da defesa intransigente de direitos dessa categoria de trabalhadoras?

Entendemos que o privilégio de classe, e o racismo estrutural decorrente, permeiam todo esse cenário de profundas dificuldades que essa categoria de trabalhadoras enfrenta em sua luta histórica e permanente por direitos e igualdade de condições às demais categorias de trabalhadores.

Vale destacar que a nossa própria Constituição "cidadã" de 1988 sonegou a essas trabalhadoras uma série de direitos fundamentais, perpetuando a vil exploração do trabalho de forma notoriamente discriminatória. Cidadania para alguns, e para essa categoria mais vulnerável de trabalhadoras, menos direitos e estímulo à exploração. Mesmo depois da Emenda Constitucional n. 72/2013, ainda não foi estendido às trabalhadoras domésticas toda a gama de direitos fundamentais trabalhistas previstos em nossa Carta Magna.

Ressalte-se, portanto, que o fio condutor sócio-econômico que conecta as histórias contadas acima é o "bom e velho" privilégio de classe, aliado a herança escravagista presente na gênese da branquitude nacional. Esse pano de fundo está presente na morte de Miguel em Pernambuco, passando pelo comentário do "sinhozinho 4.0" na Bahia, até as mortes das trabalhadoras no Rio de Janeiro e São Paulo, e também atravessa a postura do constituinte originário, legislador federal, auditoria fiscal do trabalho, Ministério Público do Trabalho e Judiciário, ou seja, toda a institucionalidade que se omite desavergonhadamente na consagração da igualdade material de direitos das trabalhadoras domésticas.

Ora, qual o perfil hegemônico de nossos representantes legislativos, auditores fiscais, procuradores do trabalho e magistrados? Filhas e filhos da classe média e da elite branca privilegiada desse país, com condições financeiras para contratar uma trabalhadora para realizar suas tarefas domésticas. Além disso, o passado escravagista de nossa sociedade, que ainda está cravado no DNA dos membros da "Casa Grande 4.0", na nossa visão, explicam de forma contundente o porquê de em pleno século XXI ainda termos uma categoria histórica de trabalhadoras com menos direitos. Num ambiente de aprofundamento da precarização do direito do trabalho, a situação das trabalhadoras domésticas é ainda mais aviltante, e não acompanhamos no debate público nenhum movimento para romper essas estruturas de opressão dessas milhões de trabalhadoras negras periféricas. Como diz a célebre frase, "o trabalho dignifica" essas milhões de trabalhadoras? Ou é apenas instrumento de vil exploração dessa mão de obra?

Convocamos toda a branquitude privilegiada que se diz progressista, a exemplo das feministas liberais, para que efetivamente contribuam para o reconhecimento de direitos e dignidade em favor dessa classe de trabalhadoras, que cuida de sua casa, de seus filhos e filhas.

Como diz a campanha encabeçada pela Federação Nacional das Trabalhadoras Domésticas — FENATRAD, com o título "Cuida de quem te cuida", que possamos proteger a vida das trabalhadoras domésticas durante a pandemia, principalmente nos picos de contágio.

Deixemos como sociedade civil a hipocrisia de lado, e passemos a ter um compromisso ético e radical para a melhoria das condições de vida das trabalhadoras domésticas. Não compactuemos com discursos desumanizantes como o replicado pelo "Sinhozinho 4.0", esposo da famosa cantora de axé baiano, sob pena de perpetuarmos todas as opressões que atravessam os corpos e a vida de nossas Carolinas de Jesus da atualidade.

Igualdade ou Barbárie

Por **Suely Filippetto**(1)

Incontáveis bens e serviços, a exemplo de alimentos, vestuário, habitação, insumos para a produção de vacinas são as condições materiais que possibilitam a realização de direitos. Sem as referidas condições, o direito à saúde, à moradia, à vida digna e duradoura não se efetiva.

Essa riqueza é produto do suor de corpos que lavram a terra, debulham o milho, embalam berços, tecem tramas, percorrem distâncias, além de tantas outras atividades humanas, potencializadas ou não por avanços tecnológicos.

As econômicas desenvolvem-se e distribuem-se conforme os recursos naturais disponíveis em cada localidade e os Estados dependem um dos outros para a melhoria das condições de vida e de trabalho de suas populações. O trabalho, no centro disso, demanda proteção uniforme. As relações de trabalho em sistemas capitalistas de produção, sua remuneração, extensão, intensidade, jornada são temas correntes e afetam a humanidade.

É pelo trabalho que se desenvolve a identidade e, especialmente, a identidade coletiva das gentes. O resultado do trabalho e a importância dessa atividade atravessa fronteiras. No entanto, globalizou-se tão-somente a exploração. À humanidade importa a extensão e a proteção das relações de trabalho.

Combater a exploração da força de trabalho interessa ao mundo todo, pois a escravatura, assim como a condição de desigualdade das mulheres, historicamente, importará no desparecimento de civilizações.

Nesse sentido, para o enfrentamento da violência no mundo do trabalho, adveio a Convenção n. 190 da OIT, complementada pela Recomendação 206. Como marco fundamental na luta pela promoção do desenvolvimento social da humanidade com perspectiva de gênero, a Convenção 190 dá visibilidade à violenta estrutura social e de trabalho existente na atualidade.

O trabalho protegido, em ambiente seguro, saudável e digno é direito e dever universal. A violência no mundo do trabalho irradia-se para além do seu espaço e alcança todas as formas de sociabilidade. As relações no trabalho, em qualquer local ou modo em que seja prestado, em casa, em via pública, em instituições públicas, em entidades privadas, remunerado ou não,

---

Publicação original no *site* **Justificando**: <https://www.justificando.com/2021/05/13/suely-filippetto-igualdade-ou-barbarie/>. Data da publicação: Quinta-feira, 13 de maio de 2021.

(1) Juíza do Trabalho Aposentada do TRT-9ª Região. Especialista em Economia do Trabalho para Magistrados e Servidores Públicos pela Universidade Estadual de Campinas – UNICAMP. Membra da Associação Juízes para Democracia (AJD).

formal ou informal devem ser, segundo a Convenção n. 190, respeitosas, saudáveis, dignas. Busca-se a promoção da tolerância com a diferença em múltiplos aspectos e com visibilidade, entre outras causas subjacentes e dinâmicas de discriminação, para a questão de gênero.

O assédio e a violência são concebidos de forma ampliada pela referida norma e reconhecidos como inaceitáveis e incompatíveis com o trabalho decente e com a não discriminação. Medidas práticas de prevenção e combate são referidas, a exemplo do levantamento de riscos e de vulnerabilidades, em contextos bem distintos e amplos.

Não somente o ordenamento jurídico, mas as políticas econômica e social, a construir e reger relações de trabalho devem se adequar às normas internacionais de proteção aos direitos de quem produz riqueza. Práticas em desconformidade com o direito internacional de vulneráveis devem ser combatidas, para trilharmos caminho rumo à igualdade.

O direito à existência em ambiente sem violência, de que trata a Convenção n. 190 da OIT, vincula todos os Estados nacionais, mesmo aqueles que não a ratificam, como é o caso brasileiro.

Sujeito o Estado a relações de poder, não há como ficar desobrigado, internamente, de promover a aplicação de norma que trata de direitos que combatem dominação e sujeição de vulneráveis, em sistema que tende a transformar saúde, trabalho e educação em mercadoria e que concentra poder e riqueza. Vale transcrever a lição de Antonio Augusto Cançado Trindade "... o tratamento dispensado pelo Estado a todos os seres humanos sob suas respectivas jurisdições tornou-se matéria de legítimo interesse da comunidade internacional. Este é um dos aspectos da questão." Adiante: "O Direito Internacional, ao longo dos anos, tem se transformado sob o impacto dos ideais, e o reconhecimento de que não depende da vontade dos Estados: se fosse produto exclusivo de tal vontade, não poderia obrigá-los, e se os obriga, não é mero produto de sua vontade".

Nesse sentido orienta-se o Direito Internacional, regido pelo princípio *pro persona* e com sua nova funcionalidade, de ordem substancial e cogente ao tratar de direitos humanos trabalhistas, institucionalizado, democrático e enraizado na ideia de solidariedade ao tempo em que o capitalismo realiza a sua função de acumular riqueza financeira.

A proteção internacional aos direitos sociais insere-se no âmbito dos direitos inderrogáveis, cogentes, de obrigação *erga omnes* e de aplicação prática.

O dever de defesa incondicional e garantia real de direitos de quem trabalha, também por magistrados e magistradas, é necessária para preservação da vida e deve se amparar, em se tratando de direitos humanos, no sistema normativo de proteção internacional de incidência global cogente.

Melhorar o bem-estar das populações é conceito que precede regras econômicas e jurídicas e a elas se incorporam. A proteção social nacional e internacional assim se constrói formalmente e é preciso efetivá-la.

Ouçamos os gritos de Heitor para lembrar o humanismo de Homero, deixemos a pilhagem e a guerra para trás. Deixemos também a escravatura, para que a civilização não pereça.

Recordando dizeres de Plá Rodrigues, cujos ensinamentos são atuais, concluo pontuando que o objetivo das reflexões trazidas consiste em plantar sementes, porque não há, ainda, o fruto para entregar.

Referências bibliográficas

TRINDADE, Antônio Augusto Cançado. *O direito internacional em um mundo em transformação*. Rio de Janeiro: Renovar, 2002.

Direito internacional do trabalho e Convenções internacionais da OIT comentadas. Rubia Zanotelli de Alvarenga, Lorena de Mello Rezende Colnago (Coords.). São Paulo: LTr, 2014.

O Precariado "Empreendedor" das Plataformas Digitais

Por **Xerxes Gusmão**(1)

O empreendedorismo é tratado, no Brasil, como uma espécie de panaceia, capaz de solucionar todos os problemas econômicos da maioria, quiçá de todos os membros da população economicamente ativa.

Nesse sentido, ele é estimulado, elogiado e apresentado como a via a ser seguida por todos aqueles que se encontram em dificuldades profissionais: desempregados, desalentados, subempregados ou mesmo empregados formais insatisfeitos.

Bastaria, assim, dedicação e perseverança, aliadas ao foco nos problemas e soluções do setor, para que qualquer um se lançasse na senda mágica do empreendedorismo, que inefavelmente o conduziria ao paraíso da fortuna e da prosperidade pessoais.

A extensão dessa mentalidade, tão idílica quanto desprovida de qualquer vestígio de fundamento, é tamanha que ela atinge mesmo trabalhadores fortemente precarizados, que são apresentados, de forma totalmente artificial, como "empreendedores de si mesmos".

A principal justificativa dessa visão equivocada é o intuito de se escamotear justamente a precarização desses trabalhadores, transmudando-os artificialmente em empreendedores, pois empreendedores não são precários, só passam por dificuldades econômicas momentâneas, sempre de acordo com a ideologia dominante atual.

Ideologia que busca — ou finge — ignorar a essência dessa precarização: a inexorável oposição entre capital e trabalho, que inviabiliza o sucesso econômico da imensa maioria dos trabalhadores, pois da pobreza deles depende a riqueza dos poucos apaniguados do país. Isso independente do termo que se utilize para se denominar esses trabalhadores: empreendedores, obreiros, proletários ou qualquer outro.

Fato é que essa falsa narrativa é adotada por parte das grandes plataformas digitais, que sustentam que seus prestadores de serviços não seriam trabalhadores, mas sim verdadeiros empreendedores, empreendendo a entrega aos clientes dos serviços por meio da mera intermediação das plataformas.

Publicação original no *site* **Justificando**: <https://www.justificando.com/2021/05/20/xerxes-gusmao-o-precariado-empreendedor-das-plataformas-digitais/>. Data da publicação: Quinta-feira, 20 de maio de 2021.

(1) Juiz do trabalho substituto do TRT da 17ª Região (ES). Mestre e Doutor em Direito do Trabalho e Previdenciário pela Université de Paris 1 – Panthéon-Sorbonne. Professor universitário. Membro da Associação Juízes para a Democracia.

Sucede que um exame minimamente apurado da real situação das plataformas digitais conduz, de modo inevitável, à conclusão de que essa visão do empreendedor é completamente infundada.

Isso porque a realidade dos trabalhadores por plataformas é de efetiva e absoluta vinculação aos parâmetros destas: a integralidade da prestação de serviços, incluindo sistema, valor e captação de clientes, depende totalmente das plataformas, sem qualquer ingerência ou autonomia de decisão dos trabalhadores.

Ora, um verdadeiro empreendedor jamais atuaria com tamanha restrição, pois é da própria essência do seu negócio a autonomia na fixação das suas diretrizes principais, tendo em vista a necessidade de direcionamento dos investimentos e das iniciativas — o que, evidentemente, inclui a fixação do valor do serviço e a captação de clientes.

Compreende-se, todavia, essa vã tentativa de ocultar a verdadeira natureza dos trabalhadores das plataformas digitais ao se deparar com o desafio que surge a seguir: uma vez ultrapassada essa fragilíssima cortina de fumaça do empreendedorismo, torna-se fundamental perquirir quais seriam as suas condições de trabalho atuais.

Cumpre salientar, inicialmente, que os trabalhadores de plataformas digitais são desprovidos de qualquer direito trabalhista, pois formalmente enquadrados como autônomos — retornaremos a essa questão mais adiante.

Mas não é só: eles não possuem sequer local para realizar pausas, para se alimentar ou para suas necessidades básicas, tendo de aguardar novos pedidos do aplicativo ou realizar refeições sentados em calçadas, em frente aos estabelecimentos comerciais que atendem, quando laboram como entregadores.

Além disso, os trabalhadores por plataformas digitais não possuem garantia de renda mínima, seguro contra acidentes de trabalho ou cobertura previdenciária, permanecendo totalmente desprovidos de rendimentos, em caso de se acidentarem na execução do seu labor.

Essa desconcertante e absoluta precarização — que leva o ilustre doutrinador Ricardo Antunes a denominar esses trabalhadores como precariado —, que choca inclusive os ânimos menos sensíveis, tem gerado uma crescente discussão acerca da necessidade de se assegurar uma rede mínima de direitos sociais aos trabalhadores digitais. Há, assim, diversos projetos de lei com esse teor, tramitando atualmente no Congresso Nacional.

De todo modo, independente da aprovação futura de algum desses projetos, fato é que existe, no momento, uma acirradíssima polêmica acerca da existência ou ausência do vínculo empregatício do trabalhador por plataformas digitais.

Natural a conclusão de que o reconhecimento do vínculo empregatício afastaria ou, ao menos, mitigaria significativamente essas inaceitáveis condições precárias às quais os trabalhadores por plataformas atualmente estão submetidos, pois ele lhes asseguraria uma série de direitos trabalhistas e previdenciários.

Todavia, ele representaria, inefavelmente, a atribuição de encargos sociais às plataformas digitais, o que explica a feroz oposição destas a tal reconhecimento, pois isso findaria por reduzir, ainda que minimamente, os estratosféricos lucros que as grandes plataformas vêm obtendo nos últimos anos.

Aliás, não deixa de ser curioso e revelador que muitos dos defensores da autonomia dos trabalhadores das plataformas — alguns dos quais, por mais surpreendente que isso possa parecer, sendo operadores do Direito do Trabalho, com conhecimento técnico que deveria, em tese, afastá-los deste tipo de argumento não jurídico — apresentem justamente razões financeiras para negar o reconhecimento do vínculo: a (pretensa) inviabilização econômica das plataformas, caso reconhecido o vínculo empregatício dos trabalhadores. Valem-se, inclusive, de uma expressão corriqueira para tanto: "A conta não fecha".

Resta evidente, contudo, que a existência ou a ausência do vínculo empregatício de qualquer trabalhador, seja ele das plataformas digitais ou de outro setor, não pode depender das finanças dos supostos empregadores ou de contas que fechem ou não fechem, mas sim de elementos jurídicos. E estes elementos, no caso das plataformas digitais, pendem para o reconhecimento do vínculo empregatício, senão vejamos.

O trabalhador depende, como já salientado acima, totalmente da estrutura das plataformas para captação dos seus clientes ou fixação do valor do serviço, não possuindo qualquer autonomia para ambas as situações.

Ademais, na execução do trabalho, o controle pelo algoritmo das plataformas é completo, oferecendo informações sobre cada etapa do labor prestado, em tempo real — dispensando, inclusive, as ordens diretas, tornadas obsoletas em tal cenário de controle algorítmico mais moderno e preciso.

Por fim, a pretensa liberdade do trabalhador é meramente relativa, pois a sua autonomia para recusa de clientes e fixação do horário somente pode ser exercida se timidamente. Nesse sentido, a reiterada negativa em aceitar clientes ou a prestação de serviços em jornadas muito reduzidas findam por ensejar punições aos trabalhadores, como suspensão ou mesmo cancelamento da plataforma, como indicam diversos estudos do setor.

Pode-se indicar, portanto, que há uma efetiva subordinação do trabalhador à plataforma, que preferimos denominar como imersiva, por se tratar de termo utilizado neste segmento digital (como, por exemplo, para se referir à sua tecnologia). Subordinação apta a configurar, como decorrência lógica, o vínculo empregatício do trabalhador com a plataforma digital.

Pertinente observar que esta vem se constituindo, inclusive, como uma tendência internacional: são diversas as decisões, em vários países do mundo, reconhecendo o vínculo empregatício do trabalhador por plataformas, das quais se destacam a decisão da Suprema Corte da Califórnia, de abril de 2018; da Corte de Cassação francesa, de 4 de março de 2020; do Tribunal de Apelações do Trabalho uruguaio, de 3 de junho de 2020; do Tribunal Supremo espanhol, de 25 de setembro de 2020; da Corte Suprema inglesa, de 19 de fevereiro de 2021.

No Brasil, essa tendência ainda não se consolidou, pois a jurisprudência se encontra bastante dividida atualmente, com decisões em ambos os sentidos.

A principal razão dessa divisão é o apego da corrente favorável à autonomia a elementos clássicos da subordinação, como as ordens diretas ou o horário fixo, efetivamente ausentes, mas que constituem requisitos que consideramos como arcaicos, pois não adaptados às novas modalidades de trabalho — nas plataformas digitais ou fora delas.

Conclui-se, por conseguinte, que o fim da precarização do labor nas plataformas digitais depende da superação de dois obstáculos: por um lado, é preciso fazer esvanecer a cortina de fumaça do pretenso empreendedorismo, que não passa de uma quimera, completamente infundada; por outro lado, é necessário se abandonar amarras obsoletas para a análise da situação jurídica do trabalhador por plataformas, visando se obter uma visão moderna e adequada do seu enquadramento, perfeitamente coadunado com a figura do vínculo empregatício.

Nunca é demais recordar que a superação desses dois obstáculos e, por conseguinte, da absurda precarização à qual ele se encontra submetido atualmente, é a única via para a salvaguarda, ao trabalhador por plataformas, de um dos mais relevantes fundamentos da nossa República: a dignidade da pessoa humana.

Os Supranuméricos

Por **Ângela Maria Konrath**[1]

"Metade da humanidade não come,
e a outra metade não dorme com medo da que não come."
Josué Apolônio de Castro, citado em *Geografia da fome*.

Marilena Chauí apresenta o livro de Paul Lafarge, intitulado *O direito à preguiça*, com a seguinte indagação: "como e quando o horror pelo trabalho transformou-se no seu contrário? (...) Quando e por que se passou ao elogio do trabalho como virtude e se viu no elogio do ócio o convite ao vício, impondo-se negá-lo pelo negócio?".

A construção valorativa do trabalho está atrelada aos ciclos econômicos da história e passou, ao menos, pelos estágios da sociedade escravista para o regime de servidão feudal, contando com a presença das/os artesãs/os e suas corporações de ofício, avançando para as locações de mão de obra (empreitada) para, finalmente, chegar ao trabalho livre da sociedade salarial.

As modificações introduzidas no mundo do trabalho desde a Revolução Industrial se intensificaram nas quatro últimas décadas, quando o capitalismo assumiu sua nova forma de atuação internacionalizada e emancipada da economia real, na busca do lucro pelo lucro, provocando o aprofundamento da flexibilização e a desregulamentação normativa, acentuando a informalidade nas contratações e imprimindo a heterogeneização das relações de trabalho, com a ampliação desmedida das terceirizações.

Com isso, deu-se a descentralização e fragmentação dos processos de negociação coletiva, enfraquecendo as formas de reação da luta sindical e reduzindo a bandeira reivindicatória a apenas uma: o emprego.

A pandemia causada pelo Coronavírus — Covid-19, além das milhares de vidas ceifadas pelo mundo e incontáveis pessoas vitimadas pelo vírus, abalou todas as economias do planeta, afetando substancialmente o modo de vida da generalidade das pessoas em todas as comunidades humanas, pelo isolamento e distanciamento sociais impostos.

A doença, a morte, o isolamento social, o distanciamento social e a queda na economia fulminaram a renda e o trabalho das pessoas, disseminando a pobreza e atingindo, de forma contundente, as/os trabalhadoras/es de baixa renda de todo o país.

Publicação original no *site* **Justificando**: <https://www.justificando.com/2021/07/01/angela-maria-konrath-os-supranumericos/>. Data da publicação: Quinta-feira, 1º de julho de 2021.

(1) Juíza do Trabalho em Santa Catarina. professora e doutoranda em Direito pela UFSC.

Além disso, a pandemia acelerou o incremento de tecnologias que vinham avançando na última década, na chamada Revolução 4.0, merecendo destaque a disseminação do trabalho por plataformas digitais e a aceleração do trabalho remoto, que antes do fetiche de poder ser realizado em qualquer lugar, invade o asilo inviolável da/o trabalhadora/r.

Nessa dinâmica precarizante e de revolução tecnológica, a classe trabalhadora perde seu lugar de pertencimento através do trabalho ou do exercício de uma profissão de vida inteira: as relações de emprego passam a ser marcadamente efêmeras, instáveis, incapazes de laços de reconhecimento e solidariedade, realizada a distância. Com isso, vem o isolamento do sujeito trabalhador, que já não se insere no espaço público de construção de um objetivo em comum.

O desemprego mostra uma nova face para além de sua invencibilidade, a saber: a expulsão do excedente do exército de reserva que não é mais necessário, não tem mais utilidade para o sistema nem como força de trabalho, nem como sujeito consumidor.

São os supranuméricos, referidos por Robert Castel em *As metamorfoses da questão social*, a indicar urgência na reorientação das políticas públicas de emprego e renda mínima.

Todo esse cenário mostra o esgotamento do sistema capitalista em resposta aos anseios sociais, o que é agravado pelas crises cíclicas que assolam o sistema e se dão em paralelo com a crise política, a crise ecológica, a crise social e a crise humana.

Sabe-se que a lógica do pleno emprego consiste em um conjunto de políticas públicas para viabilizar a abertura de postos de trabalho. Essas políticas passam, necessariamente, pela inserção de todo o trabalho exercido profissionalmente na categoria de relação de emprego, referida por Adriana Goulart de Sena Orsini, no artigo *O efeito expansionista do Direito do Trabalho frente a revolução 4.0 no Brasil*, ou em alguma forma de proteção que contemple os direitos sociais reconhecidos no art. 7 da Constituição da República,, bem como pela redução drástica das horas de trabalho, em níveis adequados ao desenvolvimento científico e tecnológico contemporâneos.

O desafio que a realidade coloca, para além da resistência à degradação do trabalho humano e resgate de seu sentido de trabalho vivo e ressignificado, é de avanço para uma nova visão de vida e trabalho, que ouse abandonar a retórica da luta pelo trabalho e passe a lutar pela distribuição dos resultados da genialidade humana por todas/os as/os integrantes da família humana que dependem do trabalho para obter seu sustento.

Propõe-se, nesta ótica, rever os conceitos de uma economia que clama pelo aquecimento, para analisar os impactos das atividades econômicas, industriais e do hiperconsumismo no meio ambiente, desde a afetação climática até a extinção de espécies, questões estas atravessadas pelo problema da pobreza.

A devastação do meio ambiente, o esgotamento dos recursos naturais e a dizimação de outras espécies, além da própria perda de valor da vida humana, resultam da busca de um crescimento econômico sem limites. Ora, a exploração desmedida de um planeta com recursos finitos quase sempre se dá sob a justificativa de falsas necessidades criadas para acumulação da riqueza.

Vale lembrar que na construção do eixo de subordinação jurídica foi subtraído da/o trabalhara/r a participação decisória sobre o que produzir, como produzir, por que produzir.

Assume-se aqui a necessidade de transposição de obstáculos criados para condicionar a ação reivindicatória a causas perdidas (o emprego) num mundo de expansão tecnológica que não requer mais tantos empregos, mas antes requer redução drástica da jornada e garantia de renda mínima a todas as pessoas que dependem do trabalho (e não o tem) para sobreviver.

Tempo livre. Salário justo. Participação política. Renda básica universal. Respeito aos limites da Pachamama.

Tráfico de Trabalhadores: Uma Realidade que o Reformador Trabalhista não quis Ver

Por **Lygia Maria de Godoy Batista Cavalcanti**(1)

Dentre os itens relacionados na alínea *"a"*, art. 3º do *Protocolo de Palermo,* aprovado pela Resolução da Assembleia Geral n. 55/25, da ONU, para definir a expressão "tráfico de pessoas" estão o recrutamento, transporte, transferência, alojamento ou acolhimento de pessoas, o trabalho ou serviços forçados, [...] escravatura ou práticas similares à escravatura e a servidão.

Vivenciei, quando na jurisdição de Goianinha/RN, o recrutamento de trabalhadores realizado por um intermediário que se convencionou chamar "gato", usando para tal, falsas promessas de trabalho e bons salários. Os trabalhadores são levados para o sul/sudeste/centro-oeste do país, e recebem dos recrutadores um adiantamento para o custeio das despesas com a viagem — primeiro passo para a servidão. Além desse adiantamento, a comida e os instrumentos para o trabalho são considerados dívidas, o que resulta na submissão do trabalhador, forçando-o a desempenhar qualquer tipo de atividade. Alojados em galpões insalubres, sem água potável e sem as mínimas condições sanitárias, eles são impedidos, ainda, de retornarem as suas cidades enquanto não quitarem suas dívidas.

Inimaginável que, dois séculos após a abolição da escravatura, o mundo retrocedesse a abominável prática do tráfico humano. Estima-se uma movimentação de mais de 150 bilhões de dólares com o referido crime.(2) De acordo com a Organização Internacional do Trabalho (OIT)(3), em 2016, no mundo, mais de 40 milhões de pessoas eram vítimas da escravidão moderna, dessas, 24,9 milhões eram forçadas ao trabalho, sob ameaças diversas. À luz do Relatório Global sobre o Tráfico de Pessoas 2016, das vítimas, quase um terço eram crianças, e 71% mulheres e meninas.(4)

O considerável aumento dessa prática no seio da União Europeia, foi tema de uma conferência realizada pela Organización para la Seguridad y la Cooperação en Europa

---

Publicação original no *site* **Justificando**: <https://www.justificando.com/2021/08/06/trafico-de-trabalhadores-uma-realidade-que-o-reformador-trabalhista-nao-quis-ver/>. Data da publicação: Sexta-feira, 6 de agosto de 2021.

(1) Doutora e mestra em Sociedad Democrática, Estado y Derecho pela Universidad del País Vasco, Espanha. Mestra em Direito Político e Econômico pela Universidade Mackenzie, São Paulo. Juíza do Trabalho da 21ª Região/RN. Membra da Associação Juízes para a Democracia.

(2) OIT, "Profits and Poverty: The Economics of Forced Labour". 2014.

(3) Global estimates of modern slavery: forced labour and forced marriage International Labour Office (ILO), Geneva, 2017.

(4) Escritório das Nações Unidas sobre Drogas e Crime (UNODC, 17 de março de 2017).

(OSCE — atualmente formada por 57 países membros)[5], em 2011, em Viena, ocasião em que se alertou para as centenas de milhares de trabalhadores sujeitos à execração da escravidão. Os imigrantes são os alvos principais, a exemplo das comoventes histórias de Seba, garota de 22 anos, libertada pelo Comité Française Contre L'esclavage Moderne (na ocasião, o CCMS estimou haver em Paris cerca de 3.000 escravos domésticos) e também de Safia Kjarun, de 20 anos, ambas escravizadas e torturadas por suas patroas.[6] Capturados em redes mafiosas, os imigrantes acabam obrigados a trabalhar em situação análoga a do escravismo, além da mendicância forçada, *pickpocketing*, recebimento, transporte e venda de bens e drogas roubados.

A escravidão contemporânea, uma realidade mundial, está associada ao desemprego, pobreza, discriminação, e, sobretudo, ao tráfico de pessoas. Tal prática manifesta-se na clandestinidade e se faz marcada por organizações criminosas que, com autoritarismo, segregação social e desrespeito aos direitos humanos, subjugam trabalhadores a condições degradantes de trabalho.

Apesar de real, a escravidão contemporânea é invisível — as pessoas são mantidas na clandestinidade. Ao desembarcarem nos países dos "sonhos" têm confiscados os seus documentos, tornando-se inexistentes perante a lei. Tais condições os levam ao último grau de vulnerabilidade, alienação e estranhamento.

Nessa expansão do tráfico de escravos modernos, o modelo econômico dominante carrega uma grande responsabilidade. A globalização neoliberal — prevalecente nas últimas três décadas graças às terapias de choque com efeitos devastadores nas categorias mais frágeis da população — acarreta um custo social exorbitante.

Em nome do livre comércio, os grandes grupos multinacionais fabricam e vendem em todo o mundo, sempre em busca de produzirem em regiões onde a mão de obra é mais barata. Desse modo, estabelece a competitividade como principal força motriz e constitui, com efeito, a mercantilização do trabalho e dos trabalhadores.

As empresas multinacionais, ao realocarem seus centros de produção em escala global, estimulam a competição entre empregados de todo o planeta. O objetivo é minimizar custos de produção e reduzir salários, implicando, com isto, a desestabilização do mercado de trabalho e a deterioração das condições de trabalho.

O obscurantismo do que realmente está em jogo é a arma proeminente no arsenal dos apologistas do neoliberalismo, promotor da desigualdade. Lamentavelmente, o neoliberalismo prega as virtudes da "igualdade de oportunidades", mesmo que o registro das realizações efetivas não avance, em revés à verdadeira igualdade.[7]

Fato é que as estatísticas em relação ao trabalho e emprego, inclusive dos países do capitalismo avançado, revelam um quadro muito deprimente onde se destacam desemprego,

(5) A Global Alliance Against Forced Labour.

(6) PARISOT, T. Quand l'immigration tourne à l'esclavage, Le Monde Fr, jun. 1998.

(7) MÉSZÁROS, I. *Para além do capital:* rumo a uma teoria da transição. São Paulo, p. 157.

precarização, número alarmante de imigração e formas degradantes de trabalho a que o ser humano está submetido.

No tema da centralidade do trabalho, à dimensão econômica do trabalho que entrelaça sustento, consumo, produção, geração, distribuição e apropriação da riqueza, se agrega o aspecto de transcendência humana que está implicado no trabalho e que não pode ser abstraído sem o equívoco de reduzir-se seu sentido e sua importância a mero instrumento do capital e meio de subsistência.

Naturalmente, a legitimação das brutais restrições que emergem da crise estrutural do capital é apresentada num pacote característico de suntuosa hipocrisia, adornado com expressões do tipo de excelência, flexibilidade e liberdade.

O trabalho não é um fim em si mesmo. É um meio. Um meio pelo qual a pessoa obtém seu sustento. Mas não apenas isso, conforme expressa Aldacy Coutinho, "O trabalho é salário, mas salário não é tudo; trabalho sempre será um processo de identificação dos momentos da reprodução social, reinventada a cada momento, e a conquista de condições dignas da vida expressas em direitos".(8)

Pelo trabalho a pessoa se expressa no mundo sensível, desenvolvendo habilidades distintas das manifestadas por outras espécies de seres vivos, resultado da inteligência que é capaz de intervir no meio ambiente e produzir um mundo artificial de coisas, e até mesmo viabilizar a conquista do espaço sideral. É através do trabalho que o ser humano alcança sua autonomia como sujeito integrante das relações sociais, da vida em comunidade — ganha identidade social, realiza e se realiza pelo trabalho, ainda que as possibilidades do ser não se limitem às dimensões do trabalho.

Por todos esses aspectos é que o trabalho tem sido reconhecido como um direito humano fundamental, e como tal não deve, a pessoa, apenas ter o direito de ter um trabalho, mas o direito de ter um trabalho livremente escolhido e capaz de proporcionar condições justas para uma vida digna e de qualidade.(9)

A dupla expectativa dimensional quanto ao trabalho, como meio de prover a subsistência e enquanto fator de identificação e realização do indivíduo, parece intrigante numa época em que a pauta de reivindicações da classe trabalhadora tem se mostrado apenas uma — o emprego — ante a realidade de um mercado heterogêneo e fragmentado que nega o acesso ao trabalho à grande maioria da população mundial, sem poupar nenhuma esfera de categoria profissional.

A ressignificação do trabalho e enchê-lo de sentido expressa a ânsia de quem se debruça sobre o tema e observa o (dis)funcionamento social que a fragmentação e redução de significado do trabalho têm provocado em milhões de vidas que veem, em sua atividade, um mero exercício mecanicista provedor dos meios de subsistência, sem qualquer realização de foro íntimo.

---

(8) COUTINHO. A. R. A autonomia privada: em busca da defesa dos direitos fundamentais dos trabalhadores. In: SARLET, Ingo Wolfgang. (Org.). *Constituição, direitos fundamentais e direito privado*. Porto Alegre, 2006. p. 170.

(9) Declaração Universal dos Direitos Humanos. 1948. Art. XXII e XXIII, 1.

A ilusão da criação de empregos através do mecanismo da flexibilização, instrumentalizada pela terceirização, politicamente estimulada, representa o aumento da desigualdade nos benefícios agora oferecidos ao trabalhador.

Naturalmente, este é um processo cheio de contradições, como acontece em todos os lugares nos quais os imperativos do sistema do capital impõem seu domínio. Essas contradições não se manifestam apenas nas enormes diferenças entre os grupos de trabalhadores de qualquer país em particular ou globalmente, ainda que não seja possível o nivelamento por cima, o que modificaria a estrutura do sistema do capital; decididamente há um nivelamento por baixo, o que afeta diretamente a força de trabalho até nos países em que o capitalismo é mais avançado.

Esse fato é indiscutivelmente concomitante com o aparecimento de grandes perturbações no processo de expansão e acumulação do capital das últimas duas décadas, que assumiu a forma de uma perigosa tendência ao nivelamento do índice diferencial da exploração.

Nesse quadro, observa-se que a redução do conteúdo do direito ao trabalho, que importaria na afirmação do direito ao trabalho unicamente com base na teoria das necessidades, esvazia da noção de trabalho o seu sentido emancipador, de transformação do real, no curso do qual se dá a descoberta e o desenvolvimento das potencialidades humanas.

Trabalho, Dignidade, Indignação

Por **Vladimir Paes de Castro**(1) e **Paulo Carvalho**(2)

12 de agosto, Dia Nacional dos Direitos Humanos, uma data instituída em homenagem à líder sindical Margarida Maria Alves, primeira mulher a ocupar o cargo de presidente do Sindicato dos Trabalhadores Rurais de Alagoa Grande/PB. Margarida foi assassinada em 1983 aos 50 anos por um matador de aluguel a mando de latifundiários. O mês de agosto, que marca simbolicamente a defesa de Direitos Humanos no Brasil, tem na questão do trabalho uma de suas mais pungentes expressões.

Para uma semântica de Direitos Humanos, que parte da premissa de que "o trabalho não é uma mercadoria", o direito ao trabalho é o patamar civilizatório mínimo para o pressuposto constitutivo de dignidade humana para fundamento de uma ordem jurídica justa. Essa ordem tem como pilares a justiça social, a cidadania e a dignidade. A justiça social é o primado ético das nações que almejam a construção do modelo de Estado Social democrático. A cidadania é a aptidão do indivíduo ser protegido por essa ordem jurídica. O valor supremo da dignidade situa o ser humano no centro convergente dos direitos fundamentais. Assim, a tutela ao trabalho digno é um alicerce que une esses pilares.

Em tempos de profunda precarização dos direitos trabalhistas, de desregulação do mercado, aumento do desemprego, explosão da informalidade, destruição do meio ambiente, nos perguntamos se a dignificação do homem pelo trabalho não passa de mais uma retórica jurídica dissociada da realidade social. No atual cenário, onde o avanço do neoliberalismo rompe todos os laços civilizatórios de nossa sociedade, transformando tudo e todos em valor, o trabalho se torna cada vez mais uma mercadoria manipulada de forma ilimitada, na medida do interesse do poder econômico. O mito da dignificação pelo trabalho contrasta o mundo real do trabalho, que normaliza a exploração cada vez mais aviltante do tempo, do corpo e da vida dos trabalhadores. O trabalho, que nasce como uma atividade vital, sujeita-se a um império de degradações impostas pelo mercado.

A jornada média de trabalho está se tornando cada vez mais intensa. Milhões de trabalhadoras e trabalhadores vendem seus corpos e seu tempo, cumprindo jornadas de 10, 12, até 14 horas por dia, além de passarem bastante tempo nos deslocamentos de suas residências até o trabalho (4,8 horas por semana em média segundo o último levantamento do

---

Publicação original no *site* **Justificando**: <https://www.justificando.com/2021/08/19/trabalho-dignidade-indignacao/>. Data da publicação: Quinta-feira, 19 de agosto de 2021.

(1) Juiz do Trabalho do TRT21-RN. Membro da Associação de Juízes para Democracia (AJD) e da Associação Nacional de Magistrados da Justiça do Trabalho (ANAMATRA).

(2) Professor de Direito e Processo do Trabalho. Doutor em Ciências Jurídico-Políticas pela Universidade de Lisboa. Mestre em Direito pela Universidade Federal do Ceará.

IBGE, sendo nas grandes cidades até 7,8 horas). A desterritorialização da empresa e a conexão permanente do trabalhador ressignificaram as noções de espaço e tempo de trabalho. O período de trabalho na pandemia cristalizou essa tendência, educando-nos a naturalizar e potencializar a sobreposição de atividades remuneradas e não remuneradas.

As tessituras do mundo do trabalho entrelaçam um desemprego fisiológico crescente com o aumento antissocial da sobrecarga de trabalho. O paradoxo da produtividade permanece. A competição no mercado mundial promove um indefinido rebaixamento do valor da força do trabalho e, na mesma proporção, afasta da sociedade a experiência do tempo social livre. A apropriação da força de trabalho social atua nessas duas frentes. Enquanto corrói quem está na inatividade, excluído dos postos de trabalho, aperta quem está incluído no processo de produção capitalista.

Como fetichizar esse descontrole da exploração do trabalho humano? Qual a dignidade que pode redundar de todo esse cenário de precarização, de tempo de disponibilidade desproporcional em favor do empregador, de baixos salários e poucos direitos? Como a trabalhadora e o trabalhador podem exercer a plenitude de seus direitos fundamentais previstos no art. 6º da CF/1988, notadamente a saúde, educação e lazer, numa realidade cada vez mais aviltante?

O trabalho pessimamente remunerado (segundo dados do IBGE, no ano de 2020, em 13 estados a renda média per capita foi menor que 01 salário mínimo) e que impõe jornadas extensas, subtraindo mais da metade do dia do trabalhador, impede que ele usufrua de todas as potencialidades de sua existência, fazendo com que não participe plenamente do dia a dia de seus filhos, de sua família, muito menos havendo tempo e condições financeiras para desconectar-se adequadamente do trabalho. Direito fundamental ao lazer é um "luxo" que não faz parte do cotidiano da grande maioria das famílias trabalhadoras desse país.

Esse cenário tem piorado de forma alarmante nessa quadra de desregulação dos direitos do trabalho, iniciada com a Reforma Trabalhista em 2017, e aprofundada pelo famigerado direito do trabalho emergencial e suas medidas provisórias que repassaram todo o peso do ônus da crise econômica para as costas da classe trabalhadora. Estamos passando de todos os limites na precarização e exploração desenfreada do trabalho humano, e absoluto desrespeito ao patamar civilizatório mínimo estabelecido em nossa Carta Constitucional e nos tratados internacionais de direito do trabalho.

É urgente que busquemos um novo caminho em que a dignificação do trabalho não seja apenas um ideal, e passe a realmente ser vivenciada por toda a classe trabalhadora, e para isso entendemos que a natureza do trabalho como um direito humano deve ser trazida para o centro do debate público.

Impende destacar experimentos que estão ocorrendo em diversos países do mundo, a exemplo de Islândia e Espanha, que delineiam caminhos possíveis, mesmo dentro das limitações do sistema econômico vigente nos países do Ocidente global, para a melhoria da condição de vida das famílias trabalhadoras. No país escandinavo, entre 2014 e 2019, houve redução da jornada de trabalho para 36 horas semanais para determinadas categorias de trabalhadores, mantida a mesma remuneração, o que acarretou no aumento da produtividade dos trabalhadores, menos estresse e maior equilíbrio entre a vida profissional e pessoal. No país Ibérico busca-se implantar uma semana de 04 dias de trabalho e 03 de descanso, sendo que o governo irá subsidiar as empresas que se disponibilizem em participar desse programa. A expectativa é a construção de um caminho minimamente humano, em que o trabalho seja realmente dignificante, e permita que os trabalhadores usufruam de tempo razoável para suas atividades de lazer, descanso e convívio familiar.

O enquadramento do direito ao trabalho como expressão dos Direitos Humanos abrange todas as formas de trabalho (dependente e independente) e não deve ser entendido apenas como um direito de obter um emprego. Deve ser reafirmado o combate ao trabalho forçado, a proteção ao trabalho decente e levar em consideração de que o cenário de alto desemprego (ou falta de emprego seguro) são causas que induzem os trabalhadores a buscar emprego no setor informal da economia, com destaque para os postos de trabalho uberizados, alimentando o corpo dos trabalhadores precariados.

O precariado, como sinaliza Guy Standing, sofre de raiva, anomia, ansiedade e alienação. A raiva vem da frustração quando se vê bloqueado à promoção de uma vida significativa quanto ao trabalho. A frustração decorre de uma vida em empregos temporários, mal remunerados, da falta de confiança e da inexistência de meios de mobilidade social. A anomia é um sentimento de passividade advindo do desespero e intensificado pela inexistência de carreira. Esses trabalhadores vivem com ansiedade, insegurança crônica carregada do medo de perder o pouco que se tem. São alienados de seu trabalho e seu comportamento é anômico, incerto e desesperado. A alienação vem da compreensão de que aquilo que se produz não é por um propósito pessoal, mas sim porque deve ser feito. São simultaneamente alimentados e motivados pelo medo. Aqueles que compõem a classe do precariado carecem de autoestima e dignidade social em seu trabalho. Se o trabalho dignifica o homem, a realidade o alimenta de indignação.

Minirreforma Trabalhista: Nova Tentativa de Destruir os Direitos dos Trabalhadores

Por **Xerxes Gusmão**[1]

A pandemia da Covid-19 provocou uma série de desafios inéditos à sociedade brasileira, alguns deles referentes às relações de trabalho.

Era necessária, portanto, a adoção de medidas concretas de combate a essas novas questões trabalhistas surgidas no momento de crise pandêmica, algo que estimulasse a manutenção dos empregos, por meio de incentivos estatais.

Foi exatamente o que ocorreu em diversos países do mundo (tais como Portugal, França ou Alemanha, dentre outros), pela criação de incentivos públicos como o pagamento dos salários durante períodos de *lockdown* ou a proibição das dispensas imotivadas.

Sucede que o governo federal brasileiro optou por via completamente distinta: por meio de diversas medidas provisórias versando sobre matéria trabalhista, publicadas desde o início da pandemia — cite-se, à guisa de exemplo, as MPs ns. 927/20, 936/20 e 1.046/21 —, não somente inexistiu a garantia dos salários ou dos empregos, pois jamais se vedou a dispensa imotivada de empregados, como se optou pela redução de direitos trabalhistas como suposta solução à crise econômica que atingiu o país.

Donde a criação de diversos instrumentos de mera flexibilização: diferimento do recolhimento do FGTS (pela MP n. 927/20); mitigação das normas de saúde e segurança no trabalho, com a suspensão de exames médicos ou treinamentos (pela MP n. 927/20); restrição à fiscalização do trabalho (pela MP n. 927/20); redução de salário e jornada ou suspensão do contrato de trabalho (ambas pela MP n. 936/20).

Como era de se esperar, nenhuma dessas medidas foi capaz de atingir seu pretenso objetivo, pois, em vez de evitar o aumento do desemprego, as taxas oficiais deste atingiram altas históricas, beirando, atualmente, os 15%, perfazendo o assustador número de desempregados formais em torno de 15 milhões de pessoas — número que deve ser agregado aos subempregados, que totalizam o elevadíssimo número de 50 milhões.

Por outro lado, aquele que seguramente era o real intuito de todas essas medidas, o aprofundamento do projeto neoliberal de destruição de direitos dos trabalhadores, cuja fase

Publicação original no *site* **Justificando**: <https://www.justificando.com/2021/09/02/minirreforma-trabalhista-nova-tentativa-de-destruir-os-direitos-dos-trabalhadores/>. Data da publicação: Quinta-feira, 2 de setembro de 2021.

(1) Juiz do trabalho do TRT da 17ª Região (ES). Mestre e Doutor em Direito do Trabalho e Previdenciário pela Universidade de Paris 1 – Panthéon-Sorbonne. Professor universitário. Membro da Associação Juízes para a Democracia.

de exacerbação foi iniciada com a reforma trabalhista de 2017 (veiculada pela Lei n. 13.467), foi plenamente atingido, pois, efetivamente, direitos adicionais foram mitigados ou simplesmente suprimidos.

É nesse cenário que deve ser analisada a medida do momento: a apelidada minirreforma trabalhista.

Trata-se da Medida Provisória n. 1.045/21, cuja redação original era uma espécie de reprodução de outra Medida Provisória, do ano de 2020 (n. 936), que já criava algumas medidas de flexibilização de direitos trabalhistas, das quais se destacam a possibilidade de redução de jornada e salário e a suspensão do contrato de trabalho pelas empresas.

Ocorre que, ao chegar à Câmara dos Deputados, sua redação sofreu um acréscimo significativo de dispositivos, a ponto de lhe valer o já citado "apelido" de minirreforma trabalhista.

De fato, as inovações propostas foram tão drásticas que ensejaram, de imediato, acalorada polêmica, eis que radicalizavam a destruição de direitos dos trabalhadores, novamente sob o pretexto – tão cínico quanto infundado – de manutenção dos empregos, por meio de novas formas de mão-de-obra barata.

Ou, para ser mais preciso, de postos de trabalho baratos, já que a principal das medidas enxertadas no texto legal foi a possibilidade de contratação, pelas empresas, de trabalhadores sem registro na carteira de trabalho ou direitos trabalhistas básicos, como 13º salário, férias ou FGTS.

Trata-se do denominado REQUIP (Regime Especial de Trabalho Incentivado, Qualificação e Inclusão Produtiva), formalizado por mero termo de compromisso e remunerado por duas parcelas que não se confundem com o salário: o bônus de inclusão produtiva, pago pelo governo, e a bolsa de incentivo à qualificação, paga pela empresa.

Apesar de serem duas, a soma dessas parcelas atinge, na melhor das hipóteses, a metade do salário mínimo (550 reais).

É verdade que a jornada de trabalho, neste caso, não poderá ultrapassar 22 horas semanais. Mas, ainda assim, não deixa de ser chocante que se permita, pela mencionada inovação legislativa, um trabalho sem qualquer direito trabalhista e com pagamento de metade do salário mínimo, no melhor dos cenários, e que tal medida seja considerada como a principal das vias de combate ao desemprego — como o é pelos defensores desta inusitada proposta de alteração.

Além disso, os trabalhadores contratados pelo REQUIP — jovens entre 18 e 29 anos, desempregados há mais de dois anos ou pessoas de baixa renda — não serão considerados como empregados, estagiários ou aprendizes. O que significa, na prática, que não gozarão de qualquer direito, ainda que mínimo, típico de um empregado.

Apesar de devastadora, a destruição de direitos proposta pelo REQUIP não foi a única introduzida na redação da MP n. 1.045/21, pela Câmara dos Deputados.

Nesse sentido, outras medidas flexibilizadoras foram inseridas, das quais se destaca o PRIORE (Programa Primeira Oportunidade e Reinserção no Emprego), que permite às empresas recolherem um FGTS reduzido.

Fato é que a conclusão que se pode extrair do conjunto de modificações propostas pela "minirreforma trabalhista", que incluem um amplo espectro de medidas, é um claro intuito de destruição dos direitos dos trabalhadores, como pretenso caminho para a minimização dos efeitos deletérios da pandemia no mercado de trabalho.

Resta, contudo, saber se o Senado Federal, que ainda não examinou a matéria — tem até o dia 7 de setembro para votá-la —, confirmará ou não todas essas medidas de supressão de direitos.

Caso o faça, haverá, efetivamente, uma nova "reforma", à moda do capitalismo brasileiro — a saber, como eufemismo de um conjunto de modificações visando precarizar ainda mais as condições sociais, atribuindo aos mais humildes todo o fardo da evolução econômica do país, pela supressão dos seus parcos direitos, com a correlata garantia da maximização dos lucros dos mais ricos —, transformando brutalmente a realidade do já combalido mercado de trabalho brasileiro, pela criação de novas modalidades, fortemente precarizadas, de mão de obra barata e com direitos reduzidos ou inexistentes.

E o que é pior: essas modificações seguramente nada impactarão na criação ou manutenção de empregos, pois estas dependem de medidas macroeconômicas muito distintas e mais efetivas, como os investimentos de monta em grandes projetos ou em setores estratégicos para o desenvolvimento do país, das quais não se ouve, atualmente, sequer especulação.

Nada que deva, contudo, gerar desesperança, pois caberá, como de praxe, à Justiça do Trabalho a análise da validade e da constitucionalidade dessas inovações legislativas, impondo limites aos seus excessos e abusos.

E já se pode adiantar, ainda que se trate, até o momento, de mero projeto de reforma em tramitação no Senado Federal, que diversas das suas medidas padecem de desconcertante inconstitucionalidade, especialmente a mais famosa e polêmica delas: o REQUIP, que, ao criar um trabalhador de segunda categoria — sem direitos, sem salário mínimo e sem sequer o status de empregado —, viola frontalmente preceitos constitucionais inarredáveis, como a dignidade da pessoa humana (art. 1º, III da CF/88), o valor social do trabalho (art. 1º, IV, da CF/88) ou a vedação ao retrocesso social (art. 7º, *caput*, da CF/88).

Tempos nebulosos os atuais, inegavelmente, com suas mini ou macro reformas de destruição dos direitos dos trabalhadores. Mas, por mais espessa que seja esta névoa, como qualquer outra, ela seguramente se dissipará com o tempo e com a luta social, dando lugar a cenários mais límpidos e plenos de esperança.

Abolição do Trabalho Infantil em Todas as Suas Formas

Por **Ângela Maria Konrath**(1)

Não é incrível que num país em que não há empregos para pessoas adultas as crianças tenham que trabalhar?

Dados do IBGE apontam que no segundo trimestre de 2021 o Brasil contava com 14,4 milhões de desempregadas/os. É um número maior do que os 12,4 milhões de pessoas que vivem na cidade de São Paulo, a mais populosa do Brasil. E praticamente o dobro de habitantes do Estado de onde escrevo, Santa Catarina, que conta com uma população de 7,3 milhões e ocupa a posição de 10º Estado mais populoso do país.

A estes 14,4 milhões de desempregadas/os, somam-se outros 5,6 milhões de pessoas desalentadas.

Os números alcançam taxas de 14,1% de desemprego e 28,6% de subutilização. Ou seja, quase 1/3 da população brasileira em idade para o trabalho está excluída do mercado.

Mas as crianças estão trabalhando(!)

O PNAD Contínua de 2019 indica 1,8 milhões de crianças e adolescentes entre 5 e 17 anos em trabalho infantil no Brasil, apresentando o seguinte resumo:

– 1,8 milhão de crianças e jovens realizavam trabalho infantil em 2019, sendo 1,3 milhão em atividades econômicas e 463 mil em atividades de autoconsumo;

– Quanto à faixa de idade, 21,3% tinham de 5 a 13 anos; 25,0%, 14 e 15 anos; e a maioria, 53,7%, tinha 16 e 17 anos de idade;

– O trabalho infantil concentrava mais pessoas do sexo masculino (66,4%) do que do feminino (33,6%);

– O percentual de pessoas de cor branca em situação de trabalho infantil era bastante inferior (32,8%) àqueles de cor preta ou parda (66,1%);

– Cerca de 25% dos jovens de 16 a 17 anos que trabalhavam cumpriam jornada de mais de 40 horas;

– Mulheres recebiam 87,9% do rendimento dos homens em trabalho infantil, já o valor médio recebido por crianças e jovens de cor branca era de R$ 559,00 reduzido para R$ 467,00 para as de cor preta ou parda;

Publicação original no *site* **Justificando**: <http://www.justificando.com/2021/10/07/abolicao-do-trabalho-infantil-em-todas-as-suas-formas/>. Data da publicação: Quinta-feira, 7 de outubro de 2021.

(1) Juíza do Trabalho em Santa Catarina. Professora e Doutoranda em Direito pela UFSC.

– 92,7 mil crianças e jovens trabalhavam como empregados domésticos e 722 mil de 16 e 17 anos estavam em trabalhos informais;

– A pesquisa verificou, também, que em 2019 havia 706 mil pessoas de 5 a 17 anos de idade em ocupações consideradas perigosas.

Este quadro traduz uma realidade social permeada por contradições decorrentes da velha dualidade estratificante de classes sociais, que tem conduzido a criança e a/o adolescente pobre à vulnerabilidade do trabalho precoce e irregular, acentuado pelo recorte discriminatório racial e de gênero.

A pandemia provocada pelo Coronavírus aprofundou ainda mais a exploração do trabalho infantil no Brasil e no mundo, segundo dados da UNICEF.

Agrega-se a isso o trabalho infantil artístico, cujo glamour esconde os danos sofridos pela criança e a/adolescente que sacrifica horas em intensos ensaios e treinamentos, com vivências inapropriadas para seu desenvolvimento e suscetíveis de provocar danos psicológicos de difícil superação.

A abolição do trabalho infantil é uma meta universal e humanitária da maior grandeza, que busca quebrar o ciclo intergeracional da pobreza.

Tem fronteiras jurídicas traçadas na Convenção da ONU sobre os Direitos da Criança, de 1989; nas Convenções ns. 138 e 182 da OIT, que estabelecem idade mínima para o trabalho e as piores formas de trabalho infantil; na proteção constitucional escrita na proibição do trabalho infantil posta no artigo 7º, XXXIII, e nos princípios da prioridade absoluta, da proteção integral, do superior interesse da criança e da cooperação, dos artigos 225 e 227; no Estatuto da Criança e da/o Adolescente.

Este feixe de normas que integram a Doutrina da Proteção Integral elevam a compreensão da criança e da/o adolescente como sujeitos de direito, na expressão de Josiane Rose Petry Veronese:

> Em síntese, apresentam uma nova percepção/concepção jurídica sobre a realidade da criança, do adolescente, enfim uma nova cultura em torno do Direito da Criança e do Adolescente como sujeitos de direitos, merecedores de uma proteção diferenciada e integral.(2)

Não obstante, é notável o déficit nas ações dos poderes constituídos em efetivar as garantias constitucionais de proteção a esta fase especial de desenvolvimento da vida humana: a infância e a adolescência.

Em Live transmitida pela internet no dia 4 de julho de 2019, o Presidente da República, Jair Messias Bolsonaro, defendeu o trabalho infantil e criticou as políticas públicas e leis de proteção da infância e adolescência. Disse ele:

> "Hoje em dia é tanto direito, tanta proteção que temos uma juventude aí que tem uma parte considerável que não tá na linha certa. O trabalho dignifica o

(2) VERONESE, Josiane Rose Petry. *Das sombras à luz:* o reconhecimento da criança e do adolescente como sujeitos de direitos. Rio de Janeiro: Lumen Juris, 2021. p. 347.

homem e a mulher, não interessa a idade... (...) Olha só, trabalhando com nove, dez anos de idade na fazenda eu não fui prejudicado em nada. Quando um moleque de nove, dez anos vai trabalhar em algum lugar, tá cheio de gente aí 'trabalho escravo, não sei o quê, trabalho infantil'. Agora, quando tá fumando um paralelepípedo de crack, ninguém fala nada."

E em 9 de setembro de 2020, ao lado de uma Youtuber Mirim, o Presidente voltou a defender o trabalho infantil dizendo: "Deixa a molecada trabalhar".

A fala do Presidente vai na contramão dos compromissos assumidos pelo Brasil de abolir, até 2025, o trabalho infantil em todas as suas formas.

Além disso, demonstra irresponsabilidade social e absoluta ignorância dos problemas que vivenciam as crianças submetidas ao trabalho precoce, reforçando conhecidos mitos que circundam a cultura do trabalho infantil, como "trabalhar é melhor do que roubar", "trabalho dignifica" e "criança pobre precisa trabalhar".

Ora, não é possível reduzir as perspectivas de uma criança pobre na dualidade roubar ou trabalhar, condenando-a a pagar pela subsistência com o próprio corpo, trabalhando nas ruas, nos lixões, nas casas de famílias, no meio rural, expostas a agrotóxicos e esforços físicos, muitas vezes sujeitas até mesmo a exploração sexual.

Como resultado disso, o trabalho infantil escraviza, impede a frequência escolar e prejudica a formação adequada em uma profissão que lhe permita o acesso ao trabalho digno na vida adulta.

Romper o ciclo da pobreza e da miséria intergeracional de nossas crianças submetidas ao trabalho precoce requer o enfrentamento de preconceitos culturais, e a adoção de políticas consistentes a promoção de uma educação pública de qualidade e proteção social às famílias de baixa renda.

E isso tem que ser feito agora, porque a infância e a adolescência não podem esperar.

O Trabalho Infantil Esportivo: Entre a Glamourização e a Barbárie

Por **Arianne Figueiredo**[(1)] e **Zéu Palmeira Sobrinho**[(2)]

Alguns fatos ocorridos em 2021, durante as Olimpíadas do Japão, trouxeram à tona reflexões que correlacionam o trabalho infantil e o esporte de alto rendimento. É nesse contexto que o presente artigo busca partilhar saberes e informações que colocam em xeque o modo como parte da sociedade glamouriza a atividade e os resultados de crianças e adolescentes em esportes hipercompetitivos.

O primeiro fato a ser destacado nos jogos olímpicos foi a participação de adolescentes, tais como a skatista maranhense Rayssa Leal e a jogadora síria de tênis de mesa Hend Zaza, ambas com 12 anos de idade.

O segundo fato diz respeito ao modo como a ginasta estadunidense Simone Biles, 24 anos, desistiu de atuar em várias modalidades da competição, coincidentemente dias antes da mesma depor perante o Congresso dos EUA e denunciar a violência sexual, perpetrada por integrantes da comissão técnica, contra si e as atletas adolescentes da sua equipe.

Um terceiro fato foi a reação de duas personalidades, ante a medalha de prata obtida pela adolescente Rayssa Leal. A primeira foi do deputado federal Sóstenes Cavalcante (DEM-RJ) que fez a defesa do trabalho infantil e a necessidade de modificação do ECA — Estatuto da Criança e do Adolescente. A segunda foi Pedro Barros, skatista profissional desde os 13 anos, dizer que defende a idade mínima para skatistas, pois em razão de muito precocemente ter que competir em alto nível, teve a sua saúde mental afetada profundamente (GABRIEL, 2021).

Os fatos mencionados acima desafiam o enfrentamento das seguintes questões:

- O esporte de alto rendimento é adequado para crianças e adolescentes?
- A atividade esportiva de alto rendimento, para crianças e adolescentes, é uma espécie de trabalho infantil?

As indagações ora propostas devem ser enfrentadas no contexto de observância do princípio da proteção integral da criança e do adolescente, previsto no art. 227, da Constituição Federal de 1988.

Publicação original no *site* **Justificando**: <http://www.justificando.com/2021/10/29/o-trabalho-infantil-esportivo-entre-a-glamourizacao-e-a-barbarie/>. Data da publicação: Sexta-feira, 29 de outubro de 2021.

(1) Médica pediatra. Diretora da Clínica da Criança, em Natal-RN.

(2) Juiz do trabalho. Professor da UFRN. Integrante da AJD (Associação Juízes para a Democracia).

A caracterização da adolescência e do esporte de rendimento

Segundo a Organização Mundial da Saúde (OMS), a fase da adolescência vai dos 10 aos 20 anos incompletos. Para o Estatuto da Criança e do Adolescente — ECA, a adolescência se inicia aos 12 aos de idade e vai até os 18 anos incompletos. Para a literatura médica, os marcos cronológicos que separam a segunda infância (crianças pré-púberes) e o início da puberdade não são rígidos porque a adolescência é mais do que um fenômeno temporal ou psíquico, é sobretudo um processo existencial e complexo que envolve alterações físicas, cognitivas, afetivas e psicossociais.

> As dificuldades para a caracterização do início ou do término da adolescência, a despeito da oscilação decorrentes dos diferentes estágios puberais, devem ser interpretadas sempre do modo mais consentâneo com a proteção do adolescente em sua relação com os esportes (PALMEIRA SOBRINHO, 2012).

A Lei Pelé, que trata do atleta em formação, diz em seu art. 3º que o desporto pode ser reconhecido em qualquer das seguintes espécies: desporto educacional; desporto de participação; desporto de rendimento; e desporto de formação.

> O desporto de rendimento é caracterizado pela especialização esportiva que evolve intensa preparação, sob os aspectos físicos, técnicos e táticos para o desenvolvimento de habilidades e performances que possibilitem ao atleta competir com expectativa de obtenção de status, vitórias, medalhas, torneios e reconhecimentos (PALMEIRA SOBRINHO, 2019).

No cotidiano de crianças e adolescentes, em esportes de alto rendimento, estão presentes os requisitos fundamentais do vínculo de emprego, a saber: a pessoalidade, haja vista que o atleta não pode delegar a terceiros as atividades; a continuidade, em face da preparação diferida no tempo; e a subordinação, em razão da disciplina de treinamentos, eventos, tarefas, horários, etc. O reconhecimento do vínculo de emprego é uma forma de proteção constitucional (art. 227, CF). Assim, ainda que a lei ordinária diga que no contrato de formação desportiva não há vínculo de emprego, cabe a autoridade fiscalizar e exigir que a suposta entidade formadora comprove que a prática esportiva não compromete o pleno desenvolvimento da criança e do adolescente.

Os impactos do esporte de alto rendimento sobre crianças e adolescentes

Os pediatras Alves e Lima (2008), considerando o estado de arte das pesquisas que tratam dos impactos do esporte de rendimentos sobre crianças e adolescentes, destacam o seguinte:

- A atividade física intensa tende a inibir a produção hormonal do GH-IGF-1 em adolescentes e, em consequência, inibir o crescimento, o desenvolvimento puberal, a função reprodutiva, a mineralização óssea, a produção dos hormônios da tireóide, do pâncreas, do fígado, do hipotálamo e do trato gastroinstestinal;
- Na busca do alto rendimento, adolescentes estão a fazer uso de anabolizantes esteróides, tornando-se suscetíveis a: tromboses (p. ex. infarto do miocárdio ou acidente vascular cerebral); o fechamento precoce das cartilagens; a masculinização

nas meninas (hirsutismo, acne, hipertrofia de clitóris, etc); calvície precoce, ginecomastia, atrofia testicular, redução da espermatogênese nos meninos. (ALVES & LIMA, 2008);

- A atividade física excessiva ou inadequada compromete a saúde e o desenvolvimento motor do adolescente, em face do maior risco de: lesões como osteocondrose e fraturas; nas meninas tende a provocar hipoestrogenismo, menarca tardia, disfunção menstrual, oligomenorréia e amenorréia.

Outros riscos são acrescentados pela literatura da educação dos esportes (SOUTO, 2002), tais como: a baixa do rendimento ou evasão escolar; o prejuízo à socialização e à convivência comunitária e familiar, em razão da rotina de treinamentos e competições; o desenvolvimento de ansiedade, pânico, medo e insegurança em face das cobranças por performances, metas ou resultados a serem alcançados. Apesar dos riscos mencionados, não tem sido incomum que agentes econômicos utilizem de meios antiéticos para cooptar profissionais, inclusive das áreas da saúde e da mídia, para a defesa da prática dos esportes competitivos como fator que traz mais efeitos positivos do que negativos para as crianças e adolescentes.

Uma das piores formas de trabalho infantil

O esporte de alto rendimento deve ser caracterizado como uma das piores formas de trabalho infantil, na medida em que envolver, por sua natureza ou pelas circunstâncias em que são executados, atividades suscetíveis de prejudicar a saúde, a segurança e a moral da criança e do adolescente, conforme art. 3º, alínea *"d"*, da Convenção n. 182, da OIT.

A atividade esportiva de alto rendimento tende a deixar os atletas mais suscetíveis a riscos de lesões, acidentes graves, privações, abusos físicos e psicológicos capazes de sequelar definitivamente a vida da criança e do adolescente.

Para se assegurar à criança e ao adolescente uma prática esportiva saudável é urgente observar as seguintes recomendações:

1. a) Em nenhuma situação a prática de esporte de rendimento deve ser tolerada para a criança, tendo em conta a incompatibilidade entre a carga de atividades que esta deve suportar e os exercícios e treinamentos envolvidos na aludida modalidade;

2. b) Deve ser proibida a prática desportiva que, independentemente de sua classificação formal, traga potenciais riscos ao pleno desenvolvimento das crianças e dos adolescentes;

3.c) Incumbe ao Estado, por meio da sua rede proteção social, estruturar-se com equipes multiprofissionais, integradas por pediatras, pedagogos, psicólogos e profissionais de educação física, para autorizar, sempre em caráter excepcional, acompanhar e monitorar as práticas esportivas realizadas por adolescentes em esportes de rendimento;

4.d) A prática esportiva da criança e do adolescente, além de ser orientada pelo princípio da precaução, deve observar a aplicação do art. 227 da Constituição Federal e das

Convenções ns. 138 e 282, da OIT, sem prejuízo da aplicação de leis infraconstitucionais como o ECA, a Lei n. 9.615/1998 e o seu regulamento da Lei Pelé, constante do Decreto n. 7.984/2013;

5.e) o princípio da proteção do direito do trabalho não pode deixar de ser aplicado, quando necessário, nos casos de fraude ou ilicitude nos contratos esportivos, acarretando assim o reconhecimento do vínculo de emprego e a aplicação das normas trabalhistas;

Referências:

ALVES, Crésio; LIMA, Renata Villas Boas. Impacto da atividade física e esportes sobre o crescimento e puberdade de crianças e adolescentes Linear growth and puberty in children and adolescents: effects of physical activity and sports. *Revista Paulista de Pediatria*. São Paulo: 2008;26(4):383-91. Disponível em: <https://www.scielo.br/j/rpp/a/ydDHN9Khrjv4tFQ9xNmGBwp/?lang=pt&format=pdf>. Capturado em: 02 mar. 2021.

FIGUEIREDO, Arianne Maire Brasileiro de. Trabalho infantil, acidentes e subnotificação. *GESTO-UFRN*. Natal-RN. Disponível em: <https://www.youtube.com/results?search_query=arianne+figueiredo+trabalho+infantil>. Capturado em: 05 abr. 2021.

GABRIEL, João. Pedro Barros se preocupa com Rayssa e defende idade mínima para skatistas. [Entrevista] *Folha de S. Paulo*: Caderno Esporte, p. B-6. São Paulo, 10 out. 2021.

PALMEIRA SOBRINHO, Zéu. Trabalho infantil esportivo. In: CRISAFULLI, Felipe Augusto Loschi; ANJOS, Leonardo Fernandes dos (Orgs.). *Direito econômico desportivo*. São Paulo: LTr, 2019.

______. *Acidente do trabalho:* crítica e tendências. São Paulo: LTr, 2012.

SOUTO, Valeska Ilienko Villela Souto. *Esporte de competição para crianças e adolescentes:* saúde ou exploração? Programa de pós graduação interinstitucional em Educação Física da UFSC. Universidade Federal de Santa Catarina. Prof. Dr. Viktor Shigunov (Orientador). Florianópolis: UFSC, 2002.

1888 e 2021: Sobre Escravidões e Abolicionismos

Por **Luis Eduardo Soares Fontenelle**[(1)]

"(...) A proposta que se vai votar é inconstitucional, antieconomica e deshumana. E' deshumana, porque deixa expostos á miseria e á morte os invalidos, os enfermos, os velhos, os orphãos e crianças abandonadas da raça que quer proteger, até hoje nas fazendas a cargo dos proprietarios, que, hoje arruinados e abandonados pelos trabalhadores validos, não poderão manter aquelles infelizes, por maiores que sejam os impulsos de uma caridade, que é conhecida e admirada por todos os que frequentam o interior do paiz (...)."

(Senador Paulino de Sousa, sobre a Lei Áurea, em discurso no mesmo dia 13.05.1888 de sua sanção pela Princesa Isabel)

"Assim, uma legislação trabalhista generosa, que é bem intencionada mas é alienada da realidade, vai prejudicar justamente os trabalhadores que visa proteger, restringindo a criação de vagas formais e o crescimento da renda via produtividade (...)."

(Senador Ricardo Ferraço, no relatório sobre a reforma trabalhista, apresentado em 23.05.2017; aprovada em julho, resultou na Lei 13.467/17, em vigor desde 11.11.2017).

Novembro de 2021 marca o quarto aniversário de vigência da "reforma trabalhista" — dia 11 — e o centésimo ano de morte da Princesa Isabel — dia 14. Coincidência que convida à reflexão e um paralelo entre as agruras do trabalho nos Brasis imperial e contemporâneo.

Separadas por 129 anos, as duas afirmações acima transcritas obviamente se referem a circunstâncias muito diferentes, mas carregam na essência — e em alguns trechos, quase na literalidade — o mesmo intuito: usar o mito da proteção nociva como pretexto para justificar a defesa de retrocessos civilizatórios. No exemplo da Lei Áurea, como último suspiro de uma ordem prestes a cair. No caso da reforma trabalhista, para anunciar sua virtual restauração.

Publicação original no *site* **Justificando**: <http://www.justificando.com/2021/11/19/1888-e-2021-sobre-escravidoes-e-abolicionismos/>. Data da publicação: Sexta-feira, 19 de novembro de 2021.

(1) Juiz do Trabalho do TRT-17 (ES). Membro da AJD.

Conectam-se, assim, dois Brasis, das elites liberal do século XXI e escravocrata do XIX, numa grande viagem em marcha-a-ré.

Viagem feita a bordo do clima de ódio e revanchismo político que, instalado em 2013, culminou no reducionismo da reforma "trabalhista" que mal passava de um conjunto de alterações legislativas desconexo, casuístico e restrito à CLT. Um retrocesso que finge ignorar a transformação do Direito do Trabalho a um sólido sistema, enobrecido pela construção que acompanhou a evolução da vida e das lutas sociais, incorporando normas internacionais, leis, convenções e acordos coletivos, jurisprudência e a própria disciplina direta pela Constituição que o consagra.

Evolução que, iniciada em meados do século XIX, os escravistas brasileiros também tentaram desqualificar, resistindo o quanto puderam à imensa vaga, sendo afinal derrotados pelo que o papa Leão XIII, em 1891 – apenas três anos depois da sanção da Lei Áurea, reconheceria na encíclica *Rerum Novarum*: *"(...) A classe indigente (...), sem riquezas que a ponham a coberto das injustiças, conta principalmente com a proteção do Estado. Que o Estado se faça, pois,* ***sob um particularíssimo título****, a providência dos trabalhadores (...)".* (grifo nosso)

A jornada para trás continua, sequestrando consciências por expedientes antigos e modernos. A repetição do terrorismo retórico do discurso de Paulino de Sousa em 1888 e as seguidas advertências de que o País estaria condenado a uma grave crise, aliadas às mais sofisticadas técnicas de persuasão, incluindo risonhas — e risíveis — promessas de novos e áureos tempos de um suposto neoempreendedorismo, comerciais de TV atirando Carteiras de Trabalho ao fundo de gavetas, palestrantes eufóricos em seminários vislumbrando trabalhadores a "ostentarem" dezenas de anotações simultâneas; e até a invenção de um certo "Direito Empresarial do Trabalho", comparável a um Direito do Consumidor para o Prestador de Serviço, ou a um Direito de Família do Pátrio Poder...

Nessa viagem, vale também recorrer ao revisionismo histórico. Rotular a CLT como um entrave ao desenvolvimento socioeconômico do País, e fazer esquecer o crescimento da primeira década e meia do século XXI, sob a égide dessa mesma Lei. O mesmo estratagema que o Senador Dantas denunciava, na sessão de 13 de maio de 1888, recordando a Lei do Ventre Livre, de 1871:

> "(...) dentro de espaço de 17 annos 800.000 escravos têm desapparecido do Brazil. Pois bem, senhores, é justamente neste periodo que se nota maior riqueza no paiz, grande augmento de trabalho e com elle maior producção, e, como consequencia, consideravel augmento na renda publica. Si, pois, este facto se deu; si foram estas as consequencias da diminuição, em mais de metade, do trabalho escravo, o que se deve esperar é que o desapparecimento de 600.000 creaturas escravas não produzirá a nossa ruina, antes augmentará a nossa prosperidade e o engrandecimento do Brazil, graças ao trabalho livre, ao trabalho nobilitado, o que não só levantará os creditos da nossa patria, como attrahirá para nós o estrangeiro, que encontrará no sólo fecundo e uberrimo deste paiz certas e inexcediveis vantagens."

Não contente em trafegar de marcha-a-ré, a elite brasileira contemporânea não se acanha em pegar a contramão, dando as costas para as novas tendências internacionais. Apesar do alinhamento incondicional à política externa dos países centrais do capitalismo a partir de 2016, para efeito interno o Brasil resiste a aceitar a mudança de panorama, de modo semelhante à postura diante das pressões exercidas pelos ingleses pelo fim da escravidão, ao longo de boa parte do século XIX.

A retomada da agenda anti-varguista, iniciada nos anos 1990 e de algum modo contida na década seguinte, ocorreria desta vez no cenário de rescaldo da profunda crise financeira de 2008 que, agravado pela pandemia, ameaça a sobrevivência dos Estados nacionais do centro do capitalismo liberal e impõe sua intervenção, com especial destaque para o mundo do trabalho. Renda mínima, redução de jornada, estabilidade no emprego, disciplina rígida do teletrabalho, reconhecimento do vínculo de emprego e outros direitos a trabalhadores por aplicativos, aqui e ali surgem novos exemplos de reconstrução e reforço da tutela jurídica do trabalhador hipossuficiente.

No Brasil, contudo, a elite brasileira permanece atavicamente condicionada ao projeto capitalista periférico colonial, insistindo obsessivamente na tecla da falsa nocividade da proteção, cuja defasagem remonta aos anos 80 — escolha o leitor, se do século XIX ou XX... —, e resumida no mantra do "menos direitos, mais empregos". Falta, talvez, uma nova "Bill Aberdeen"...

As transformações do conturbado século XX, decorrentes das guerras mundiais e da Guerra Fria, do choque do petróleo, das crises financeiras e das transformações radicais da tecnologia e dos processos produtivos, levaram à consolidação dos direitos humanos como pilares da ordem jurídica global, da consciência coletiva e da própria sobrevivência da humanidade. Como não poderia deixar de ser, repercutiram no próprio conceito de escravidão. Hoje, salvo em estado de completa alienação mental, não se encontra quem defenda abertamente a escravidão em seu sentido clássico.

Mas a adaptação do capitalismo a essas mesmas transformações mudou também a expressão de sua característica opressiva, que ganhou contornos novos e mais sutis. A escravidão moderna opõe-se agora ao conceito do trabalho decente; agrega meios opressivos mais sofisticados aos métodos violentos do passado — nunca abandonados de todo, especialmente no campo —, mas continua a impingir, aos atuais trabalhadores, danos existenciais muito similares aos dos escravos nos 350 anos anteriores à Lei Áurea.

Sob tais premissas, o destino da retrógrada viagem não poderia ser outro. O desastre da reforma de 2017, notável antes mesmo da pandemia, consumou-se de forma implacável e tão previsível quanto o silêncio atual de seus entusiastas, quebrado apenas por uns poucos e pretensos caçadores de "ativismos". Mas é perda de tempo exigir autocrítica. O que se espera é que todos aqueles sinceramente comprometidos com o valor social do trabalho e a dignidade da pessoa humana assumam a dianteira no processo da necessária retomada.

A identificação entre as elites dos Brasis da escravatura clássica e o da precarização e do trabalho escravo moderno, revela que a aplicabilidade da reforma trabalhista, mais que pelo exame de sua constitucionalidade ou convencionalidade, ou pelas diferenças políticas e ideológicas com as quais se a enxergue, distingue e desafia os estudiosos e operadores do Direito no que há de mais essencial: humanismo, compaixão, generosidade. A legitimação da reforma de 2017 está na razão direta da normalização da perspectiva e das estratégias dos defensores do escravagismo do século XIX, e é dessa aceitação que derivam todos os equívocos conceituais da reforma atual.

Assim como a escravidão clássica foi desnaturalizada e se tornou uma aberração ao senso comum, é preciso que o mesmo se faça quanto à escravidão moderna e a precarização, recorrendo às lições do movimento abolicionista e dos exemplos de coragem dos próprios escravos. Logo, não basta criar uma nova agenda que devolva a proteção jurídica aos trabalhadores, restaure as prerrogativas dos sindicatos e reconstrua as instituições públicas tutelares. Há de se agregar a esta pauta a consciência de que, tanto quanto a Lei Áurea significou o marco formal do fim da escravidão clássica, o retrocesso da reforma de 2017 contribui para institucionalizar uma escravidão moderna; deve, então, ser combatido com a mesma indignação que se voltou contra a primeira.

Por tudo isto, a nova agenda trabalhista deve assumir um caráter virtualmente neoabolicionista: tão grande, veemente e acolhido pela sociedade civil quanto o movimento que marcou o século da Princesa Isabel. Tanto para derrotar o retrocesso, quanto para impedir que o ciclo secular e perverso jamais se repita.

O Fim do Trabalho

Por **Gabriel Napoleão Velloso Filho**(1)

O conto é bem conhecido: em tempos antigos, as pessoas ganhavam a vida do trabalho. Nessa sociedade, baseada na relação de emprego, o trabalho era o valor fundamental. Segundo o imaginativo narrador, este equilíbrio estaria envolto nas névoas do passado. A partir do final do século XX, o trabalho perdeu a centralidade, sociologicamente e juridicamente, na estrutura social.

Sinais não faltariam: as grandes empresas, que contratavam populações equivalentes a pequenas cidades, com o tempo reduziram sua força de trabalho. Há degraus diversos de sofisticação desse conto, que variam do senso comum mais raso a concepções sobre o "capitalismo pós-industrial" ou "capitalismo tardio": propõe-se que a sociedade tenha sua centralidade na "informação", no "conhecimento" ou na "interdependência entre a pesquisa e a tecnologia".

Transportando essa análise ao âmbito do direito do trabalho, a conclusão é inarredável: não haveria como justificar, sociologicamente, a existência de um ramo do direito dedicado à exploração do trabalho humano. Seria um exotismo concebido por mentes clássicas, por juristas de pince-nez e polainas, com pouca aplicabilidade concreta nos tempos modernos. Os estudiosos de direito do trabalho seriam excentricidades, que somente se diferem de dinossauros porque há, surpreendentemente, numerosos elementos que defendem sua própria extinção. São espécimes com espaço privilegiado e confortável para a exibição de sua penugem emplumada, na defesa orgulhosa da destruição da sua linhagem e do seu código genético.

Apesar da construção teórica em contrário, não há horizonte em que se possa esquecer a centralidade do valor-trabalho. A sustentação da produção capitalista ainda é totalmente dependente do trabalho vivo. Não se pode conceber a ciência ou a informação dissociada daqueles que a produziram; eliminado o trabalho humano, não há possibilidade de reprodução da riqueza, pois a força produtiva é indissociável da participação humana. A tecnologia não surge abstratamente, mas por força da exploração do trabalho. E, tão relevante quanto inquirir a forma de produção da tecnologia, é saber em favor de quem será revertido o lucro que advém da ciência.

As inovações tecnológicas e a consolidação da sociedade em rede fizeram surgir novas formas de exploração do trabalho, que não rompem com o paradigma da centralidade laboral, da exploração assimétrica dos recursos econômicos e da acumulação de renda. A propósito,

---

Publicação original no *site* **Justificando**: <http://www.justificando.com/2021/11/23/gabriel-napoleao-velloso-filho-o-fim-do-trabalho/>. Data da publicação: Terça-feira, 23 de novembro de 2021.

(1) Desembargador do TRT-8. Membro da AJD.

todas as pesquisas revelam a extraordinária concentração de renda, somada à erosão do poder aquisitivo e da possibilidade de resistência da classe trabalhadora. No Brasil, a par da inserção nessa tendência mundial, a política econômica oficial reveste-se de elementos ainda mais perversos que em países comparáveis; como jamais foram atingidos os níveis de civilidade e desenvolvimento social alcançados onde se teve o apogeu das políticas sociais, a degradação do patamar civilizatório do direito do trabalho, por via legislativa e jurisprudencial, é especialmente ruinosa.

Se as empresas deixaram de contratar em massa, não foi porque a exploração do trabalho humano perdeu seu valor, mas devido às transformações capitalistas que introduziram a terceirização, a dissolução dos centros produtivos e o surgimento de contratos de trabalho disfarçados ou atípicos, nos quais são patentes as formas ocultas ou declaradas de subordinação. Esta "complexificação" das formas de trabalho subordinado é acompanhada de forte ataque à classe trabalhadora e aos sindicatos, que assistem impotentes à destruição de direitos conquistados ao curso de décadas. Todavia, não há empresa que se declare "de tecnologia" que não tenha em sua essência, em maior ou menor grau, a exploração do trabalho humano, ainda que sob a forma da subordinação algorítmica. É possível reconhecer alterações no perfil da classe trabalhadora, que pode ser ampliada para a classe-que-vive-do-trabalho, englobando, além do proletariado industrial e rural, todos os que dependem de seu trabalho para sobreviver; mas são transformações que não alteram as bases sociais e econômicas. A tendência histórica, ao contrário, é de agudização da mais valia absoluta e achatamento dos ganhos daqueles que produzem trabalho vivo, com a exponenciação do exército de mão de obra de reserva, potencializada pelo avanço tecnológico e científico, como forma de resposta capitalista de manutenção dos ganhos frente a queda tendencial da taxa de lucro.

Não se pode confundir a reestruturação produtiva do capital, que se amolda e metamorfoseia continuamente, com a possível superação do modelo crítico do valor-trabalho. Apesar da violência real e simbólica contra o movimento sindical, da destruição sistemática de normas de proteção laboral e do silenciamento das teses e decisões mais progressistas, a sociedade capitalista segue fundada na exploração do trabalho humano e na concentração crescente de renda.

Não é de se estranhar que a *communis opinio* dos órgãos de imprensa e portais jurídicos tenda a incensar as decisões mais retrógradas; é algo que confirma o ponto de atraso em que se encontra a classe dominante brasileira, ansiosa no atentado neoliberal a direitos sociais consagrados há décadas.

Colocado nos devidos termos, o Brasil não pode prescindir do Direito do Trabalho, nem tampouco do seu perfil e vocação protetiva, como anteparo social e jurídico aos excessos do capital. Se mudanças se justificam, são para incorporar novos desafios, com a consolidação da tutela dos direitos extrapatrimoniais, a ampla defesa da liberdade sindical, a incorporação das pautas identitárias de sexo, gênero, raça e orientação sexual, a promoção do meio ambiente do trabalho e a reconfiguração da tutela coletiva dos direitos sociais. São objetivos que não podem se descolar, contudo, da compreensão do papel do Direito do Trabalho na sociedade de classes brasileira.

Na falta de meteoros e cataclismos climáticos, somente o curso da história dirá quem sobreviverá. A parte que cabe aos juslaboralistas é de cavar trincheiras e resistir à pressão pela destruição dos direitos sociais. E mais que nunca é necessário reforçar a defesa da centralidade do trabalho humano, que se expressa, no campo laboral, na reafirmação do princípio social da proteção e do arcabouço jurídico de promoção dos direitos trabalhistas fundamentais.

Gênero e Trabalho

Reflexões Sobre a Violência de Gênero nas Relações de Trabalho

Por **Camila Moura de Carvalho**(1) e **Eleonora Bordini Coca**(2)

> *"O opressor não seria tão forte se não tivesse cúmplices entre os próprios oprimidos."*
>
> Simone de Beauvoir

A sessão plenária da ALESP do dia 16 de dezembro passado se encaminhava para o fim quando uma parlamentar, ao se posicionar diante do Presidente da sessão, foi surpreendida, pelas costas, por outro deputado lhe apalpando o corpo na altura dos seios. As câmeras do circuito interno registraram o constrangimento, a conduta do parlamentar recebeu inúmeras críticas da imprensa e nas redes sociais. O caso será investigado pela Comissão de Ética daquela casa de leis.

Também no final de 2020, a Revista Piauí trouxe o relato de agressões de cunho moral e sexual praticadas por um diretor, ator e roteirista da Rede Globo contra uma talentosa atriz da mesma emissora.

Esses dois casos são de conhecimento público. Eles mostram profissionais bem-sucedidas, que participam de espaços socialmente valorizados, sendo hostilizadas durante o trabalho diante de câmeras e testemunhas.

É muito triste reconhecer que a despeito desses episódios relatados envolvendo pessoas notórias, há outros inúmeros casos diários e que envolvem mulheres anônimas, geralmente pobres, ou pretas, ou periféricas, ou ainda que carregam todos esses marcadores de opressão juntos.

Também precisamos ter a compreensão de que ao falar da categoria "mulher", estamos tratando de um lugar fixado para além do aspecto meramente biológico.

O presente ensaio tem por objetivo refletir sobre as razões de comportamentos similares, igualmente violentos, com o uso do assédio moral ou sexual como pano de fundo, direcionados, principalmente, às mulheres heterossexuais, lésbicas, bissexuais, transgêneros e queers que compõem o arco da população LGBTQI+. É bom dizer, desde a largada, que nem sempre haverá uma câmera ou uma testemunha ocular disposta a esclarecer os fatos.

Publicação original no *site* **Justificando**: <https://www.justificando.com/2021/03/04/reflexoes-sobre-a-violencia-de-genero-nas-relacoes-de-trabalho/>. Data da publicação: Quinta-feira, 4 de março de 2021.

(1) Juíza do Trabalho no TRT – 15ª Região. Membra da AJD.

(2) Desembargadora do Trabalho no TRT – 15ª Região. Membra da AJD.

O assédio contra as mulheres é resultado da combinação de fatores sociais, políticos e econômicos e pode ser entendido como uma forma de opressão, cuja origem decorre de um sistema patriarcal histórico que vê o gênero masculino em condição de superioridade sobre o feminino. Segundo certa corrente feminista, o homem — proprietário da terra, provedor cabeça da família, dono do sobrenome — usa do poder sobre tudo e todos para afirmar seu papel de centralidade, fundado na ideia de que tal hierarquia é natural.

Portanto, é a partir dessa sistema de desigualdade, estruturado e legitimado pelo patriarcado, que se estabelecem, se desenvolvem e são marcadas todas as demais relações sociais, entre elas a relação social mais importante do mundo capitalista: a de trabalho.

Alexandra Kollontai diz que a origem da opressão e da exploração da mulher não se localiza na propriedade privada (como defendido pelo movimento socialista da época), mas, sim, se relaciona com a forma da divisão do trabalho segundo o sexo (ou gênero). O trabalho produtivo (mais valorizado) é direcionado ao homem e o trabalho reprodutivo ou secundário (menos valorizado) é direcionado à mulher (Muñoz, Carolina, 2019 "*Los feminismos em el siglo XX*", material do curso "*Introducción a las teorias feministas*" 4ª Edição – Universidade de Chile).

Para Kollontai, portanto, não basta mudar a estrutura de classes, enquanto não se elimina a divisão do trabalho em função do sexo, pois enquanto o trabalho das mulheres (inclusive o doméstico) não for igualmente reconhecido e valorizado tanto como o trabalho dos homens, as mulheres seguirão sendo exploradas e vítimas de toda sorte de violência nas relações de trabalho. O mesmo raciocínio, acrescentamos, é igualmente aplicado ao trabalho de gays, lésbicas e transexuais.

A violência de gênero nas relações de trabalho contemporâneas (para além de sua expressão no campo econômico; ainda com salários pagos às mulheres inferiores na ordem de 25% a 30% em relação aos pagos aos homens, para igual função) se expressa sob a forma corrente e sistemática do assédio moral e sexual.

O homem acredita (e é reforçado pela cultura do machismo e da violência amplamente difundida na nossa sociedade, inclusive nos estamentos do próprio Estado, por ação ou omissão) que o corpo feminino está disponível para seu uso.

A historiadora e professora Gerda Lerner dedicou-se por muitos anos a estudar a história da opressão das mulheres pelos homens. Na sua famosa obra "A Criação do Patriarcado", recentemente traduzida para o português, nos revela que a escravidão teve início com homens escravizando mulheres. Diz a autora: "Os homens aprenderam a instituir dominância e hierarquia sobre outras pessoas praticando antes a dominância sobre as mulheres do próprio grupo. Isso se manifestou na institucionalização da escravidão, que começou com a escravização das mulheres dos grupos conquistados." (*A criação do patriarcado:* história da opressão das mulheres pelos homens. Gerda Lerner; tradução Luiza Sellera. São Paulo: Cultrix, 2019, p. 33).

Na visão de muitos homens, a mulher (seja sua esposa, namorada, companheira, colega de trabalho, ou empregada — inclusive doméstica) é objeto. E, como tal, pode ser usada, explorada e violentada (tanto em nível moral, físico, sexual de maneira isolada ou combinada) pelo homem quando este desejar, da forma que quiser e quando e onde quiser.

A cultura machista e sexista também difunde a ideia de que essa "mulher objeto", de alguma forma permitiu seu uso ao homem, consentiu e muitas vezes até quis ou provocou a situação. E é essa cultura que sustenta as diversas formas de violência, incluindo os feminicídios, os estupros, como também os assédios nas relações de trabalho.

Não raro, vemos nas audiências de instruções de ações trabalhistas em que se discute a questão do assédio sexual, perguntas de advogados da parte acusada do assédio à vítima: "mas qual roupa a senhora estava usando?"; "a senhora tem namorado?"; "por que a senhora respondia às mensagens se eram inoportunas?".

Esse tipo de distorção completa da compreensão dos fatos, da incapacidade de reconhecimento da violência não decorre apenas do machismo/sexismo individual do advogado, mas também e sobretudo do sistema patriarcal. É um pensamento estruturado e ao mesmo tempo estruturante da cultura da violência, amplamente difundida e praticada na nossa sociedade.

Ora, não seria (como de fato não é) surpresa que o magistrado ou até mesmo a magistrada, ao atuar nesse processo, ainda que de maneira inconsciente, tenda muitas vezes a julgar a vítima (submetendo-a ao que se chama de revitimização), independentemente do fato de ficar ou não provado o assédio no campo estritamente processual.

Além dos dois casos citados no início deste ensaio, lamentavelmente temos exemplos bem grotescos e atuais da violência de gênero manifestado por membros do Poder Judiciário, da Advocacia e do Ministério Público. Basta lembrar o amplamente divulgado caso de uma jovem mulher, que se viu vítima de estupro, humilhada pelo advogado do réu, sem que houvesse qualquer reação impeditiva por parte dos demais atores do Estado presentes naquele ato. Igualmente emblemático é o vídeo de uma audiência, cujo magistrado que a conduzia, ao tempo em que ofendeu gravemente a autora da ação, desdenhou também da Lei Maria da Penha.

Como não reconhecer que tais violências estão institucionalizadas, e mais: legitimadas e reforçadas pelo próprio sistema de Justiça e, em última instância, pelo Estado? Como frear essa cultura? Como mudar essa mentalidade e eliminar essas violências da nossa sociedade?

No campo legislativo, avançamos em busca da eliminação da violência contra a mulher, como a Lei n. 11.340/2006 – "Lei Maria da Penha"— e a Lei n. 13.104/2015, que tipifica o feminicídio. O assédio sexual também encontra punição no artigo 216-A do Código Penal, com pena de detenção de 1 a 2 anos.

No plano internacional, a OIT, no ano do seu centenário, em junho de 2019, aprovou a Convenção n. 190, com o objetivo de eliminar a violência e o assédio nos locais de trabalho. O texto da Convenção reconhece que as práticas de assédio atingem mulheres, jovens e pessoas pertencentes a um ou vários grupos de vulneráveis. Sabe-se que o texto da norma internacional começou a ser debatido em 2009, por iniciativa de representantes de trabalhadores e trabalhadoras. Ganhou força, no entanto, com a pressão do movimento "*Me Too*", impulsionado por denúncias de assédio feitas por celebridades americanas em 2017.

Nos países vizinhos, recentemente, a Argentina aprovou a lei que descriminaliza o aborto, uma das principais demandas de feministas e que foi fortemente impulsionada pelo movimento surgido em 2015, "Ni una a menos".

Em 1994, o Brasil protagonizou um grande passo no âmbito da Comissão Interamericana de Direitos Humanos ao promulgar a "Convenção de Belém do Pará", que se tornou referência mundial no enfrentamento à violência contra a mulher.

Foi ancorada na Convenção de Belém do Pará que a Comissão Interamericana de Direitos Humanos (CIDH) recebeu denúncia apresentada por Maria da Penha Fernandes em conjunto com outras organizações de defesa da mulher e que emitiu condenação que repercutiu fortemente no movimento feminista, culminando com o surgimento da Lei Maria da Penha (in: *Revista de Estudos Feministas*, "Vinte anos da Convenção de Belém do Pará e a Lei Maria da Penha" <http://www.scielo.br/scielo.php?script=sci_arttext&pid=S0104026X2015000200501>).

Também é relevante citar agenda 2030 da Organização das Nações Unidas, que estabelece um plano de ação para as pessoas, o planeta e a prosperidade, que busca fortalecer a paz universal. Entre os objetivos propostos, está o de número 5: "Alcançar a igualdade de gênero e empoderar todas as mulheres e meninas."

Salta aos olhos, à razão e aos corações, a importância da luta feminista constante, tanto no campo teórico, como também no prático, na medida em que a necessária compreensão do pensamento feminista (em suas diferentes demandas ao longo da história) é uma ferramenta indispensável para a conquista da igualdade plena, com a superação das diversas formas de opressão, de exploração e de violências decorrentes do sistema patriarcal.

Assim, uma sociedade mais feminista – com envolvimento de homens e mulheres nessa trincheira – poderia sim trazer resultados expressivos na construção da paz social e na redução da violência de gênero.

Para além da compreensão, é premente uma transformação das relações sociais sob a lente do feminismo, de modo que possamos alcançar a concreta libertação de todas as mulheres (e nesse conceito devemos incluir as mulheres brancas, negras, indígenas, pobres, ricas, cisgênero ou transgênero) pois enquanto uma mulher estiver aprisionada pela opressão do patriarcado, nenhuma de nós estará plenamente livre!

Feminismos ou Barbárie

Por **Bruna Muller Stravinski**[(1)], **Lays Cristina De Cunto**[(2)] e **Patrícia Maeda**[(3)]

Antes de iniciarmos nosso diálogo, talvez seja interessante pontuar que vivenciamos o lugar social de juízas do trabalho cis-heterosexuais não negras. Assim, não pretendemos falar em nome de todas as juízas e, muito menos, de todas as mulheres. Nas reclamações trabalhistas e nas audiências, ficam claras para nós as desigualdades de classe, gênero e raça. Cientes de nosso privilégio social, estamos em constante processo de desconstrução e constituição e gostaríamos de debater sobre a importância dos feminismos em nossas vidas.

No dia 8 de março, comemora-se o dia da mulher, oportunidade em que as homenagens à mulher "ideal" (bela, recatada, do lar, branca, instruída etc.) camuflam o sentido inicial de tal data: enaltecer a mulher trabalhadora.

Ainda que estejamos em 2021, mais de 100 anos após as movimentações sociais que marcaram a luta das mulheres trabalhadoras e mais de 40 anos depois da oficialização da data simbólica que as relembra, falar do dia 8 de março não é tarefa fácil.

A despeito da apropriação indevida feita pelo mercado, o 8 de março não trata de flores, perfumes ou bombons. O 8 de março está aí a nos dizer: a data nasceu da barbárie e é preciso estar atenta e forte para que não retornemos a ela.

Foram as péssimas condições de trabalho — ainda piores do que aquelas vivenciadas pelos trabalhadores homens — que uniram as mulheres nos movimentos sociais que buscavam o tratamento digno à vida e à saúde das trabalhadoras e trabalhadores.

A luta por igualdade sempre esteve colocada no seio de nossa sociedade, marcada pela forte hierarquização decorrente da colonização, em que corpos masculinos brancos se situam no ápice, seguidos pelos "outros" corpos: femininos, não cisnormativos, não hetero-normativos, não brancos. Nesta dialética de dominação/subordinação, o direito tem papel fundamental, legitimando e, ao mesmo tempo, dissimulando desigualdades a partir da forma jurídica.

Publicação original no *site* **Justificando**: <https://www.justificando.com/2021/03/18/feminismos-ou-barbarie/>. Data da publicação: Quinta-feira, 18 de março de 2021.

(1) Juíza do Trabalho Substituta no TRT da 15ª Região (Campinas/SP). Integrante da Associação Juízes para a Democracia — AJD.

(2) Juíza do Trabalho Substituta no TRT da 15ª Região (Campinas/SP). Integrante da Associação Juízes para a Democracia — AJD.

(3) Juíza do Trabalho Substituta no TRT da 15ª Região (Campinas/SP). Integrante da Associação Juízes para a Democracia — AJD.

O Código Civil de 1916, por exemplo, subordinava juridicamente a mulher casada, a fim de assegurar a supremacia do homem na direção da família, consubstanciado no famigerado pátrio poder. Esta amarra jurídica, no entanto, não atingia a maior parte das mulheres, pois o casamento era uma formalidade cara demais para a classe trabalhadora. Se, por um lado, as mulheres trabalhadoras remuneradas eram mais livres, por outro, viviam em condições precárias e de vulnerabilidade.

A despeito do relevo social e jurídico dado à sujeição das mulheres a outrem — seja pai, irmão, marido ou patrão — as lutas encampadas por elas, movidas não apenas por interesses próprios, foram responsáveis pela transformação de alguns aspectos da sociedade brasileira.

Rememorar embates e conquistas das mulheres ao longo do século XX ajuda a compreender a importância de direitos fundamentais — não concedidos, mas alcançados como fruto de muitas lutas! — e que viriam, anos depois, a receber a proteção da Constituição Federal de 1988. Dentre elas, citamos:

– a luta de Laudelina de Campos Melo, em 1936, pela proteção legal e igualitária da categoria das trabalhadoras domésticas – o que demorou quase 80 anos para timidamente acontecer;

– Bertha Lutz, famosa pela luta pelo voto feminino, reivindicou também igualdade salarial entre homens e mulheres e melhores condições para gestantes e lactantes;

– a luta da advogada Romy Medeiros, por mais de 10 anos, pela aprovação do Estatuto da Mulher Casada, que, em 1962, reduziu a desigualdade jurídica entre cônjuges, sem extirpá-la, todavia;

– as mais de 1,2 milhões de assinaturas colhidas por mulheres da zona sul de São Paulo, organizadas nos clubes das mães e protagonistas do Movimento Custo de Vida, para exigir providências do governo militar quanto à carestia, reunindo mais de 20 mil pessoas na Praça da Sé, em 1978;

– o Comitê Brasileiro pela Anistia em 1978, que surgiu do Movimento Feminino pela Anistia, liderado pela advogada Therezinha Zerbini;

– a luta de mulheres campesinas pelo reconhecimento de sua condição de trabalhadoras rurais, pela filiação nos sindicatos e pelo título da terra, direitos reservados apenas aos homens;

– a luta de Margarida Maria Alves, Presidenta do Sindicato de Trabalhadores Rurais de Alagoa Grande/PA, contra o latifúndio e a ausência de direitos trabalhistas, assassinada na porta de sua casa em 1983;

– o combate à violência contra a mulher, em especial com o movimento "Quem ama não mata", desafiando a teoria (anti)jurídica da "legítima defesa da honra" por ocasião do julgamento de Doca Street no caso Ângela Diniz, que hoje seria tipificado como feminicídio;

– a atuação ampla e coordenada de Lélia Gonzalez na academia, na política e na militância. Fundadora de diversos institutos e coletivos, além do Movimento Negro Unificado (MNU), correlacionou, como ninguém, os temas racismo, sexismo e classismo na interpretação da sociedade brasileira;

– a criação, em 1985, do Conselho Nacional dos Direitos das Mulheres (CNDM), órgão federal com a finalidade de promover políticas públicas para eliminar a discriminação da mulher, que lançou a campanha Mulher e Constituinte. De sua articulação, extraiu-se a Carta da Mulher Brasileira aos Constituintes, um marco histórico da participação política das mulheres, com propostas gerais nacionais e internacionais e quanto aos temas: família, trabalho, saúde, educação e cultura, violência;

– o chamado Lobby do Batom, grupo que reuniu 26 constituintes mulheres em 1986, cujo nome surgiu de forma depreciativa para se referir às parlamentares, que atuavam em conjunto e articuladas com vários movimentos sociais (advocacy). O grupo bastante heterogêneo conseguiu a aprovação de 80% sobre as propostas consensuais encaminhadas no texto final da CF/88, dentre as quais, podemos ressaltar: as licenças maternidade e paternidade, a garantia de emprego para a gestante, a expressa igualdade jurídica entre homens e mulheres (inclusive na sociedade conjugal), a igualdade de direitos entre trabalhadores urbanos e rurais, a constitucionalização de direitos para trabalhadoras domésticas, a titulação da propriedade conferida ao homem ou à mulher ou a ambos, independentemente do estado civil, e a instituição do Sistema Único de Saúde.

A Constituição Federal de 1988 não abarcou todas as demandas dos movimentos de mulheres, mas inaugurou um novo patamar mínimo civilizatório, uma nova linguagem jurídica. E nisso não só a participação do Lobby do Batom foi fundamental, mas a atuação de todas as mulheres que ousaram questionar o *status quo*.

Assim, é de luta por melhores condições de vida e de trabalho para todes; é de feminismos, em franca oposição à barbárie, que o 8 de março fala.

Ocorre que, muito embora a Constituição Cidadã tenha garantido o avanço social para a sociedade brasileira em geral e igualmente para as mulheres, o neoliberalismo, iniciado na década de 1990, encarregou-se de impor retrocessos a partir da retirada de direitos e do desmonte das instituições relevantes que asseguram a materialização destes, razão pela qual a mera e abstrata positivação de normas jurídicas revela-se insuficiente para a superação do modelo patriarcal.

Há a necessidade de criar estratégias, nas esferas macro e micropolíticas, que possibilitem a mudança concreta e efetiva no destino de todas as mulheres e, por consequência, de toda a sociedade.

Para tanto, é indispensável que façamos uma análise crítica da realidade que nos circunda, sem as distorções ocasionadas pelas lentes da miopia social, a fim de que, conscientes das mazelas e iniquidades produzidas pela sociedade patriarcal, construamos coletivamente um futuro diverso do formato excludente que vivenciamos.

Mas não só!

A reflexão demanda, também, a reformulação de conceitos embasados na lógica da hierarquia classista sexista racializante que outrora foram introjetados em nossas subjetividades e no inconsciente coletivo.

O rompimento dos grilhões infligidos pelo patriarcado, no entanto, é doloroso, pois exige que despertemos do processo de anestesia a que fomos submergidos ao normalizarmos comportamentos incompatíveis com um mundo entre iguais que se respeitam mutuamente.

Porém, a troca do modelo patriarcal por outro mais inclusivo se apresenta como um percurso necessário para que nos distanciemos, definitivamente, deste cenário de violência arraigado no seio de nossa sociedade.

Ora, se, hoje, nós mulheres estudamos, trabalhamos, escolhemos com quem e como nos relacionamos, exercermos o direito ao voto, participamos da vida associativa e política, somos sujeitos de direitos, foi porque outras mulheres que nos antecederam conquistaram e abriram caminhos, antes inacessíveis, para possibilitar que nos tornássemos protagonistas de nossas próprias existências...

Olhar para a história da construção dos direitos nos permite entender o quanto eles são frutos de lutas e lutos de gerações de mulheres.

Nos últimos anos, assistimos ao desmonte daquilo que nos parecia líquido e certo: princípios protetivos, garantias de emprego, garantias de remuneração mínima, garantias de pausas e descansos remunerados, garantias de condições saudáveis de vida e trabalho para mulheres e homens, garantias de interrupção segura da gravidez em casos juridicamente autorizados, entre outros.

A conjuntura atual vem, uma vez mais, nos lembrar que direitos conquistados podem ser colocados em xeque e retirados a qualquer tempo, como já alertava Simone de Beauvoir: "Nunca se esqueça que basta uma crise política, econômica ou religiosa para que os direitos das mulheres sejam questionados. Esses direitos não são permanentes. Você terá que manter-se vigilante durante toda a sua vida".

A luta feminista, portanto, segue viva e imprescindível, tanto para zelar pelo não perecimento dos direitos já alcançados, como para pavimentar novos horizontes em prol das gerações vindouras, sem perder de vista a transformação da própria sociedade.

É de resistência e avanço, enfim, que o 8 de março fala.

Desigualdades, Feminismo e Teorias Libertadoras: Mulheres que Combinaram de Não Morrer

Por **Magda Barros Biavaschi**(1) e **Marilane Oliveira Teixeira**(2)

Conceição Evaristo, mineira, nascida em 1946, ancora sua produção literária no sofrimento e na opressão das mulheres negras. Em *Vozes-mulheres,* localiza essa saga nas mulheres da família: a bisavó, criança nos porões do navio negreiro, arrancada da terra natal, cuja voz ecoou *lamentos de uma infância perdida*; a avó, vítima de sistema perverso e compulsório, cuja voz *ecoou obediência aos brancos-donos de tudo*; a mãe, empregada doméstica que, *no fundo das cozinhas alheias* ou no *caminho empoeirado rumo à favela*, em meio à violência, ecoou *baixinho* o *sentimento de revolta*; Conceição, que ecoa *versos perplexos com rimas de sangue e fome*, traz a voz da filha que, recolhendo as vozes ancestrais, *caladas, engasgadas nas gargantas*, ouvirá a ressonância dos ecos da liberdade.

Esse poema remete ao cenário da *Casa Grande* de uma sociedade escravocrata e patriarcal, na qual o acesso à cidadania foi sonegado à grande maioria, herança dos tempos coloniais que acabaram inscritas, a ferro e fogo, na estrutura social, econômica e política do Brasil (Biavaschi, 2007). Mas se, por um lado, a saga de Conceição traz elementos que contribuem para que se compreendam as dores das desigualdades estruturais brasileiras que marcam seu processo de exclusão social, realidade que a pandemia da Covid-19 tratou de evidenciar e aprofundar, por outro remete ao tema da constituição do capitalismo e, nele, ao processo de inserção desigual das mulheres no mundo produtivo e ao trabalho como estruturador das relações sociais.

Marxismo, feminismo e teorias libertadoras

O capitalismo é essencialmente desigualador. Na sua dinâmica, busca eliminar quaisquer obstáculos ao seu livre trânsito e, nesse processo, vai dissolvendo todas relações sociais onde não há diques suficientes para contê-lo (Belluzzo; Galípolo, 2019). Quanto às mulheres, o capitalismo constituído e a grande indústria alteraram de forma significativa sua posição

---

Publicação original no *site* **Justificando**: <https://www.justificando.com/2021/07/15/desigualdades-feminismo-e-teorias-libertadoras-mulheres-que-combinaram-de-nao-morrer/>. Data da publicação: Quinta-feira, 15 de julho de 2021.

(1) Desembargadora aposentada do TRT4. Doutora e pós-doutora em Economia Social do Trabalho pelo Instituto de Economia da UNICAMP.

(2) Doutora em desenvolvimento econômico pelo Instituto de Economia da UNICAMP. Mestre em Economia Política pela Pontifícia Universidade Católica de São Paulo. Bacharel em ciências econômicas pela Faculdade de Economia São Luiz.

econômica, separando as esferas produtivas e reprodutivas. Essa separação passou a ser funcional para o sistema econômico e social em formação, atribuindo às mulheres papel de reprodutoras de força de trabalho.

As primeiras lutas das feministas voltavam-se à extensão dos princípios da liberdade, igualdade e de acesso à educação, com pouca atenção à separação das esferas pública e privada. O reconhecimento dessa separação e sua relação com a produção e a economia como substrato que legitima a imposição de papéis sociais diferenciados para os sexos é uma das grandes contribuições das feministas socialistas do final do século XIX. Mas foi nos anos 1960 que o feminismo socialista introduziu o debate econômico como elemento central do desenvolvimento capitalista.

A constituição do capitalismo e a mercantilização possibilitaram que permanecesse invisível o processo cotidiano de reprodução da vida. Ao mesmo tempo, as mudanças na estruturação do modelo de família, visto como separado da esfera da produção, isolavam de maneira singular as mulheres em nova configuração da vida privada. Nessa caminhada, vai se conformando estrutura de hierarquia nas relações sociais em que a superioridade masculina se expressa em todas as dimensões da vida. Superioridade que passa a ser legitimada por um arcabouço legal e institucional que nega às mulheres o direito de se constituírem como sujeitos político e social (Teixeira, 2017). Com as mudanças introduzidas pelo capitalismo nas formas de organização da produção e do trabalho, alteram-se os padrões de relação, intensificando-se a exclusão das mulheres, cuja capacidade produtiva foi limitada ao campo doméstico ou aos baixos salários do trabalho não qualificado. Na transferência do trabalho da produção familiar para o assalariado, alterou-se o valor atribuído à capacidade produtiva do trabalho da mulher, cabendo à família apenas a porção do que consegue obter nas barganhas do mercado. Essa perspectiva das feministas socialistas trouxe elementos à análise crítica sobre a inserção das mulheres no mundo produtivo, ajudando a estruturar uma visão materialista sobre as desigualdades. Uma das formas na qual o marxismo se diferencia das teorias "burguesas" da sociedade é justamente no compromisso com o materialismo, ou seja, com a teoria fundamentada nas práticas humanas e sociais.

Para Marx (1966), o capitalismo é um sistema de relações de troca em que tudo, incluída a força de trabalho, tem preço. Todas as transações são transações de troca. Para a perspectiva feminista, além das relações de troca, o capitalismo se insere em um sistema de relações de poder. Essa análise do poder e das classes sociais é fundamental para compreender a opressão das mulheres. Embora se reconheça a crítica que o marxismo fez à economia de mercado, os primeiros autores, contudo, não alcançaram uma formulação que desse conta do impacto do trabalho de reprodução na dinâmica capitalista. Sem trabalho doméstico, os trabalhadores não se reproduzem e, sem trabalhadores, o capital não pode ser reproduzido. Para as feministas socialistas é central, para entender as contradições das relações entre mulheres e homens, definir o lugar do trabalho — e o trabalho das mulheres — na dinâmica da sociedade, da economia e das relações sociais, debate no qual emergem várias outras questões. E é a partir de Marx e Engels que, mesmo com críticas, estruturam a análise das raízes históricas da opressão das mulheres como ferramenta teórica importante para se entender as relações de poder e sua reprodução no processo de opressão e exploração.

As principais contribuições do marxismo para o feminismo são: i) desnaturalização da opressão das mulheres; ii) método para compreender as bases materiais das relações sociais de desigualdade, exploração e opressão; iii) análise das origens da opressão das mulheres que, embora limitada em alguns campos, abriu perspectivas para aprofundamentos futuros; iv) compreensão da família como fenômeno social em evolução, estabelecendo ligação entre mudanças estruturais nas relações familiares e na divisão sexual do trabalho; v) ligação entre ideologia e interesses materiais e papel na reprodução das relações de poder.

Os debates feministas socialistas trouxeram contribuições decisivas sobre relações sociais de sexo e a compreensão do trabalho como estruturador das relações sociais, tendo papel primordial as reflexões de Danièle Kergoat e Helena Hirata sobre a centralidade do trabalho e a divisão sexual do trabalho na construção das relações entre mulheres e homens. E nas abordagens sobre a "consubstancialidade das relações sociais", imbricando as relações sociais de sexo, de classe e de raça (Kergoat, 2009 e 2014), a elaboração feminista busca responder aos novos desafios teóricos a partir dos anos 1990, trazidos, em grande parte, mas não apenas, pela exigência de abordar as relações raciais e responder aos debates relacionados à orientação sexual (Hirata, 2017).

Reflexões para o Brasil

A assimilação contraditória dos avanços conquistados pelas mulheres e a retomada de ofensivas conservadoras deixam evidente que tais pautas e lutas não são apenas uma agenda específica que vai se agregando à sociedade. A desigualdade das relações sociais de sexo, a divisão sexual do trabalho, os processos de subordinação e opressão estão no coração dos sistemas sociais de dominação. A organização econômica e social do capitalismo que, na sua estrutura, inscreve as desigualdades e discriminações de raça, classe e sexo, encontra no Brasil condições favoráveis para se afirmar dada à herança escravocrata e patriarcal que marca seu tecido social. As atuais reformas liberalizantes, que investem no desmonte de direitos e garantias sociais, atingem grupos com menor poder de resistência, sobretudo as mulheres e, entre elas, as negras. Ao mesmo tempo, a retomada agressiva de propostas e valores conservadores pretende impor recuo nos padrões e relações sociais, com modelos tradicionais que ofendem o direito das mulheres sobre seu corpo e sexualidade. A articulação entre racismo, sexismo e desigualdade econômica se redesenha em cada momento histórico. Perceber as armadilhas do processo de reprodução é desafio permanente do feminismo para que vozes ancestrais, *engasgadas nas gargantas*, ressoem com ecos de liberdade.

Referências bibliográficas

BELLUZZO, Luiz G; GALÍPOLO, Gabriel. *A Escassez Na Abundância Capitalista*. São Paulo: Contracorrente, 2019.

BIAVASCHI, Magda B. *O direito do trabalho no Brasil – 1930-1942: a construção do sujeito de direitos trabalhistas*. São Paulo: LTr, 2007.

EVARISTO, Conceição. *Revista em Prosa e Verso*. Disponível em: <https://www.revistaprosaversoearte.com/conceicao-evaristo-poemas/>.

HIRATA, Helena. *Feminismos materialistas e teorias da interseccionalidade: algumas controvérsias*. 2017 (mimeo).

KERGOAT, Danièle. "Divisão Sexual do trabalho e relações sociais de sexo". In: HIRATA, Helena *et al.* (Org.). *Dicionário Crítico do Feminismo*. São Paulo: UNESP, 2009. p. 67-80.

KERGOAT, Danièle. "Compreender as lutas das mulheres por sua emancipação pessoal e coletiva". In: MORENO, Renata (Org.). *Feminismo, economia e política:* debates para a construção da igualdade e autonomia das mulheres. São Paulo: SOF Sempreviva, 2014.

MARX, Karl. *El Capital.* 4. ed. México: Fondo de Cultura Económica, 1966.

TEIXEIRA, Marilane. *Um olhar da economia feminista para as mulheres:* os avanços e as permanências das mulheres no mundo do trabalho entre 2004 e 2013. Tese de doutorado, IE-UNICAMP, Campinas, 2017.

Economia do Trabalho

Marx, a Mais-Valia e o Mito da Subordinação

Por **Reginaldo Melhado**[1]

Os juristas têm se esforçado em demonstrar tecnicamente a ocorrência da relação de emprego entre trabalhadores e empresas proprietárias de plataformas de serviços (como Uber, iFood etc.). Esse esforço de hermenêutica jurídica é elogiável, mas algo mais além desse modelo deve ser objeto de reflexão: a de categorias como mercadoria, trabalho assalariado e mais-valia em Karl Marx, e a revisão crítica do conceito de relação de emprego, forjado desde tempos imemoriais para definir o trabalho protegido pelo sistema jurídico.

Meios de produção digitais e plataformas digitais

Na velha e boa língua de Camões, o termo *plataforma* sugere uma área plana, elevada em relação ao nível do solo. No tempo de Machado, designava o espaço erguido ao lado da linha férrea, nas ferroviárias e estações de metrô, destinadas ao embarque e desembarque de passageiros e mercadorias. No discurso contemporâneo, as *plataformas* tornaram-se ambientes informacionais com características semelhantes. São estruturas de interface de mercadorias e pessoas que, ademais de interação algorítmica, também se constituem como parte integrante dos meios de produção de mercadorias, com predominância para aquelas que se corporificam enquanto serviços. Essas infraestruturas digitais "moldam interações personalizadas entre usuários finais e complementadores, organizadas por meio de coleta sistemática, processamento algorítmico, monetização e circulação de dados" (na definição de Thomas Poell, David B Nieborg e José Van Dijck, em *Plataformização*).

Contrato de emprego e subordinação

Dizer que a *subordinação* é elemento da relação de emprego é falsificação ideológica do real. Ela não é *elemento* da relação substantiva ou ontologicamente considerada e sim mera *característica externa*. Via de regra, a subordinação é muito evidente e adiposa, mas em diversos casos mostra-se rarefeita ou quase cognitivamente inapreensível.

Dizer que a subordinação é elemento da relação de emprego é o mesmo que imaginar que a água ***é em si mesma*** água por ser um líquido incolor, sem cheiro ou sabor (como aprendemos

---

Publicação original no *site* **Justificando**: <https://www.justificando.com/2020/09/10/marx-a-mais-valia-eo-mito-da-subordinacao/>. Data da publicação: Quinta-feira, 10 de setembro de 2020.

(1) Membro da Associação Juízes para a Democracia. Doutor em Teoria Geral e Filosofia do Direito pela Universidade de Barcelona (com revalidação pela USP). Professor da UEL. Juiz titular da 6ª Vara do Trabalho de Londrina.

na escola, e nem isso parece correto, pois as propriedades da água podem fazê-la doce ou salgada, alcalina, ácida). Na realidade, evidentemente, a água é uma substância química cujas moléculas são constituídas por dois átomos de hidrogênio e um átomo de oxigênio (H2O). Esses são os *elementos* da água, substantiva ou ontologicamente considerada. O que você vê são suas características externas, não o que ela *materialmente é*.

Com contrato de emprego ocorre algo semelhante. Você vê externamente certas características típicas (pessoalidade, trabalho não eventual, onerosidade e subordinação), mas isso ***não* é** a relação de emprego materialmente considerada. Nesse sentido, a subordinação como *elemento* da relação de trabalho a ser tutelada pelo sistema legal civilizatório é apenas um mito.

Marx, mercadoria e mais-valia

Na economia capitalista, os bens "dotados" de valor são produzidos como mercadorias cujo atributo essencial é satisfazer necessidades humanas, "do estômago ou da fantasia", como disse Marx (*O Capital*). Nesse sentido, a mercadoria tem um valor de uso. Mas ela incorpora também um valor de troca, no plano das relações jurídicas: um equivalente quantitativo abstrato, materializado na relação de câmbio. Na aparência fetichizada, esse valor de troca aparece como qualidade fantasmagórica da própria mercadoria, ocultando sua relação substantiva verdadeira, que consiste no tempo de trabalho médio socialmente necessário à sua produção. Noutras palavras: bens constituídos enquanto mercadorias têm valor de troca por "encarnarem" trabalho humano socialmente necessário à sua produção. Tal como a subordinação, fetichizada no direito do trabalho, a assombração parece ser real. O valor mostra-se como qualidade ínsita à mercadoria, mas isso é apenas uma miragem.

Nas relações capitalistas de produção, o assalariamento do trabalho é o mecanismo pelo qual a mais-valia é extraída. A relação de emprego consubstancia-se enquanto contrato de compra e venda de força de trabalho. As relações jurídicas então fazem o truque ideológico destinado a ocultar a expropriação da força de trabalho: o trabalhador produz a mercadoria, mas fica com o salário, que representa apenas uma parte do valor-trabalho incorporado à mercadoria.

Mais-valia e subordinação algorítmica

O que deveria interessar ao direito do trabalho, enquanto sistema de "proteção" jurídica, que crava uma cunha civilizatória — e dialeticamente também domesticadora — nessa relação, é a apropriação da mais-valia, por diferentes paradigmas jurídicos, e não exatamente se ocupar sobre se é possível ou não identificar a subordinação, e menos ainda tomá-la enquanto *elemento* constitutivo do contrato objeto da tutela legal.

Nas plataformas de serviços, as mais comuns, há produção de mercadorias. O serviço de transporte de pessoas ou coisas, por exemplo, é a mercadoria produzida pelos trabalhadores. Curiosamente, nessas relações, parte dos meios de produção necessários à produção da mercadoria pertence ao próprio operário (o automóvel, a bicicleta ou a moto). Mas outra parte, essencial para ativar o processo de trabalho, pertence ao capitalista: a plataforma digital. Nela atuam também outros trabalhadores, desde sua arquitetura até a gestão, e ela em si mesma é *trabalho morto*, que é o trabalho acumulado e objetivado para o incremento do capital. No caso, aqui, corporificado nos meios de produção tecnológicos, abstratos e impalpáveis, que incorporam o conhecimento humano historicamente produzido desde a invenção roda até a construção da plataforma digital, passando naturalmente pela maquininha criada por Alan Turing e outros cientistas, o computador.

Evidentemente, a subordinação está presente na relação jurídica entre o trabalhador e o capital, dono da plataforma. Já me esforcei muito para tentar compreender sistematicamente a subordinação (coloquei isso no *Poder e sujeição*, um livrinho de anos atrás). Nele procurei mostrar subordinação — na realidade, o poder do capital e a sujeição do trabalho — como um fenômeno dinâmico, envolvendo (a) **fontes primárias ou endógenas** e (b) **fontes heteronômicas ou secundárias**. Não tenho como voltar a tudo isso aqui. Apenas sublinharia a conclusão desses estudos, no sentido de que a subordinação em certas condições sequer pode ser percebida, conquanto esteja sempre presente como resultado da apropriação da capacidade de trabalho do operário. O importante, não obstante, não é se ela aparece e pode ser captada ou não pela reflexão do jurista, mas se a expropriação do trabalho ocorre efetivamente.

Panoptismo digital e *algoritmocracia*

Nas plataformas digitais, o resultado final do processo de trabalho é uma mercadoria que não pertence aos trabalhadores que a produzem. O capital, proprietário das plataformas, apropria-se dela e só uma parte desse produto "volta" para o seu produtor, sob a forma de trabalho assalariado. Nas plataformas digitais, sem embargo, ocorre um exercício de prestidigitação a mais: o assalariamento é ocultado sob a aparência do pagamento do preço da mercadoria pelo próprio consumidor, o trabalhador surge como *cliente* da plataforma digital e a subordinação é obliterada sob a *algoritmocracia*. Essa forma de gestão, o algoritmo, surge como um novo paradigma de controle do trabalho capaz de (a) rastrear a atuação e avaliar permanentemente a performance do trabalhador, aferindo instantaneamente o resultado do seu trabalho, (b) implementar decisões automatizadas, inclusive acerca das punições ao prestador de serviços ou mesmo sua exclusão se ele não se "alinha" às políticas da plataforma ou não alcança escore de avaliação positiva e (c) mostrar-se como um espectro dotado de ubiquidade, que ronda o trabalho onisciente e continuamente, sem que o trabalhador seja capaz de compreender, interferir e defender-se do acervo de normas algorítmicas (Mareike Möhlmann e Lior Zalmanson, *Hands on the wheel: Navigating algorithmic management and Uber drivers' autonomy*). A incitação ao trabalho é feita não apenas pelo **direito penal privado das plataformas digitais**, capaz de impor sanções sumárias e impiedosas, inclusive com a pena capital da desativação da conta, como também por sanções premiais para atingimento de objetivos, como o tempo semanal ou diário dedicado ao trabalho. O sistema de vigilância configura uma espécie de panoptismo algorítmico, capaz de deixar Jeremy Bentham de boca aberta.

Chegamos até aqui, enfim, para concluir ser a exploração na força de trabalho pelas plataformas digitais mera reprodução *hightech*, cuspida e escarrada, do velho contrato de emprego assalariado de 200 anos atrás. Nela não importa identificar a subordinação jurídica para concluir pela existência de vínculo de emprego entre os trabalhadores e plataformas digitais. O mesmo deve ocorrer com outros diferentes paradigmas de exploração e apropriação da força de trabalho, que já se desenham e devem surgir com mais frequência num futuro próximo. Neles, é cada vez mais previsível a obnubilação e a opacificação das características tradicionais que o direito do trabalho elegeu como *elementos* da relação de emprego. Uma maior abrangência do sistema de proteção do direito do trabalho exigirá das classes trabalhadoras fugir desses velhos conceitos.

Não obstante, no trabalho por meio de plataformas digitais, a sujeição etérea e abstrata evidencia-se com eloquência pela *algoritmocracia* e pela chibata do capataz panóptico-digital. É talvez mais intensa do que a subordinação tradicional.

Por outro lado, a resposta tradicional do direito do trabalho nesses tempos de retrocesso civilizatório, conquanto importante, levará, no caso das plataformas digitais, quando muito, a uma exploração da mais-valia limitada pelo sistema, que ainda será a *exploração do homem pelo homem*, este agora disfarçado de algoritmo. Essa proteção não é pouca coisa, mas talvez se possa pensar o problema na perspectiva de experiências de ruptura com o capitalismo e não de sua reprodução, como a do MST, e imaginar os coletivos de trabalhadores plataformizados tomando os meios de produção das suas mercadorias, mediante a constituição de suas próprias plataformas de solidariedade, quiçá, inicialmente, sob a forma de cooperativas insurgentes (como propõe Trevor Scholz, em *Cooperativismo de plataforma*, e vários outros estudos). Já há uma moçada pensando nesse pulo do gato até no Brasil, mas essa é outra história, e fica para um outro artigo.

O Paraíso São os Outros

Por **Suely Filippetto**(1)

Nada como a poesia de Valter Hugo Mãe para lembrar que o paraíso são os outros. Vem do outro o sopro de vida, o alimento, o olhar, o refinado toque, o abraço apertado, a cooperação, o reconhecimento que nos entusiasma e cura. Faz-nos desconfiar que ser feliz sozinho, se é que é possível, é egoísmo. Na selva, a sobrevivência, em geral, é assegurada pela vida em grupo. Mas de longe vem o diabo, e seu apego ao mercado, nos fazendo crer que tudo se pode vender e que o outro é concorrente. Paraíso é a sociedade de mercados, das liberdades, do mérito e da competição.

Nessa nova e diabólica ordem econômica que se espalha pelo mundo, o trajeto percorrido pela América Latina não é de sucesso, pois parece vencer a visão do trabalho, e tudo o mais, como custo e não como demanda. O processo estruturante é assimétrico e, através da nova divisão internacional do trabalho, designam-se os papéis e os limites de cada povo, país, região, localidade. O Brasil, como país de industrialização tardia, insere-se enfraquecido nessa aldeia globalizada, buscando ajustar-se e segue os caminhos prescritos pelo Banco Mundial, Fundo Monetário Internacional e Consenso de Washington.

Impressiona a perda, entre outras tantas, das defesas coletivas provocada pelos movimentos do capitalismo quando se inova tecnologicamente e se globaliza. A situação do trabalho no Brasil agoniza, sofrível já em grande parte pelo modelo civilizatório e econômico próprios do continente do poeta referido, o mesmo do colonizador.

A pessoa que trabalha passa a se cristalizar como mercadoria. Vira recurso, coisa mesmo, fator de produção, nomeada capital humano e, se dotado de conhecimento suficiente para operar máquina ou atuar em sociedade informatizada, basta. Lá se vai, curiosamente na terra do valente e saudoso Paulo Freire, a escola pública e o ensino, profissionalizante, torna-se mercadoria. Afinal, para que servem filosofia, literatura e artes, entre outras abstrações quando o tempo de vida se reduz a tempo de trabalho? Tudo se distancia, até o professor se virtualiza e se liga em plataforma.

E por falar em tempo e desconexões, o capitalismo desfaz a categoria jornada para quem trabalha ou não sob o contrato clássico. O deslocamento para o local de trabalho ou para a execução de um serviço não conta mais. É problema de quem trabalha, mesmo quando a tecnologia permite saber onde está, quando e o que faz.

Publicação original no *site* **Justificando**: <https://www.justificando.com/2020/10/22/o-paraiso-sao-os-outros/>. Data da publicação: Quinta-feira, 22 de outubro de 2020.

(1) Juíza do Trabalho Aposentada do TRT – 9ª Região. Especialista em Economia do Trabalho para Magistrados e Servidores Públicos pela Universidade Estadual de Campinas – UNICAMP. Membra da Associação Juízes para Democracia (AJD).

E no que toca ao salário, o que hoje parece outra coisa, é a mesma e velha coisa. Salário por peça, no caso, serviço. Sim, aquele que segundo Marx *proporciona ao capitalista uma medida plenamente determinada para a intensidade do trabalho,* tida como a mais fértil fonte de descontos salariais e fraude capitalista. E assim são remuneradas as pessoas que se esforçam para sobreviver nas plataformas. Aparentam trabalhar com liberdade, mas não participam da decisão do valor que recebem. São desligados e sequer informados que tal se deu por avaliação preconceituosa ou injusta de alguém. Assumem, tão somente, os riscos, as despesas do veículo, do smartphone, do sinal de rede e eventuais danos a terceiros.

E os terceiros, como legitimar a privatização e a terceirização ampliada, inclusive na Administração Pública, sob a lei da (ir) responsabilidade fiscal? E pior, como recusar salário igual ao terceirizado em situação de fato idêntica ao diretamente contratado? Logo no Brasil, paraíso das águas, do petróleo, dos minérios, da terra fértil, onde predomina a terceirização predatória, burlada para redução de responsabilidades sociais e ambientais e, no princípio e fim, destinada a reduzir custos. O que se dizia servir para qualificar fornecedores, aumentar a qualidade dos serviços e dos produtos e melhorar a qualidade de vida e do trabalho acabou por ser desmascarado, como reconhecido, inclusive, em julgado do Supremo Tribunal Federal, legitimador da terceirização ampliada e do inferno do padrão predatório. E dá-se a queda da remuneração e dos benefícios sociais, a flexibilização de direitos sem negociação de ganhos para os trabalhadores, redução dos benefícios sociais, como fornecimento de transporte, alimentação, entre outros. Os sindicatos se enfraquecem, as classes ou categorias se segmentam numa mesma empresa. A gestão coletiva é menos eficiente. Os treinamentos são de menor qualidade ou inexistentes. E quando se reduzem custos, fragiliza-se o fazer e aumentam os riscos de acidente. Explode a plataforma da Petrobrás, P-36 e rompem-se as barragens de Mariana e Brumadinho. Quando terceirizada a atividade, o meio ambiente e as demais condições de trabalho e de vida pioram. A empresa intermediária ou o empreendedor na ponta da cadeia se fragiliza e repassa o risco ao trabalhador terceirizado, que ganha ¼ menos e trabalha maior número de horas. Surgem castas ou segmentação no local de trabalho e discriminação ou invisibilidade dos terceirizados por parte dos demais trabalhadores. Ocorre a suspensão de convênios de assistência médica ou revisão em favor de grupos que ofereçam menores preços, em detrimento da qualidade do serviço prestado. Há retrocesso de políticas sociais de previdência social ou do financiamento do SUS — Sistema Público de Saúde.

Ao falar de saúde, um ideal também mercantilizado, percebe-se que se deteriora. Há redução de horas de sono e repouso, piora do padrão alimentar e de moradia. E vem o sofrimento psíquico, a crise de identidade, perda da autoestima, depressão e até suicídio no trabalho, fenômeno recente.

Ao lembrar da promoção da vida e da saúde, nossos ideais, talvez o caminho a trilhar seja o da superação de padrões diabólicos, os quais possivelmente não se originam de avanços tecnológicos, mas do modo como são apropriados. Melhor qualidade de trabalho, de vida e saúde não se resume a um bom padrão de consumo de mercadorias e serviços ofertados, nem de sonhar e realizar os sonhos que forças dominantes, em geral de fora, inventam.

Enquanto isso, no âmbito nacional e limitado as ações parecem ter que mirar na forma como o país se posiciona no capitalismo global e concorrencial. A proteção social na via da regulação pública do trabalho não se contrapõe ao capitalismo, mas é do Estado a escolha do padrão de crescimento, se inclusivo, com políticas de proteção social e de melhor distribuição de riqueza, ou excludente, como bem conhecemos. A depender do modelo de crescimento, grande parte da população fica à margem, em trabalhos precários, sem proteção.

Não servem ao paraíso e nem aos que o habitam políticas baseadas em eficiência e, redução de custos, traduzida em redução de salários e de finanças. Uma das possibilidades pode ser a dinamização da atividade econômica industrial, com geração de emprego, aumento da renda e do salário mínimo, além de inclusão social, juntamente, com política educacional pública, universalizante e de qualidade, na formação de personalidades criativas, técnica e culturalmente competentes para a celebração da vida em comum e em espaços comuns, de diversidade e tolerância.

Desafortunados e distanciados do primado da Constituição de 1988, ao propor melhorias das condições sociais, os que seguem caminhos excludentes, apontados como únicos a serem seguidos por quem se diz técnico, especialista, neutro, sem partido e sem ideologia e que prometem, sem cumprir, melhorar a vida, a eficiência e o desempenho, além de combater o desemprego. É que ideias amparadas na regulação exclusiva pelo mercado, pela concorrência entre quem se insere desigualmente no jogo capitalista aparenta reforçar o oposto da riqueza que pretende produzir. Acirra a competição, quebra defesas coletivas, degrada vínculos sociais e oferece campo fértil à intolerância selvagem, da qual teoria ou doutrina alguma dá conta.

Toda a pressão sobre o trabalho e suas relações têm consequências na estrutura social. É que o trabalho envolve quem trabalha muito além da jornada. Relaciona-se à subjetividade, ao desenvolvimento da personalidade e com os outros, o paraíso segundo o poeta. Para a promoção da vida, saúde e paz entre outras melhorias nas sociedades, o direito criado, interpretado e aplicado precisa deslegitimar a exploração de quem trabalha. Importam, quando ainda não há emancipação, os limites à voracidade competitiva própria do modo de produção capitalista que concentra renda, domina o corpo e a alma da imensa maioria da população. Das ações pautadas pela lógica neoliberal e da competitividade há piora na estruturação da sociedade e o que sobra é a barbárie.

Referências bibliográficas

BALTAR, P. Politica Econômica, emprego e política de emprego no Brasil. In: *Estudos Avançados*, vol. 28, n. 81, São Paulo: USP, 2014 p.95-114. Arquivo.

______. Crescimento da Economia e mercado de trabalho no Brasil. In: CALIXTRE, A. *et al. Presente e Futuro do desenvolvimento brasileiro*. Brasília: IPEA, 2014. p. 423-468.

BELLUZZO, Luiz Gonzaga. *O Capital e suas Metamorfoses*. São Paulo. UNESP, 2013.

DEJOURS, Christophe; BÉGUE, Florence. *Suicídio e trabalho:* o que fazer. Brasília: Paralelo 15, 2010.

LAVAL, Christian. *A escola não é uma empresa:* o neoliberalismo em ataque ao ensino público. 1. ed. São Paulo: Boitempo, 2019.

MARX, Karl. *O capital:* crítica da economia política: Livro I: o processo de produção do capital. São Paulo: Boitempo, 2013.

À Mercê da Força Bruta: Regresso à Barbárie?

Por **Magda Barros Biavaschi**(1) e **Barbara Vallejos Vazquez**(2)

A vida em comum, diz Freud, somente é possível quando se reúne uma maioria mais forte do que qualquer indivíduo isolado. O poder dessa comunidade é, então, estabelecido como direito, em oposição ao poder do indivíduo, condenado como força bruta. A substituição do poder do indivíduo pelo da sociedade é passo decisivo da civilização, cuja primeira exigência é a justiça: a garantia de que uma lei não seja violada em favor de um indivíduo. Seu curso ulterior tende no sentido de tornar a lei não mais a expressão da vontade de pequena comunidade, de uma casta, de grupo racial, mas um estatuto legal com características de universalidade para que os cidadãos não fiquem à mercê da força bruta (FREUD, 1997: 48-51). A maneira como são regulados os relacionamentos humanos é, para Freud, um dos aspectos caracterizadores da civilização, compreendendo os vínculos com o próximo, a família, o bairro, a escola, o trabalho, a comunidade e, mais amplamente, entre cidadãos e o Estado.

Ainda que a repressão dos instintos e a coerção da civilização tragam insatisfações, suas regras e instituições são proteções contra impulsos hostis e tendências aniquiladoras dos homens, verdadeira *batalha de gigantes que nossas babás tentam apaziguar com sua cantiga de ninar sobre o Céu* (idem, 1997: 126). E, no capitalismo, são freios ou, mesmo, indicativos para superação de sua força desigualadora. Na caminhada da civilização, a humanidade foi compreendendo a importância de o Estado regular as relações econômicas e sociais e institucionalizar regras universais consagradoras de direitos para não desembocar na guerra de todos contra todos, no dizer de Hobbes (1988).

Segundo Polanyi (1980), a tentativa ilusória do liberalismo do século XIX alicerçava-se em sistema cuja chave estava nas leis ditadas pelos mercados, definidos como contratos entre vendedores e compradores, sujeitos à oferta e à procura, intermediados pelo preço. Os elementos da sociedade — trabalho, terra e natureza — passaram à condição de mercadorias. E, ao atribuir aos mercados a condição de dirigentes dos destinos do homem e seu ambiente natural, despojou-os da proteção das instituições, engrenagem que os fez sucumbir à ação de *moinhos satânicos* (idem, 1980). No século XIX, estruturou-se na Inglaterra o livre mercado. Berço da primeira revolução liberal (1689), o *laissez-faire* encontrou circunstâncias históricas favoráveis ao sistema que se mostrou insustentável no final do século XIX e ao acender das

Publicação original no *site* **Justificando**: <https://www.justificando.com/2020/11/12/a-merce-da-forca-bruta-regresso-a-barbarie/>. Data da publicação: Quinta-feira, 12 de novembro de 2020.

(1) Desembargadora aposentada do TRT4. Doutora em economia social do trabalho pelo IE/Unicamp. Pesquisadora no CESIT/Unicamp e no CLACSO. Professora.

(2) Analista pleno do DIEESE. Mestre e doutoranda em desenvolvimento econômico pelo IE/Unicamp. Professora da Escola do DIEESE e da FESP/SP.

luzes do XX. Os Estados Nacionais passaram a incorporar as questões do trabalho. Contribuiu para esse processo a criação, no pacto da paz de 1919, do Bureau Internacional do Trabalho, mais tarde OIT, nascido com a Liga das Nações.

Em 1936, Keynes alertava que a redução dos salários nominais seria fator de aprofundamento de crises, podendo contribuir *para criar uma previsão de nova baixa com reações desfavoráveis para a eficiência marginal do capital* (1985: 163). Depois da segunda guerra, seguiram-se "anos gloriosos" costurados pela solidariedade. O crescimento da economia mundial se deu sob a égide de políticas compostas por controle da demanda efetiva, articulação de complexos sistemas de bem-estar e investimentos coordenados (BIAVASCHI; VAZQUEZ, 2020). Na crise desse sistema, metaforicamente representada no final de 1970 pela eleição de Reagan, nos EUA, e condução de Thatcher ao cargo de 1ª Ministra do Reino Unido, as ideias liberais são retomadas, chegando na América Latina nos anos 1990.

O Brasil que, de 1930 em diante, lutou de forma sistemática pela superação dos resquícios da ordem escravocrata e patriarcal herdada dos tempos coloniais, construiu, a ferro e fogo, seu sistema público de proteção social. Assim, passando pela CLT de 1943, com idas e vindas, a Constituição de 1988 elevou os direitos dos trabalhadores à condição de sociais fundamentais e os estendeu aos rurais e domésticos. Paradoxalmente, esse país que, em período recente, com suas políticas públicas integradoras, foi referência na luta pela redução das desigualdades na base da pirâmide social, ocupa hoje o ranking dos piores no enfrentamento da pandemia da Covid-19, da fome, do desalento, do extermínio, do mundo sem direitos. Matéria no *Valor Econômico,* "Aluguel de mão de obra puxa emprego formal nos serviços" (20 de out/20), evidencia assimetrias escancaradas e aprofundadas pela pandemia. A locação temporária de mão de obra, em agosto de 2020, respondeu por 40% das vagas formais criadas nos serviços (45,4 mil postos): 18,4 de mão de obra temporária locada, muito superior a agosto de 2019, segundo o CAGED-ME.

Pouco antes, em 16 de junho, o Supremo Tribunal Federal, STF, julgara ações diretas de inconstitucionalidade, ADIs ns. 5.685 e 5.695, questionando a constitucionalidade da Lei n. 13.429/2017, que ampliou a terceirização nos contratos temporários. Essa decisão reforça a tese de que o STF, com notórios votos vencidos, tem sido lócus da desconstrução dos direitos do trabalho, aliás, verdadeira antessala da "reforma" trabalhista de 2017. Essa lei teve origem em projeto do executivo de 1998, PL n. 4.302/98 que, com retirada requerida pelo Presidente Luiz Inácio Lula da Silva(3), foi aprovado pelo Senado com alterações, retornando à Câmara. Aguardando pauta, foi abruptamente desengavetado, justo quando o PLC n. 30/2015(4), da terceirização ampla, tramitava no Senado, com parecer negativo do relator (CDH), Senador Paulo Paim (PT/RS), prestes a ser publicado. Conquanto deputado Rodrigo Maia tenha, junto às Centrais Sindicais, firmado compromisso de prioridade na tramitação do Senado, o projeto de 1998 foi aprovado em 2017, sendo sancionada a Lei n. 13.429 enquanto tramitava a reforma trabalhista.

(3) Analista pleno do DIEESE. Mestre e doutoranda em desenvolvimento econômico pelo IE/Unicamp. Professora da Escola do DIEESE e da FESP/SP.

(4) Na Câmara, PL 4330/2004, aprovado em 2015.

O ideário liberal que soprou em 1990, reapareceu forte na crise instalada em 2015, aprofundada a partir de 2016. Depois do impeachment da primeira Presidenta, sem crime que o justificasse, seguiram-se reformas liberalizantes: a Emenda n. 95, congelando o teto do gasto público por vinte anos, as reformas da previdência e a trabalhista. Esta, Lei n. 13.467/2017, vigente desde novembro de 2017, alicerçada na lógica do encontro direto das vontades de empregados empregadores, ao invés de ampliar empregos, incorporar excluídos à tela de proteção social, integrar terceirizados e propiciar desenvolvimento econômico, como prometido, apresenta: maior desemprego e precarização, acirramento das desigualdades, fragmentação das organizações sindicais, resultados agravados por fracassado ajuste fiscal. Esse cenário recebeu a Covid-19.

Apesar de notas técnicas (CESIT, 2020) e textos[5] indicando caminhos para que o direito à vida dos cidadãos e da economia se concretizasse, as medidas de governo, na contramão dos demais países, reproduziram aquela lógica da prevalência dos contratos individuais de trabalho que, sem assegurar emprego e sem articular os processos do mercado, contribuíram para reduzir renda e ampliar inseguranças. Os dados assustam a cada mês. Segundo a PNAD–C (jun./jul./ago.), estão na força de trabalho 95,5 milhões de pessoas. Fora da força de trabalho são 79,1 milhões, enquanto 81,7 milhões estão ocupadas, 14 milhões (14,4%) desempregadas, seis milhões (5,8%) desalentadas e 33,3 milhões (30,6%) subutilizadas. Os informais são 31,0 milhões (38,0%). Crescem os "por conta própria", "empresários de si próprios", MEIs, PJs, trabalhadores em plataformas, explorados e sem direitos.

Berardi (2020:34-35), olhando para a globalização neoliberal precarizante das relações de trabalho, vai além: faz uma cartografia do desmantelamento da civilização moderna e dos impactos das tecnologias digitais na cognição, na psique social e nas múltiplas expressões da vida. Os algoritmos deslocam a construção do poder social do nível político da consciência e da vontade para o técnico do automatismo, condicionando percepções e subjetividades. A precarização descostura a solidariedade entre trabalhadores e o tempo trabalhado é *desencarnado* (idem: 191). Esse tempo despersonalizado, agora agente real do processo de valorização, não tem direitos nem demandas. No *loca-loca* das plataformas, a alardeada autonomia de trabalhadores submetidos ao comando de estruturas monopolistas é substituída pela intensificação das horas trabalhadas, da submissão e do controle (BELLUZZO, 2020: 35).

Nessa perspectiva, lembremos, com Polanyi, que os homens do século XIX e seu ambiente natural, com destinos dirigidos pelo mercado e despojados da proteção das instituições, foram triturados à ação de *moinhos satânicos*. Retomando a marcha civilizatória de que fala Freud e, diante da ação do capitalismo que, ao embalo das finanças e das plataformas digitais, dissolve as relações sociais, intensifica o trabalho e despersonaliza o tempo, sem direitos e demandas, pensemos no papel do Estado e numa regulação pública que a todos incorpore, ainda que se enfrente a *batalha de gigantes que nossas babás tentam apaziguar com sua cantiga de ninar sobre o Céu.*

---

(5) Ver em: <https://www.cesit.net.br/>

Referências

BELLUZZO, Luiz G. Informalidade formalizada. *Carta Capital,* 9 set. 2020.

BIAVASCHI, Magda B. *O direito do trabalho no Brasil – 1930-1942*. São Paulo: LTr, 2007.

BIAVASCHI, Magda B.; VAZQUEZ, Bárbara.V. *Notas sobre algumas Medidas Provisórias encaminhadas em tempos de pandemia:* regresso aos moinhos satânicos? Cesit/Unicamp, 2020.

BERARDI, Franco Bifo. *Fenomenologia Del Fin*. Buenos Aires: Caja Negra, 2020.

CESIT. *Emprego, trabalho e renda para garantir o direito à vida*. Nota técnica. Campinas, 2020.

FREUD, Sigmund. *O mal-estar na civilização*. Rio de Janeiro: Imago, 1997.

HOBBES, Thomas. São Paulo: Nova Cultural, 1988. (Os Pensadores, I e II).

KEYNES, J. M. *A teoria geral do emprego, do juro e da moeda*. São Paulo: Nova Cultural, 1985.

POLANYI, Karl. *A grande transformação*. Rio de Janeiro: Campus, 1980.

Pandemia e Relações de Trabalho: Reflexões Sobre Segurança Econômica

Por **Marcelo José Ferlin D'Ambroso**(1)

Os tempos de pandemia revelaram muitas situações que nos obrigam a refletir sobre alguns paradigmas na sociedade atual. Um deles afeta diretamente a questão da economia, ou seja, que economia queremos? Quando uma pessoa não pode trabalhar nem abrir seu negócio, quem a protege, quem lhe garante a subsistência?

Obviamente que a resposta não é a "mão invisível" do mercado. Nem serão os bancos e muito menos as grandes corporações multinacionais. Pelo contrário, a entidade que pode garantir a vida é o Estado.

No entanto, décadas de políticas neoliberais fomentadoras de um Estado mínimo, originadas desde um pensamento hegemônico neoliberal mundial, comprometeram severamente as estruturas de prestação de serviços públicos ao povo, enquanto que os recursos públicos eram dirigidos para garantir a exploração pelos bancos e em defesa do grande capital. Agora fica evidente a falência do sistema atual, que costuma reduzir todos os aspectos da vida à perspectiva econômica. Entretanto, questiona-se, economia para quem?

O Covid-19 não discrimina, mas parece feito sob medida para um sistema neoliberal: elimina as pessoas idosas (já improdutivas para o sistema), as detentoras de comorbidades (que custam mais ao Estado) e vulneráveis (minorias, pobres, migrantes, que sofrem discriminações estruturais ou que possuem dificuldades adicionais para acessar os serviços públicos de saúde).

A aplicação do modo de produção toyotista "*just in time*" também para os serviços públicos, que reduz os serviços estatais ofertados à população, nos quais somente se atendem necessidades extremas, que não são nem de longe suficientes para a demanda pandêmica, está produzindo milhares de mortes de maneira global. Por outro lado, a versão neoliberal de administração pública, a "*new public management*" — que preconiza um enfoque na redução dos custos do Estado, em especial os relacionados aos gastos de proteção social, para direcionar o Estado para o favorecimento dos meios de produção e procurando impor no serviço público as mesmas formas operativas de una empresa privada —, demonstra claramente que o caminho está equivocado.

Publicação original no *site* **Justificando**: <https://www.justificando.com/2021/03/25/pandemia-e-relacoes-de-trabalho-reflexoes-sobre-seguranca-economica/>. Data da publicação: Quinta-feira, 25 de março de 2021.

(1) Desembargador do Trabalho (Tribunal Regional do Trabalho da 4ª Região – Porto Alegre – RS/Brasil). Ex-Procurador do Trabalho (Ministério Público do Trabalho). Ex-Presidente Fundador e atual Presidente do IPEATRA (Instituto de Pesquisas e Estudos Avançados da Magistratura e do Ministério Público do Trabalho – Brasil). Vice-Presidente de Finanças da UIJ — União Iberoamericana de Juízes; Membro da AJD (Associação Juízes para a Democracia – Brasil).

O uso de uma ferramenta medieval, como a quarentena, não seria necessário se os Estados tivessem um sistema de saúde dimensionado para atender toda a população. E se a indústria farmacêutica fosse pública e não privada, os esforços poderiam ser rapidamente direcionados para a produção de vacinas e medicamentos (devidamente aprovados), e entregues ao povo gratuitamente, sem lucro. A situação atual, porém, é que o mundo tende a depender de algumas multinacionais que teriam capacidade de produzir a vacina e os medicamentos em grande escala, sem saber quanto podem lucrar com eles (lucrar com a desgraça alheia é permitido?). Questão semelhante acontece com os testes, porque, devido à falta de capacidade dos Estados, o setor privado pode fazê-los mediante um preço alto pago pela população — é a privatização da pandemia.

Uma das primeiras preocupações globais com a pandemia foi garantir o sistema financeiro — quando trilhões de moedas foram injetadas como garantia para bancos privados e, da mesma forma, vários bancos centrais de diferentes países se comprometeram a pagar títulos de bancos privados, compostos por dívidas que não são pagas por falências de empresas, por meio da compra de seus títulos "lixo".

Consequentemente, resta claro que o atual sistema visa a proteger os bancos e as grandes corporações — que sob nenhum ponto de vista admitem a possibilidade de danos, exigindo medidas imediatas dos governos e parlamentos em seu benefício, enquanto são os únicos não afetados pela pandemia e ainda aumentando seus lucros. No exemplo do Brasil, o Banco Central, entre outras medidas, dobrou o fundo garantidor de crédito, injetando mais de um trilhão de reais no sistema financeiro(2), valor superior ao alegado como economia necessária na precarizante reforma previdenciária de 2019. Infelizmente, essa ação não ampliou a oferta de crédito à população, ao contrário, os bancos privados restringiram ainda mais a concessão de créditos e aumentaram as taxas de juros.(3)

Ora, é evidente que, em um sistema capitalista, as pessoas que não possuem propriedades e as que possuem pequenas ou médias propriedades, em tempos de crise, precisam de ajuda estatal, ou seja, segurança econômica.

Segurança econômica é um conceito incorporado na Declaração de Filadélfia, da Organização Internacional do Trabalho, no final da Segunda Guerra Mundial, em 1944, na qual reafirma o fundamento da Constituição da entidade no sentido de que a paz duradoura só pode ser estabelecida com base na justiça social vinculada à segurança econômica das pessoas. A segurança econômica, portanto, é um instrumento de equidade econômica para dotar as pessoas de liberdade e dignidade, manifestando-se no seu poder aquisitivo. Em 2004, a OIT, observando em uma de suas análises que os sistemas convencionais de seguridade social eram inadequados para responder a novas formas de risco sistêmico, bem como a incerteza

(2) Conforme notícia do jornal *Infomoney*, intitulada *"Com crise, Banco Central já anunciou R$ 1,2 trilhão em recursos para bancos"*. Disponível em: <https://www.infomoney.com.br/economia/com-crise-banco-central-ja-anunciou-r-12-trilhao-em-recursos-para-bancos/>.

(3) E isso a pesar de que o Banco Central do Brasil tinha baixado a taxa referencial de juros ao menor nível histórico. Os dados foram extraídos da noticia do sítio *UOL*, intitulada *"Bancos prometem ajuda, mas dobram juros e seguram dinheiro, dizem empresas"*, do dia 26.03.2020. Disponível em: <https://economia.uol.com.br/noticias/redacao/2020/03/26/coronavirus-juros-alta-prazo-corte-linha-credito-antecipacao-recebivel.htm.>

que caracterizava o sistema econômico mundial emergente, levantou a necessidade de medir a segurança financeira em seus relatórios. A entidade indica que esta avaliação serve para que os Estados possam tomar as medidas pertinentes para a promoção do bem-estar pessoal, felicidade e tolerância, além de ser benéfica para vislumbrar o caminho para o crescimento e estabilidade social. Ao contrário, sua antítese, a insegurança econômica causa ansiedade e raiva no mundo, além da intolerância, do estresse, da inquietação social, da violência social(4), e, também, pode-se acrescer, fascismo, gerado pelo ressentimento e a frustração das pessoas não ter um trabalho escolhido, a angústia, o medo do desemprego, fome e miséria, o descrédito da política — todas condições que permitem o crescimento de ideologias fascistas nas sociedades.

De forma bastante tímida, já existem iniciativas em diversos países de assegurar uma distribuição universal de renda mínima ao povo, sendo exemplos Itália, Espanha(5) e os países nórdicos (Noruega, Dinamarca, Suécia, Finlândia e Islândia). É, também, uma maneira de tornar efetiva a segurança econômica, mas o conceito, tal qual previsto pela OIT, pressupõe uma renda capaz de proporcionar liberdade e dignidade, a tal ponto que seja possível à pessoa eleger trabalho. Portanto, não pode ser mínima ou básica. A renda universal deve ser acima de tudo digna, levando em consideração as expectativas das pessoas de acesso ao direito à moradia, saúde, educação, alimentação, cultura e lazer.

Uma vez instalada a crise, pandêmica ou não, a primeira coisa que se deve fazer é garantir renda às pessoas, ou seja, garantir que a adoção de recursos extremos como a quarentena e o isolamento social, que obrigam as pessoas a não sair de suas casas, não vai comprometer sua subsistência. Em segundo lugar, garantir empregabilidade e renda, manter postos de trabalho, proibir demissões e redução de salários. Depois, garantir a sobrevivência das pequenas e médias empresas. Se o rendimento não é garantido às pessoas (e quando se fala em rendimento entende-se auxílio estatal e não concessão de crédito, que não é a mesma coisa), sendo essas pessoas trabalhadoras ou proprietárias de pequenas e médias empresas, dificilmente seria sustentável, a longo prazo, uma quarentena sem revoltas ou consequências sociais brutais, relacionadas com a falência generalizada de empresas, desemprego e aumento da desigualdade social. Outra medida imprescindível seria a imposição de alíquotas progressivas de tributação ao grande capital, isto é, partindo de um mínimo de 50% até 99%, a partir de um certo grau de concentração de renda e lucro, para sustentar uma previdência social adequada, cujos mecanismos de renda encaminhem a todas e todos a obter uma vida digna em qualquer circunstância.

Contudo, as medidas do governo brasileiro incluíram um pacote para redução da jornada de trabalho e salários e ajuda temporária de R$ 600,00 (equivalente a menos de

---

(4) Fonte: OIT – artigo "La seguridad económica mundial en crisis Un nuevo informe de la OIT descubre un 'mundo lleno de ansiedad e ira'" (2004).

(5) No Brasil, a Lei n. 10.835, de 08 de janeiro de 2004, instituiu a "*renda básica de cidadania*", ainda que sem especificar valores, dispondo que o benefício deverá corresponder a uma quantia suficiente para atender às despesas mínimas de cada pessoa com alimentação, educação e saúde — a lei, não obstante, ainda não tem efetividade. (Fonte: Lei n. 10.835/04. Disponível em: <http://www.planalto.gov.br/ccivil_03/_ato2004-2006/2004/lei/l10.835.htm>).

150 dólares). A primeira medida simplesmente transfere o ônus da pandemia para a classe trabalhadora, enquanto a segunda estabelece uma quantia insignificante e absolutamente insuficiente para enfrentar a fome e o desemprego, razão pela qual seu catastrófico resultado não é nada surpreendente. Enquanto isso, o grande capital no Brasil continua sem pagar taxas e operando o parasitismo financeiro, aumentando seu lucro em meio à pandemia. O endividamento das famílias sobe, obviamente, produzindo uma população escrava dos bancos.

Por fim, é tempo de parar, refletir e repensar o mundo. Não se vislumbra um mundo em que a doença de alguém possa significar o lucro de outrem (como empresas farmacêuticas multinacionais, bancos, corporações gigantes de tecnologia de informação, etc.), e não é mais possível conviver com a miséria e com o evento morte que atinge as pessoas mais vulneráveis, enquanto grandes concentrações de capital continuam seguras e aproveitando-se das crises, aumentando seus lucros.

A centralidade do trabalho nas pessoas foi objeto da Declaração do Centenário da OIT do ano 2019 e é importante para, junto com a segurança econômica, terminar com as políticas neoliberais, colocar um freio ao mecanismo de concentração de renda que atualmente precariza o trabalho com a promoção de verdadeiras necropolíticas. Se continuam as políticas neoliberais, não há mudanças no sistema, e nos encaminhamos diretamente para um retorno à escravidão, resumida na frase de que "tem de escolher entre ter direitos ou ter emprego", discurso muito conhecido no Brasil.[6]

É necessário estabelecer um novo modelo de Estado de Bem-Estar Social fortalecido e aprimorado, com novas formas de não só reduzir, mas também evitar e banir as desigualdades sociais. É, também, tempo de mudar a visão da economia: com todos os problemas ambientais gerados pelo consumo desmedido de uma sociedade hedonista, movida pela propaganda e pela indústria cultural, o pensamento deve ser de inverter a ordem atual — as pessoas não devem estar a serviço da economia, é a economia que deve estar a serviço das pessoas.

Finalmente, o Estado não deve buscar o lucro nem proveito, sua razão de ser deveria focar-se no bem-estar da população em seu conjunto, sem discriminação, com vistas a uma sociedade justa e igualitária. Sua lógica de existência teria de ser totalmente distinta de sistemas privados ou individualistas, pois sua criação parte da coletividade para operar no público, em favor de todas as pessoas. Com o perdão de dizer o óbvio, mas muitas vezes o óbvio precisa ser dito e reafirmado.

(6) Como se pode conferir na notícia intitulada "'*Ou todos os direitos e desemprego ou menos direitos e emprego', diz Bolsonaro*", publicada no jornal *Estadão*, no dia 09 nov. 2018. Disponível em: <https://economia.estadao.com.br/noticias/geral,recebi-projetos-sobre-previdencia-e-pouco-sera-aproveitado-diz-bolsonaro,70002599184>.

A Liberdade dos Pássaros Para o Deleite os Caçadores

Por **Hugo Cavalcanti Melo Filho**[(1)]

As contradições estruturais do capitalismo manifestam-se em um movimento dialético dos contrários, o antagonismo que se encontra nas relações de classe, na luta por interesses diferentes no processo produtivo. Em qualquer sociedade baseada na exploração, os que se beneficiam da ordem estabelecida trabalharão para sustentá-la, enquanto as vítimas dessa mesma ordem lutarão para transformá-la. A contradição econômica leva ao confronto social.

Com o retorno da hegemonia neoliberal ao Brasil, o capital vem se movimentando no sentido da reformulação progressiva das condições nas quais se relacionam as forças produtivas, no intuito de aprofundar a acumulação capitalista, imprimindo forte pressão para a flexibilização da regulamentação trabalhista, até o ponto da desconsideração da desigualdade entre os sujeitos da relação de emprego e da restauração da plena autonomia da vontade entre eles.

Durante o governo Fernando Henrique Cardoso, o Brasil já atravessara um período de intensa desregulamentação, com resultados expressivos e conhecidos. Entretanto, o propósito central de impor a prevalência das normas autônomas coletivas sobre as leis trabalhistas não foi efetivado.

A este fim, chegou a ser enviada Proposta de Emenda Constitucional ao Congresso Nacional, em 1998. À míngua de espaço político para a alteração da Constituição, o governo resolveu trilhar caminho mais fácil: a alteração do art. 618 da CLT, com efeito praticamente idêntico. Para isso, em 2001, encaminhou à Câmara dos Deputados Projeto de Lei dispondo sobre a possibilidade de negociação coletiva para estabelecimento de normas menos favoráveis do que as disposições legais, o qual terminou aprovado naquela Casa. Às vésperas da votação final no Senado, a nova correlação de forças políticas produzida pela eleição de Lula, impediu a continuidade da tramitação e, com a posse dele, em janeiro de 2003, foi solicitada a devolução do projeto de lei ao Executivo.

Passados quinze anos, a antiga pretensão empresarial foi desarquivada pelo governo ilegítimo de Michel Temer e se materializou com a edição da Lei n. 13.467/2017. Entre outras tantas alterações inconstitucionais, inconvencionais ou ofensivas aos princípios do Direito do Trabalho, consagrou-se, no art. 611-A da CLT, a possibilidade da negociação coletiva *in pejus*.

Publicação original no *site* **Justificando**: <https://www.justificando.com/2021/04/01/a-liberdade-dos-passaros-para-o-deleite-dos-cacadores/>. Data da publicação: Quinta-feira, 1º de abril de 2021.

(1) Juiz do Trabalho no Recife. Doutor em Ciência Política. Professor de Direito do Trabalho da UFPE. Membro da Associação Brasileira de Juristas pela Democracia.

Aproveitando-se do ambiente favorável, o legislador de 2017 foi além. O novo parágrafo único do art. 444 da CLT passou a admitir a livre estipulação das condições do contrato de trabalho entre o empregador e o empregado portador de diploma de nível superior e que perceba salário mensal igual ou superior a duas vezes o limite máximo dos benefícios do Regime Geral de Previdência Social, com preponderância sobre a lei e os instrumentos coletivos, quanto aos temas elencados no art. 611-A da Consolidação. Cria-se a figura do "empregado hipersuficiente", ao qual a ordem jurídica deixa de atribuir proteção e cujos direitos trabalhistas são marcados pela disponibilidade. Tanto assim que o art. 507-A da CLT passa a autorizar a arbitragem em litígios individuais de trabalho envolvendo tais empregados.

Resta claro o intuito do legislador de desconsiderar o desequilíbrio que marca a relação entre os sujeitos do contrato de trabalho, para equiparar o empregado ao empregador na negociação individual e, depois, excluí-la da apreciação da Justiça do Trabalho.

Já em 2020, na esteira da Lei n. 13.979/20, que estabeleceu medidas em face da crise sanitária de alcance mundial, e do Decreto Legislativo n. 6/20, que decretou estado de calamidade pública, Bolsonaro editou as Medidas Provisórias ns. 927/20 e 936/20. A primeira dispôs sobre as medidas trabalhistas que poderiam ser adotadas pelos empregadores para preservação do emprego e da renda durante o estado de calamidade pública e prescreveu, no art. 2º, a possibilidade de celebração de acordo individual escrito entre empregado e empregador, preponderante sobre os demais instrumentos normativos, legais e negociais.

Por seu turno, a Medida Provisória n. 936/20 instituiu o Programa Emergencial de Manutenção do Emprego e da Renda e dispôs sobre medidas trabalhistas complementares para enfrentamento do estado de calamidade pública, autorizando a suspensão do contrato de trabalho e a redução proporcional de jornada e salário, por negociação individual, nos termos dos artigos 7º, 8º e 12.

A disposição do art. 2º da Medida Provisória n. 927 institui uma espécie de prevalência do negociado individualmente sobre o legislado e o negociado coletivamente. Trata-se de norma absolutamente incompatível com os princípios que presidem o Direito do Trabalho, pois equipara os sujeitos da relação empregatícia nos momentos de formação e de alteração do contrato de trabalho, durante o período da calamidade pública.

É de ver que mesmo o art. 611-B da Constituição, acrescentado pela Lei n. 13.467/17, não admite que seja objeto de convenção coletiva ou de acordo coletivo de trabalho a supressão ou a redução de direitos como salário mínimo; valor nominal do décimo terceiro salário; remuneração do trabalho noturno superior à do diurno; proteção do salário na forma da lei, constituindo crime sua retenção dolosa; remuneração do serviço extraordinário superior, no mínimo, em cinquenta por cento à do normal. Com muito mais razão, tais aspectos jamais poderiam ser objeto de acordo individual.

Por outro lado, os dispositivos da Medida Provisória n. 936 que admitiam a redução de salário e de jornada por negociação individual desconsideraram, completamente, os termos do art. 7º, incisos VI e XIII, da Constituição, segundo os quais a compensação de jornada e a redução salarial demandam negociação coletiva, de modo que acordo individual não teria o condão de alterar tais aspectos do contrato de trabalho.

Partidos políticos e entidades sindicais propuseram ações diretas de inconstitucionalidade em face dos dispositivos acima apontados e de outros, de ambas as medidas provisórias. Mas o Supremo Tribunal Federal manteve a eficácia tanto do art. 2º da MP n. 927, que tratava da prevalência do acordo individual sobre a lei, acordos coletivos e convenções coletivas, quanto das disposições da MP n. 936 que autorizavam a redução da jornada de trabalho e do salário ou a suspensão temporária do contrato de trabalho por meio de acordos individuais.

Nos dois julgamentos, chamou a atenção o fato de os votos vencedores haverem se fundado nos argumentos da excepcionalidade do momento vivido pelo país e da necessidade de garantir uma renda mínima ao trabalhador e preservar o vínculo de emprego.

A MP n. 927 teve seu prazo de vigência encerrado no dia 19 de julho de 2020 e a MP n. 936 foi convertida na Lei n. 14.020/20. Para que se tenha ideia do alcance desta última, cerca de 20 milhões de trabalhadores tiveram os seus contratos suspensos ou salários reduzidos, até 31.12.20, termo final do estado de calamidade pública.

Não precisava ser adivinho para prever como a possibilidade de alteração do contrato de trabalho por negociação individual, chancelada pelo Supremo Tribunal Federal, teria potencial de causar sensíveis prejuízos aos trabalhadores, com o afastamento dos sindicatos, porque contraria a lógica do Direito do Trabalho, que parte da premissa da desigualdade estrutural entre os dois polos da relação laboral.

Na semana passada, três meses após o término da vigência da Lei n. 14.020/20, no Recife, um franqueado de uma rede de academias que se declara a maior da América Latina impôs aos seus empregados um "acordo para suspensão do contrato de trabalho", também denominado "aditivo ao contrato de trabalho". Reza a cláusula primeira do "acordo":

> A partir de 18.3.2021, e pelo período de suspensão das atividades e funcionamento das academias no Estado de Pernambuco, o EMPREGADO terá seu contrato de trabalho suspenso com a EMPREGADORA, **sem percepção de salários**.
>
> O contrato de trabalho ficará com seus efeitos suspensos em relação aos direitos e obrigações das PARTES, durante o período de suspensão contratual, retomando-se a contagem quando do retorno ao trabalho, inclusive para efeitos de férias e 13º salário.

O Governador de Pernambuco decretara quarentena, no período de 18 a 28 de março, com fechamento do comércio e funcionamento apenas de serviços essenciais. O "acordo" imposto pela academia de ginástica, "na melhor forma de direito", está fundado no Decreto Legislativo n. 6/20, que já não vige. Suspende o contrato, sem assegurar qualquer renda para o trabalhador, como pretendeu o governo Bolsonaro um ano atrás (art. 18 da MP n. 927, revogado pela MP n. 928).

Não se sabe se a providência foi adotada por outros franqueados da tal rede de academias. Também não é possível antever se a matéria será submetida à Justiça do Trabalho, eis que tal possibilidade não se abre ao trabalhador empregado, sob pena de perda do emprego. E, ainda que seja apreciada em juízo trabalhista, nada garante que venha a ser repelida a manobra empresarial. Afinal, alguém poderá argumentar: a pandemia não foi debelada, o acordo não fere princípios constitucionais, não havia conflito entre as partes e sim convergência sobre a necessidade de manutenção da atividade empresarial e do emprego. Argumento que, não surpreenderia, poderá vir a ser invocado — e, quiçá, chancelado judicialmente — em qualquer futura dificuldade empresarial.

O fato é que a pedra de toque das alterações promovidas desde 2017 tem sido a desconsideração da desigualdade entre os sujeitos da relação de emprego, a assunção de uma suposta equivalência, a permitir a negociação individual, sem observância de parâmetros legais ou de normas coletivas de trabalho, de reverso, prevalecente sobre ambos. Aí está o propósito maior do capital, cuja efetivação persegue há mais de vinte anos: a restauração da plena autonomia da vontade na relação de emprego, vigente nos primórdios do capitalismo industrial, e o consequente fim do Direito do Trabalho.

A Pandemia, o Trabalho e a Política da Morte

Por **Francisco Luciano de Azevedo Frota**[(1)]

A pandemia que está assolando o país, agravada sobretudo pela incúria de um governo que nega a ciência e que conspira contra medidas de prevenção, escancara para os olhos nus e enviesados da sociedade a face mais impiedosa do capitalismo.

Não é verdadeiro afirmar que o vírus é democrático. Essa é mais uma das falácias ditadas pelos "deuses invisíveis" que dominam o mundo, para encobrir a carnificina a que o darwinismo capitalista submete aqueles que são tidos como excedentes pelo sistema.

O que dizer das pessoas que não têm acesso a bens coletivos vitais como a moradia, a alimentação, o saneamento básico, a assistência à saúde e o trabalho? E daqueles trabalhadores precarizados que não podem cumprir regras de isolamento, pois precisam "fazer o seu corre" para o comer do dia? Como bem pontua Ricardo Antunes[(2)], a classe trabalhadora vive sob intenso fogo cruzado, entre a fome e o vírus, mostrando que a letalidade pandêmica tem classe social, com todos os ingredientes intercruzados de cor e de gênero.

Vivemos no Brasil os efeitos de uma economia que já adentrou à crise sanitária estagnada, com crescimento em 2019 de apenas 1,1%, e com o seu sistema de proteção ao emprego esfacelado pela reforma trabalhista de 2017[(3)]. Atualmente, mais de 40% da classe trabalhadora brasileira sobrevive na informalidade[(4)], com quase seis milhões procurando escapar do desamparo absoluto submetendo-se às condições sub-humanas do trabalho por aplicativos e plataformas digitais.

Esses são os espaços de ocupações oferecidos pelo "éden" da desproteção trabalhista, cada vez mais situados no lócus da precariedade, obrigando aos que precisam do trabalho a viver da incerteza do hoje e da imprevisão do amanhã. E diante de uma pandemia letal, é esse trabalhador brasileiro sem nome, desguarnecido das travas de segurança, que morre nas filas dos hospitais porque não tem sequer o direito de se cuidar. É também ele que, premido pela necessidade, se vê compelido a engrossar o coro contra as medidas de isolamento social, insuflado pela ameaça cínica dos patrões de jogá-lo à miséria do desemprego. Mas quando a sua voz é calada pela fatalidade do vírus, não há sequer um grito de lamento, porque assim é a tragédia do capitalismo.

Publicação original no *site* **Justificando**: <https://www.justificando.com/2021/04/29/a-pandemia-o-trabalho-e-a-politica-da-morte/>. Data da publicação: Quinta-feira, 29 de abril de 2021.

(1) Juiz do trabalho – TRT – 10ª Região. Membro da Associação Juízes para Democracia.

(2) ANTUNES, Ricardo. *Coronavírus, sob fogo cruzado*. 1. ed. São Paulo: Boitempo, 2020.

(3) Dados divulgados pelo IBGE aponta o crescimento do PIB em 2019 de 1,1%.

(4) Dados oficiais do IBGE extraídos da sua página oficial na rede mundial de computadores.

O Estudo do DIEESE publicado no seu boletim "Emprego em Pauta" de outubro de 2020(5), baseado nas informações da PNAD Contínua do IBGE, mostra que a pandemia está atingindo, sobretudo, os trabalhadores mais precarizados e de menor renda. Cerca de 13% dos trabalhadores ocupados no primeiro trimestre de 2020 perderam o seu posto de trabalho no trimestre subsequente, sendo os mais atingidos: os que percebem até um salário-mínimo mensal; os trabalhadores domésticos e do setor privado sem carteira de trabalho assinada; os menos escolarizados; os negros; e as mulheres.

O filósofo marxista István Mészaros, analisando a obsessão expansionista do capital e a sua fúria destrutiva, que a tudo submete, inclusive a vida humana, sintetiza bem a crueldade do *modus operandi* desse sistema de produção: *"Seres humanos são, ao mesmo tempo, absolutamente necessários e totalmente supérfluos para o capital. Se não fosse pelo fato de que o capital necessita do trabalho vivo para sua autorreprodução ampliada, o pesadelo do holocausto da bomba de nêutrons certamente se tornaria realidade. [...]"*. (2011, 18.2.3, cap. 18.2 Das crises cíclicas à crise estrutural)(6)

Para o capital, tudo é mercadoria, e a roda do mundo apenas gira em torno dos imperativos da sua autorreprodução. É assim com o meio ambiente, com a força de trabalho e com a própria vida humana, todos sujeitos ao descarte e à destruição.

A pandemia está desnudando a perversidade desse sistema, e mostrando que, por trás dos discursos de defesa da economia, destila-se, na verdade, o desvalor pela vida de quem efetivamente produz valor. Assim como ocorreu na ufanada Guerra do Paraguai, em que escravos foram jogados nos campos de batalha para que o país cantasse as suas glórias, os trabalhadores estão sendo acuados para ocupar a linha divisória da morte e defender os lucros do capital, numa prova candente dessa lógica do descarte inerente à ideologia capitalista.

Não é à toa que a Covid-19 se tornou a principal causa de afastamento de trabalhadores em 2021, com mais de 13 mil em situação de incapacidade temporária causada pelo vírus apenas no primeiro trimestre do ano, segundo dados da Secretaria de Previdência e Trabalho do Ministério da Economia.(7)

Mas nada disso surpreende. É apenas mais um capítulo na extensa produção da morte patrocinada pelo capitalismo para eliminação dos indesejáveis ao sistema, como ocorre no extermínio das pessoas negras e pobres da periferia das grandes cidades, no genocídio dos povos originários, na destruição ambiental, no encarceramento em massa, bem como na superexploração da força de trabalho, que indigna, miserabiliza, exclui e mata.

Gabriel Miranda, cientista social e pesquisador, com mestrado e doutorado na área de Psicologia, em seu livro intitulado *Necrocapitalismo: ensaio sobre como nos matam*(8), descreveu com proficiência o que representa a vida humana no modo de produção capitalista:

---

(5) Disponível em: <https://www.dieese.org.br/boletimempregoempauta/2020/boletimEmpregoEmPauta16.html>

(6) MÉSZAROS, István. *Para além do capital:* rumo a uma teoria de transição. São Paulo: Boitempo, 2011.

(7) Segundo matéria publicada pelo *site* da *CNN Brasil* em 18 abr. 2021. Disponível em: <https://www.cnnbrasil.com.br/saude/2021/04/18/covid-se-torna-principal-causa-de-afastamento-do-trabalho>.

(8) MIRANDA, Gabriel. *Necrocapitalismo:* ensaio sobre como nos matam. 1. ed São Paulo: Lavrapalavra, 2021.

"o corpo é moldado para servir ao capitalismo e, depois, quando se encontra sem utilidade, é descartado. Trata-se de um corpo-objeto, um corpo-mercadoria, e não um corpo-vivente. Não há espaço, no capitalismo, para que a vida dos trabalhadores e das trabalhadoras adquira uma posição de centralidade, pois tal sociabilidade [do capitalismo] *produz o apagamento do ser, reduzindo-o a mera força de trabalho a ser explorada."* (2021, p. 83)

Essa é a lógica subjacente do discurso oficial que desfila pelas redes da negação e da desinformação, produzindo violência; a mesma que minimiza os efeitos da pandemia para defender o capital em detrimento da vida, e que propaga, insanamente, impropérios descivilizatórios como "bandido bom é bandido morto" e "cidadão livre é cidadão armado".

Portanto, estamos diante da morte como política, ou da necropolítica, como tratada pelo cientista político camaronês Achille Mbembe(9), e que Gabriel Miranda(10) denomina de necrocapitalismo, por considerar o termo mais adequado para definir "*o caráter sistêmico de produção da morte no capitalismo*" (2021, p. 26).

No mundo do capital não há espaço para os valores humanos intrínsecos. A vida humana só importa enquanto servir aos propósitos de acumulação de riquezas, e a pandemia apenas escancara essa realidade.

Como escreveu Jamil Chade(11), *"mais de dois bilhões de seres humanos vivem no que o Programa das Nações Unidas para o desenvolvimento (PNUD) chama de 'miséria absoluta', sem renda fixa, sem trabalho regular, sem moradia adequada, sem cuidado médico, sem alimento suficiente, sem acesso à água potável, sem escola"*. A fome é a maior causa de morte no planeta e a cada cinco segundos uma criança com menos de dez anos morre em razão da inanição.(12)

Precisamos urgentemente de um novo mundo, que nos faça humanos, iguais, livres e felizes, em que possamos conviver harmonicamente com a natureza e dela extrair os seus melhores frutos, tendo, assim, uma vida dotada de sentido. Claro que isso é possível, mas não virá sem luta.

---

(9) MBEMBE, Achille. *Necropolítica:* biopoder, soberania, estado de exceção, política de morte. São Paulo: N-1 Edições, 2018

(10) MIRANDA, 2021, p. 26

(11) CHADE, Jamil. *O mundo não é plano:* a tragédia silenciosa de 1 bilhão de famintos. São Paulo: Saraiva/Virgília, 2009. p. 14.

(12) CHADE, 2009, p. 12. Informação trazida com base em relatório da FAO.

Capitalismo, Tecnologia e Trabalho: Do Deslumbramento à Barbárie

Por **Zéu Palmeira Sobrinho**(1)

O presente artigo cuida da relação entre o capitalismo e a tecnologia e tem por objetivo provocar um autoesclarecimento sobre o atual estágio de exploração da força de trabalho. Algumas questões chaves são postas como inspiração, a saber: estamos na sociedade pós-industrial? As inovações tecnológicas tem hegemonicamente contribuído para chegarmos a um salto civilizacional? Qual o impacto das inovações tecnológicas sobre a vida e a saúde das pessoas e dos trabalhadores?

As questões ora colocadas surgem num contexto em que se disseminam as teses da suposta hegemonia do trabalho imaterial e do conhecimento como elementos fundantes da produção capitalista, a exemplo do que pregam autores como Gorz, Offe, Meda, Negri e outros. Tais percepções partem da presunção de evaporação da relação dialética entre o trabalho concreto, que faz surgir um bem com valor de uso, e o trabalho abstrato, que possibilita a criação de um bem com valor de troca.

Para se enfrentar as questões propostas, parte-se aqui de duas premissas. A primeira é a de que o modo de produção vigente, em razão do seu caráter parasitário, não sobrevive sem se apropriar da relação de assalariamento, haja vista que o trabalho concreto continua a ser a condição ineliminável da existência humana no planeta. A segunda premissa é a de que o capitalismo vem tentando ocultar a importância da produção material por meio da promessa de desenvolvimento consubstanciada no encantamento da propaganda sobre o trabalho imaterial e a Revolução 4.0.

A tese do trabalho imaterial, ao tentar ocultar a explosiva realidade global da extração do trabalho vivo, atua como um biombo ou tapume apodrecido, repleto de buracos. O que se tenta mascarar é a recorrente capacidade de o modo de produção vigente articular, contraditoriamente, as formas de exploração que envolvem o moderno e o atrasado, ou seja, que conjugam ora a apropriação do trabalho abstrato e ora o resgate de padrões produtivos inerentes ao regime escravagista. Invisibilizar essa complexidade e voracidade do capital sobre o processo concreto de produção tem sido uma preocupação dos Estados, das megacorporações capitalistas e das instituições burguesas controladas pelo mercado.

China, Taiwan, Índia, Coreia e outros são exemplos de países que nunca exploraram tanto o trabalho vivo e que servem para desmascarar a narrativa contraditória da hegemonia

---

Publicação original no *site* **Justificando**: <https://www.justificando.com/2021/06/04/capitalismo-tecnologia-e-trabalho-do-deslumbramento-a-barbarie/>. Data da publicação: Sexta-feira, 4 de junho de 2021.

(1) Juiz do Trabalho. Professor da UFRN. Membro da AJD (Associação Juízes para a Democracia).

do trabalho imaterial no contexto de uma vida econômica que nunca se desmaterializou. Outro exemplo que revela o vigor da exploração do trabalho concreto vem dos levantamentos da ONG *Walk Free Foundation*. Segundo as estimativas desta, em pleno século XXI há mais de 40 milhões de pessoas em situação de trabalho escravo. Esse quantitativo é maior do que toda a gente escravizada que foi retirada da África entre os séculos XV a XIX. O trabalho escravo rende por ano, segundo a OIT, 150 bilhões de dólares, ou seja, o dobro do que rende o tráfico de drogas. Nunca o conteúdo material da riqueza social foi tão repleto de novos bens materiais; nunca a natureza foi tão devastada; e nunca o adoecimento dos trabalhadores foi tão preocupante. O atual modelo de exploração da força de trabalho tem uma repercussão direta sobre a saúde dos trabalhadores. Este autor, em obra publicada em 2012, já havia alertado que a relação de exploração capitalista vem causando danos aos trabalhadores, tais como o explosivo aumento da depressão, da síndrome de burnout, do câncer ocupacional, das mutilações, etc. Enquanto a saúde e a vida são precificadas pelo capital, a predatória produção de mercadorias possibilita que, em cada recanto do mundo, tenha uma loja de produtos chineses ou uma tenda de um desses players da indústria mundial emergente, repleta de produtos cosméticos, brinquedos, eletrônicos, ferragens, bricolagem, roupas, quinquilharia, etc.

Karl Marx (1994) alertou que o capitalismo, além de modificar constantemente as relações produtivas, visa, de modo contraditório, eliminar "toda tranquilidade, solidez e segurança da vida do trabalhador, mantendo-o sob ameaça constante de perder os meios de subsistência." Ante as capacidades destrutivas desse moinho satânico, que transforma uma relação entre pessoas numa relação entre coisas, justifica-se à partida uma atitude de suspeição diante do deslumbre da narrativa da chamada "era do conhecimento", a qual teria dado surgimento a Revolução 4.0.

As pessoas tendem a ficar maravilhadas com as excentricidades da tecnologia. É como se esta introduzisse um feitiço nas consciências. Parte do deslumbre não é só em relação ao que existe de inovação tecnológica, mas também no tocante a crença edulcorada de que poderá haver no futuro um capitalismo humanizado. Esta é uma contradição em termo, pois o fim supremo do modo de produção é a obtenção de lucro e não a construção de uma sociedade fraterna.

A propósito da polêmica sobre o capitalismo humanizado, Stefano Quintarelli (2019), escreveu um livro chamado "Instruções para um Futuro Imaterial", em que ele defende que é possível humanizar as máquinas se introduzirmos valores humanos nos algoritmos em serviços digitais. A obra citada é uma demonstração de que parte da humanidade vem sendo alimentada por leituras de deslumbramento e de esperanças no capitalismo, sob um invólucro de "slogans persuasivos", tais como: tempo do trabalho imaterial; era do capitalismo verde; milênio do desenvolvimento sustentável, etc. No contexto desse feixe de palavras sedutoras está subjacente um conjunto de interpretações idealistas que, além da opacificação do que se sucede no plano concreto, contribuem para que a humanidade não desperte e não reaja urgentemente diante do potencial de destruição do planeta que representa a direcionalidade das inovações tecnológicas manipuladas pelo mercado.

Um pesquisador do MIT (Massachusetts Institute of Technology), Max Tergmark (2020), demonstra que a destruição da vida pode ser acelerada com a tecnologia 4.0, que celebra tão efusivamente a supremacia dos algoritmos. O autor defende que será preciso desacelerar essa tecnologia descontrolada. Tergmark diz que cada vez que um algoritmo provoca desemprego, aquele valor do salário, que antes era pago ao empregado, passa a engordar as contas do dono do capital.

A tecnologia, sob o capitalismo, está — em considerável parcela — a serviço da estupidez, da barbárie e do controle pelo mercado para manipular as populações, discriminar pessoas e comunidades, desregulamentar a exploração do trabalho, implodir as democracias e alavancar as chamadas megacorporações globais.

No documentário Coded Bias, a pesquisadora negra Joe Buolamwini denunciou que Amazon, no seu processo de seleção de pessoal, contava com um robô programado para o reconhecimento facial e para excluir as mulheres. Em consequência, a empresa foi obrigada a não fazer uso do robô e a retirar do formulário, de habilitação a vaga de emprego, o campo referente a identificação do sexo. Após a citada medida, as mulheres passaram a ser admitidas na empresa em proporções superiores aos homens.

Evgeny Mozorov, autor do livro *Big tech: a ascensão dos dados e a morte da política,* diz que a *Amazon*, a *Uber* e o *Airbnb* não existiriam sem as décadas de predições e propagandas das ideias dominantes do mercado, a circularem na internet, para o afrouxamento das legislações trabalhistas ao redor do mundo.

A despeito dos relevantes alertas de Mozarov e de Buolamwini, a tecnologia sob o capitalismo não apenas trata da espoliação dos direitos sociais, mas se volta para a destruição total do homem e da natureza.

Segundo a matemática Cathy O'Neil, autora do best-seller "Algoritmos de destruição em massa", resta a humanidade a alternativa de impor uma regulamentação sobre o capitalismo e exercer um controle social e democrático sobre os algoritmos, a começar pelo monitoramento, regulação e responsabilização dos sujeitos e empresas envolvidos na programação e utilização dos mesmos.

Divergindo de Cathy O'Neil, que ainda acredita em saídas para preservar o modo de produção vigente, conclui-se que a realidade está a reivindicar a união dos trabalhadores e da humanidade para assumirem, conscientemente e com urgência, a perspectiva revolucionária, a qual deve ser sempre uma alternativa de esperança na construção de um outro mundo possível. Enfim, a única chance de se salvar o planeta, ante a voracidade destrutiva do capitalismo, consiste na intensificação da luta pela superação do modo de produção vigente.

Capital Improdutivo, Capitalismo do 1% e Função Social da Propriedade

Por **Marcelo José Ferlin D'Ambroso**(1)

Na era do rentismo, produzir não faz mais sentido quando o simples giro do dinheiro é mais lucrativo e menos arriscado.

A etapa do capitalismo monopolista ou financeiro em que nos encontramos, das grandes corporações (empresas multinacionais, bancos e grandes seguradoras), faz com que um governo corporativo domine o mundo: segundo notícia publicada no jornal *El País,* de 07.11.2017, com o bem lançado título "Quando as empresas são mais poderosas que os países", 147 corporações (das quais quase todas são bancos, portanto, entidades improdutivas) detêm o controle de 40% da economia planetária. Ainda, segundo o mesmo jornal, em reportagem intitulada "Seis brasileiros concentram a mesma riqueza que a metade da população mais pobre", de 25.09.2017, apenas 6 pessoas no Brasil possuem capital equivalente ao patrimônio de 100.000.000 de brasileiras e brasileiros, ou seja, a conclusão é óbvia: a alta concentração de renda é improdutiva e, portanto, maléfica para a sociedade, por ser indutora de desigualdade social. Com estes números, está aceso o alerta vermelho!

Contudo, existem normas constitucionais que, tal qual a tripartição de poderes e o sistema de freios e contrapesos, evitam a sobreposição de um Poder sobre outro e também estabelecem um contraponto ao poder econômico. No particular, ganham relevo os preceitos estatuídos na Constituição da República relativos à função social da propriedade (capital) — art. 5º, XXIII; art. 170, III; art. 173, § 1º, I; art. 182, § 2º; art. 184; art. 185, parágrafo único; art. 186. Por nada mais nada menos que sete vezes, a Lei Maior do país destaca e repete a obrigação que tem o capital (propriedade) de cumprir sua função social. E tratando da ordem econômica, o art. 170 expressamente refere, como princípio geral da atividade econômica, a necessidade de valorização do trabalho humano e a finalidade de assegurar a todas as pessoas existência digna, conforme os ditames da justiça social. Mais adiante, embora tratando da propriedade rural, o texto constitucional é claro ao estabelecer os critérios pelos quais se entende cumprida a função social da propriedade: com seu aproveitamento racional e adequado; com utilização adequada dos recursos naturais disponíveis e preservação do meio ambiente;

Publicação original no *site* **Justificando**: <https://www.justificando.com/2021/07/22/capital-improdutivo-capitalismo-do-1-e-funcao-social-da-propriedade/>. Data da publicação: Quinta-feira, 22 de julho de 2021.

(1) Dembargador do Trabalho (TRT da 4ª Região – Porto Alegre – RS). Ex-Procurador do Trabalho. Presidente do IPEATRA (Instituto de Pesquisas e Estudos Avançados da Magistratura e do Ministério Público do Trabalho). Vice-Presidente de Finanças da UIJ – União Iberoamericana de Juízes. Membro da AJD (Associação Juízes para a Democracia).

com observância das disposições que regulam as relações de trabalho; com exploração que favoreça o bem-estar das pessoas trabalhadoras.

Portanto, o cumprimento da função social do capital não é preceito vago, impreciso ou de norma programática: a Constituição estabelece claramente como deve ser observado, e que haverá inclusive desapropriação ao não ser atendido este preceito, segundo os arts. 182 e 184.

Mas, se a propriedade territorial é concreta e o capital é multiforme (expressando-se em números que figuram contas bancárias, ativos, ações, ouro, moedas, *bitcoin,* bens móveis etc.), nem por isso ele deixa de estar sujeito ao cumprimento da sua função social. Na realidade, o Estado de Direito brasileiro se estrutura, desde seu princípio, a partir da cláusula pétrea relativa aos direitos e garantias fundamentais que dispõe que a propriedade atenderá a sua função social, até os princípios que regem a ordem econômica, também desenhados na mesma direção. Portanto, é uma condição de legitimidade de exercício da propriedade, quer dizer, **não pode haver capital sem função social**.

É uma conclusão bastante básica e tranquila de extrair do texto constitucional, que começa a fazer muito sentido quando percebemos que a própria democracia fica comprometida pelas altas concentrações de renda indutoras de intensa desigualdade social. O chamado capitalismo do 1% (pouquíssimos possuem posses equivalentes aos 99% restantes) é produtor de violência e profunda injustiça social, provocando um desequilíbrio perigoso na institucionalidade e descrédito do próprio Estado, que passa a ser um mero instrumento do poder econômico. O preceito das Nações Unidas contido nos objetivos de desenvolvimento sustentável, na Agenda 2030, de "não deixar ninguém para trás", também resta desatendido, pois nesta situação, quase todas as pessoas são deixadas para trás — os 99%.

Outra conclusão básica relativa à alta concentração de renda e ao capital improdutivo, é que esta situação viola inúmeros Direitos Humanos, ao produzir injustiça e desigualdade sociais, e ao negar vida digna para 99% das pessoas.

De plano, abre-se a perspectiva de desapropriação, senão de todo, ao menos de parte do capital que é destinado ao rentismo, quando ele se revela improdutivo, por descumprimento de sua função social. A situação não deve ser ignorada, pois a mera presença de capital improdutivo e rentismo induz a uma forma de concorrência desleal e, portanto, promove *dumping* social com quem investe seu capital em atividade produtiva correndo os riscos da atividade econômica. É mais: o rentismo ou parasitismo financeiro gera ao beneficiário um ganho desde o ócio, ou seja, inaugura-se, ao arrepio da Constituição e da ordem econômico-social, uma forma de ócio altamente remunerada. Ora, num país em que se discute a precarização das aposentadorias, quando a pessoa, após décadas trabalhando adquire o direito ao ócio remunerado, alcançar este *status* a quem não trabalha, e com super rendas, revela o que o ministro aposentado do Supremo Tribunal Federal, Marco Aurélio de Mello, chamou de "estado de coisas inconstitucional" (em referência ao voto proferido no processo ADPF n. 822).

Esta situação já vinha sendo percebida pela ONU desde a década de 80, não só sob o prisma de capitalismo improdutivo, mas de flagrantes violações a Direitos Humanos produzidas por grandes corporações em diversos lugares do mundo. Com isto, se deflagrou o intento de regular essa forma de capitalismo selvagem da atualidade, a partir de alguns parâmetros capazes de impor regras democráticas ao poder econômico, sujeitando-o ao crivo popular nos territórios onde opera. Com efeito, a partir da nomeação do professor estadunidense John Ruggie para um estudo sobre empresas e Direitos Humanos, pelo então Secretário Geral das Nações Unidas, Kofi Anan, em 2005, foram formulados os princípios denominados Ruggie, estruturados no tripé proteger, respeitar, reparar, vertidos em 2011 nos Princípios Orientadores sobre Empresas e Direitos Humanos da ONU. Estes princípios, no mesmo ano, foram incorporados às Linhas Diretrizes sobre Multinacionais da OCDE (Organização para a Cooperação e Desenvolvimento Econômico), e chegaram tardiamente ao Brasil (mas chegaram), vertidos, no final de 2018, no Decreto 9571, que instituiu as Diretrizes Nacionais sobre Empresas e Direitos Humanos.

A obediência a esta normativa internacional pode evitar que se chegue a uma situação de capital improdutivo ou violador de Direitos Humanos, pois se exige uma série de condutas de responsabilidade social empresarial e de respeito aos DDHH, mediante atuações preventivas, de controle contínuo, de vigilância (*due diligence*) e de consulta popular. Está inaugurada, no Brasil, assim, a era da democratização e humanização do capitalismo: se antes as empresas se constituíam em entidades antidemocráticas, nas quais manda quem tem mais capital, e sem prestar contas de seus atos, de forma avessa ao Estado Democrático de Direito, agora é todo o contrário. Há necessidade de um plano de integridade (*compliance*), mediante o qual deverá ser demonstrada a capacidade de operar a atividade econômica sem violar a ordem jurídica e respeitando os Direitos Humanos, em permanente diálogo e prestação de contas à sociedade.

Por outro lado — e é este o ponto que queremos chegar —, o Decreto n. 9.571/18 adentra em aspectos de responsabilidade social, que se coadunam com a função social da propriedade delineada na Constituição. De plano, estabelece que caberá às empresas promover a consulta livre, prévia e informada das comunidades impactadas pela atividade empresarial (art. 6º, VII), no que se pode visualizar, por exemplo, que uma indústria, antes de se instalar em determinado local, deve consultar a comunidade e informar os riscos da atividade. Transposto o dispositivo para o momento pandêmico, a exigência de trabalho presencial, por exemplo, que envolve aumento de riscos de contágio à população, demanda também idêntica consulta.

Há inúmeras outras questões e desdobramentos do Decreto n. 9.571/18 que excedem à brevidade deste estudo, porém, o fundamental é destacar, desde a ótica da Constituição de 1988, com os acréscimos do referido Decreto, que inaugura a humanização e democratização do capitalismo no país, a incompatibilidade do capitalismo rentista ou rentismo, e do capitalismo do 1%, com a garantia fundamental da função social da propriedade e com os princípios que regem a ordem econômico-social. Ou seja, o rentismo e o capitalismo do 1% são incompatíveis com a Constituição e incompatíveis com os Princípios Orientadores sobre Empresas e Direitos Humanos da ONU e as Diretrizes Nacionais sobre Empresas e Direitos Humanos, gerando um estado de coisas inconstitucional.

É de se concluir, pois, que uma entidade privada cujo capital esteja sendo usado para rentismo não cumpre sua função social, assim como também não cumprirá o capital de uma pessoa física usado da mesma forma, nem a acumulação excessiva de capital que venha a concentrar, de forma desproporcional, poder econômico na mão de poucas pessoas. Evidenciado estará o estado de coisas inconstitucional, a abrir caminho para medidas de correção, inclusive a desapropriação prevista nos arts. 182 e 184 da Constituição, sem prejuízo de reparações a violações de Direitos Humanos que se produzirem de forma direta ou indireta a partir deste estado de coisas.

Plataformas Digitais Não Conseguem Apagar o Trabalho Humano Assalariado e Explorado

Por **Grijalbo Fernandes Coutinho**[1]

A Constituição de 1988 como marco principal da exigência do trabalho formal, regulado e socialmente protegido

Na atual etapa de desenvolvimento das forças produtivas, a reestruturação promovida pelo capital exige o incremento de novas tecnologias destinadas a legitimar o processo político de desregulação e precarização de todas as relações de trabalho, conferindo-se, assim, dimensão concreta ao ideário neoliberal de retomada da liberdade sem restrições aos agentes econômicos.

A revolução da microeletrônica ora em curso insere-se como efetiva necessidade do sistema econômico para aumentar a precarização do trabalho, jamais para melhorar a vida da classe trabalhadora. Aliás, esta "é condição histórico-estrutural do desenvolvimento do próprio capitalismo global"[2].

Em tempos de maquinofatura da 4ª Revolução Industrial, a robótica assume papel de relevo na acumulação capitalista, cujos novos equipamentos radicalizam a divisão do trabalho, o estranhamento, a obsolescência de algumas atividades laborais e a precarização do trabalho vivo.

Exacerbam-se todos os tentáculos da destruição laboral, a ponto de seres de igual espécie tratarem humanos como autômatos, sem direitos sociais e sem voz.

É que ocorre segundo modelo de inserção das plataformas eletrônicas nas relações de trabalho, meio este utilizado para condensar de forma exponencial "trabalho morto" no processo produtivo, elevando o grau de precariedade de todas as formas de labor humano.

Na verdade, o velho modo de exploração capitalista incorporou roupagem sofisticada ao seu figurino raiz baseado na permanente necessidade da geração de mais-valor, tentando escamotear a sua verdadeira face(ação) humana ou não humana com miúdos dispositivos da robótica, elementos da microeletrônica os quais não acumulam riquezas materiais nem ficam com parte do valor decorrente da ausência de remuneração do trabalho vivo, muito menos desfrutam depois do paraíso construído pela opulência burguesa.

Publicação original no *site* **Justificando**: <http://www.justificando.com/2021/09/17/plataformas-digitais-nao-conseguem-apagar-o-trabalho-humano-assalariado-e-explorado/>. Data da publicação: Sexta-feira, 17 de setembro de 2021.

(1) Membro da AJD. Mestre e doutor em direito pela FDUFMG.

(2) ALVES, Giovanni. *Dimensões da precarização do trabalho* — Ensaios de Sociologia do Trabalho. Bauru: Projeto Editorial Práxis, 2013. p. 29.

Sob a órbita jurídica, é necessário tensionar a realidade advinda do trabalho executado por intermédio de plataforma eletrônica, frente ao Direito Constitucional do Trabalho.

Em tempos de "*Gig-economy, platform economy, sharing economy, crowdsourcing, on--demand economy, uberização, ifoodização, crowdwork,* trabalho digital", Antunes e Filgueiras descortinam o objetivo nuclear das plataformas eletrônicas voltado para escamotear o assalariamento e a consequente exploração capitalista. Entre tantas condições de trabalho de motoristas, entregadores ciclistas, motociclistas e de outros profissionais prontos para cumprir a rotina rigorosamente controlada por plataformas, os proprietários dos aplicativos eletrônicos selecionam quem está apto a trabalhar; delimitam de modo exaustivo o que pode ser feito ou não pelo contratado no exercício de suas atividades laborais, fixando as suas tarefas, obrigações e responsabilidades; impedem a captação de cliente pelo trabalhador contratado, prerrogativa exclusiva da empresa; descrevem de forma pormenorizada todas as atividades do contratado; fixam o prazo máximo a ser executado, quanto à entrega do serviço oferecido ao cliente; estabelecem de forma unilateral os valores a serem recebidos; aplicam promoções e sanções aos trabalhadores, por força do uso do algoritmo; impõem regras de convivência entre os trabalhadores e clientes e entre aqueles e as suas gerências; exigem assiduidade laboral; pressionam os trabalhadores pelo aumento da jornada; realizam ameaças aos seus trabalhadores contratados e promovem dispensas sem quaisquer justificativas(3).

É quase impossível encontrar outras relações de trabalho, ao menos entre aquelas que tentam fugir da formalidade, tão permeadas por subordinação da pessoa física trabalhadora, além de pessoalidade, onerosidade e não eventualidade, quanto ao quadro evidente assim vislumbrado no desenvolvimento do labor humano por intermédio de plataformas eletrônicas.

Nunca é demais relembrar que a Constituição de 1988, resultante do processo político condutor do fim da ditadura militar (1964-1985) e de seu próprio processo constituinte umbilicalmente vinculado ao desmonte das estruturas autoritárias e socialmente excludentes fincadas por governos ilegítimos assentados no poder por um golpe militar (1964), embora repleta de contradições inerentes à tensionada sociedade de classes, possui inegável compromisso com o direito ao trabalho, o direito do trabalho, a organização sindical livre, o trabalho digno e o trabalho regulado.

Se não bastassem os primados da dignidade da pessoa humana e do valor social do trabalho como princípios fundamentais da República ou fundamentos do Estado Democrático de Direito (CRFB, art. 1º, incisos III e IV), o texto constitucional reconhece o trabalho como direito social fundamental (art. 6º), além de realçar o seu compromisso inarredável com o trabalho regulado e protegido pelo Estado (art. 7º).

O trabalho formal e regulado é objeto de cuidadosa normatização, a ponto de a Constituição da República identificar extenso rol de direitos sociais a serem usufruídos pela classe trabalhadora frente aos sujeitos do capital ou de entes sem fins lucrativos que do trabalho alheio se aproveitam.

---

(3) ANTUNES, Ricardo; FILGUEIRAS, Vitor. Plataformas digitais, Uberização do trabalho e regulação no Capitalismo contemporâneo. *Contracampo*, Niterói, v. 39, n. 1, p. 27-43, abr./jul. 2020.

Não é do trabalho sem proteção social que a Constituição brasileira trata. É da proteção social a qualquer tipo de trabalho humano desenvolvido por pessoa natural em prol de empresas ou pessoas as quais recorrem à força de trabalho alheia para o desenvolvimento de suas atividades.

Por isso mesmo, toda vez que estiver em debate a existência ou não da relação de emprego entre uma pessoa física trabalhadora e determinada empresa (ou outra forma de organização social) que fez uso dessa força de trabalho em seu benefício, de forma direta ou indireta, há que se ter em mente o caráter compromissório da Constituição brasileira de 1988 com o contrato de trabalho formal e regulado.

Na qualidade de texto jurídico revestido do caráter contramajoritário, capaz de não ignorar as acentuadas assimetrias econômicas, políticas e sociais entre o capital e o trabalho, cuja premissa da liberdade do funcionamento do mercado sem regulação estatal esvaziaria por completo todas as normas de conteúdo protetivo ao hipossuficiente, a Constituição da República, para além da exigência do trabalho formal, assegura a organização sindical sem a interferência do Estado e dos patrões (art. 8º), garante o exercício do direito de greve pela classe trabalhadora (art. 9º) e proclama que a ordem econômica é fundada na valorização do trabalho humano (art. 170).

As tentativas vistas no seio da sociedade brasileira, sob a condução das classes empresariais e das instituições públicas representadas pelos poderes constituídos da República, voltadas à desregulação das relações de trabalho, seja sob a forma de "*uberização*" ou "*ifoodização*" sem quaisquer direitos sociais, "*pejotização*" "*empreendedorismo do trabalhador*" ou lastreadas em outros pressupostos da economia de mercado avessa à regulação e formalização das relações de emprego com trabalhadores os quais lhes prestam serviços, expressam, sem nenhuma dúvida, a refutação veemente do texto constitucional de 1988.

Em outras palavras, o Direito Constitucional de 1988 deveria ser o suficiente para rechaçar formas fraudulentas de contratação e absorção de mão de obra em prol de atividade empresarial permanente e lucrativa, cujo desempenho prescinde inexoravelmente da força de trabalho humana, sendo a plataforma digital tão somente o instrumento eletrônico ou a máquina dos novos tempos para teleguiar todas as ações a serem empreendidas pela parte obreira.

A Constituição da República não proíbe o uso de ferramentas eletrônicas nas relações de trabalho, incluindo as plataformas digitais. Apenas veda a criação de subterfúgios econômicos e jurídicos capazes de colocar em xeque o trabalho regulado e formal nela assegurado, a exemplo das tais plataformas sem responsabilidade social, algo em voga no Brasil, mas que boa parte do mundo, registre-se, começa a despertar para os seus efeitos profundamente perversos com a classe trabalhadora e com o conjunto de cada sociedade organizada sob a modalidade da democracia constitucional formal burguesa.

O trabalho prestado por pessoa física, de maneira pessoal, em prol de atividade econômica permanente na área de transporte de gente humana ou produtos, bem como em relação a diversificadas atividades igualmente acionadas a partir de plataformas digitais, no Brasil, é inexoravelmente regulado e protegido pela Constituição da República, sendo inconstitucionais todos e quaisquer atos privados ou públicos consistentes na subtração de direitos sociais à classe trabalhadora, entre outros, as garantias inerentes à limitação da jornada, ao pagamento de horas extras, adicionais, 13º salário, FGTS, seguro desemprego, à concessão de férias e adoção de medidas contra quaisquer adoecimentos laborais ou acidentes típicos.

A prática sonegatória de direitos sociais eventualmente adotada por plataformas eletrônicas é notoriamente ofensiva à Constituição de 1988 (arts. 1º, incisos III e IV; 6º, 7º, 8º, 9º e 170) e à CLT (arts. 3º e 442).

Em síntese, os titulares das plataformas digitais estão obrigados a cumprir a Constituição da República e a CLT, devendo, por isso mesmo, respeitar as condições dignas de labor, anotar as carteiras de trabalho das pessoas que lhes prestam serviços, pagando a elas as verbas próprias de empregadas, desde o primeiro dia da prestação laboral.

Salário por Peça: Categoria Chave e Desestruturante

Por **Marcelo Tolomei Teixeira**(1)

Das muitas previsões de Karl Marx sobre o destino do capitalismo, consta em sua obra madura — O Capital — a alusão de que o processo do capital daria preferência ao salário por peça e que, além de uma forma específica do pagamento da força de trabalho, seria uma forma de administração da força de trabalho muito mais afeta aos interesses capitalistas. No Brasil, se adota o termo como salário por unidade de obra, em que, de fato, o salário é calculado com parâmetro na produção alcançada, como, por exemplo, pelo número de peças ou percentagens e comissões de vendas, mas a utilização por Marx (2015) do termo "salário por peça" tem aspecto bem mais amplo, já que não se restringe apenas a uma modalidade salarial do trabalhador formalmente empregado.

Em síntese, podemos considerar que, para Marx (2015, p. 612-615):

> "[...] 1. o salário por peça não é senão uma forma modificada do salário por tempo, e assim como o salário por tempo, se trata do valor ou preço da força de trabalho e que não se trata de medir o valor da peça pelo tempo de trabalho nela incorporada, mas, ao contrário, de medir o trabalho gasto pelo trabalhador pelo número de peças por ele produzido, o tempo de trabalho que se incorpora numa quantidade de mercadorias previamente determinada e fixada por experiência vale como tempo de trabalho socialmente necessário e é remunerado como tal; 2. a qualidade do trabalho é controlada aqui, pelo próprio produto, que tem que possuir uma qualidade média, ele toma supérflua grande parte da supervisão do trabalho; 3. o salário por peça se torna a fonte mais fértil de descontos salariais e de fraudes capitalistas; 4. salário por peça tem, assim, uma tendência a aumentar os salários individuais acima do nível médio e, ao mesmo tempo, a baixar esse nível."

Ela constitui, assim, o fundamento, tanto do moderno trabalho domiciliar anteriormente exposto, quanto de um sistema hierarquicamente concatenado de exploração e opressão em que o próprio trabalhador se encarrega de contratar e pagar seus auxiliares, que passa o explorado a empregar sua força de trabalho o mais intensamente possível, o que facilita ao capitalista a elevação do grau normal de intensidade da própria exploração, e o que é mais irônico e contraditório: há um sentimento de liberdade, independência e de autocontrole por parte do trabalhador.

Publicação original no *site* **Justificando**: <http://www.justificando.com/2021/10/21/salario-por-peca-categoria-chave-e-desestruturante/>. Data da publicação: Quinta-feira, 21 de outubro de 2021.

(1) Juiz titular da 7ª Vara do Trabalho de Vitória/ES. Professor universitário. Doutor em Direitos e Garantias Fundamentais pela FDV. Mestre em Filosofia do Direito pela UFSC. Membro da AJD.

Assim sendo, o trabalho por peça mede o trabalho despendido de acordo com o número de peças produzidas, ao passo que o tradicional salário por tempo se mede pela duração de tempo à disposição do empregador. Podemos ainda considerar que é o trabalho por peças uma forma metamorfoseada do valor ou do preço da força de trabalho e, ainda, o fato de que o proprietário dos meios de produção se coloca, então, frente ao produtor do trabalho já objetivado e não potenciado. O que é excelente para o capitalista, considerando as dificuldades de se controlar a mão de obra contratada por tempo, pois o patrão tem que controlar muito para evitar prejuízos. Já no trabalho por peça, temos a qualidade controlada no produto (que pode ser adquirido ou não dependendo do estilo de contrato), sendo certo ainda que o tempo de trabalho está corporificado numa quantidade de mercadorias previamente determinada e fixado pela experiência como tempo socialmente necessário, e é pago como tal. E mais uma vez: com supervisão supérflua, o seja, a mão de obra se torna muito mais barata sem a necessidade de tanto controle como ocorre com a tradicional produção fordista. Devemos analisar, então, de que forma tal estilo de administração se desenvolve na modernidade.

E quando pensamos em modo de ser do mercado de trabalho ou da forma de gerenciamento capitalista da mão de obra, devemos compreender que há inúmeras possibilidades, dependendo da região e em que setor da produção está atuando o capital, já que podemos ter uma produção análogo ao escravismo até os setores de ponta da chamada indústria toyotista. Mais alguns fenômenos podemos chamar quase de estruturantes, a começar pelo grande sistema de **subcontratações,** como explica Boltanski e Chiapello (2009, p. 612):

> São subcontratações de vários níveis, são redes ramificadas de centenas de empresas integradas à marcha da empresa líder, sendo que as subcontratadas são as grandes utilizadoras do trabalho precário (temporário, por prazo determinado, tempo parcial ou variável), sempre contratando o menor número de pessoas possíveis. Exemplo das montadoras de automotores que possuem uma rede de empresas dedicadas aos seus interesses.

Por outro lado, até a forma de pagamento dos salários dos trabalhadores formais, mesmo tendo como referência o tempo à disposição, é **um salário atrelado à produção**. Haja vista, os acordos e convenções coletivos, ou até mesmo os acordos individuais, estipulando variados incentivos de produtividade ao alcance de determinados objetivos qualitativos/quantitativos — são as chamadas metas, algumas desumanas. Trabalhadores, "companheiros" cobram de "companheiros" o alcance de metas; são, então, encarnações dos patrões, sem necessidade de supervisores. Nesse diapasão, as mentes e corações dos trabalhadores são cooptados pelas empresas (não é fortuita a utilização pelas organizações do termo cooperado ou colaborador ao invés de empregado), sendo o mais fácil, muitas vezes, o empregado ter mais diálogo com o empregador do que com os sindicatos.

Há, seguindo ainda Boltanski e Chiapello (2009), um culto ao desempenho individual, exigência de mobilidade e qualidades pessoais como abertura, autocontrole, disponibilidade, bom humor ou calma que são valorizados e, é claro, o trabalho em equipe, com cobranças horizontais. Ainda podemos conjecturar de uma forma mais ampla, que é a adesão aos padrões de consumo burguês dos trabalhadores e a ascensão das igrejas pentecostais com seus padrões de individualismos.

Por sua vez, ao contrário do fordismo, a produção do toyotismo é voltada e conduzida diretamente pela demanda, com a existência de estoque mínimo (as greves são caóticas para o sistema, uma das razões dos sindicatos serem rechaçados) e, nesse sentido, o controle do trabalhador se dá através de sistemas especiais como "*kaban*", "*just in time*", CQC (controle de qualidade total), eliminação de desperdício, gerência participativa. O controle de qualidade é feito pelo próprio trabalhador para o aumento da produtividade de equipe, para a maior autonomia no trabalho, etc., levando para uma intensificação da exploração do trabalho com direitos flexíveis, de modo a dispor desta força de trabalho em função direta das necessidades do mercado consumidor.

Outro aspecto está na **Uberização,** seguindo as lições de Abílio (2019, p. 07-09):

> "Se trata de uma forma de gestão, organização e controle da produção, com o entrecruzamento do Estado neoliberal, novas formas de gerenciamento proporcionadas pelo desenvolvimento tecnológico (algoritmo) e ainda a ideologia do empreendedorismo."

Informa, ainda, a socióloga que o Uber conta com a adesão de 600 mil pessoas no Brasil e mais de 3 milhões no mundo, sendo certo de que 5 (cinco) aplicativos juntos se tornaram os maiores "empregadores" do país. A opção pelos aplicativos se dão por uma tentativa de eliminação das empresas terceirizadas que representam maiores ganhos para o trabalhador e mais autonomia no gerenciamento de seu trabalho. Explica que a maioria das empresas terceirizadas não logrou se manter na concorrência com as empresas de aplicativo. Faço, particularmente uma advertência: embora tal forma de gestão afeta o setor de serviço, pode ocorrer sua expansão para outras áreas da economia.

A questão é que a subordinação e o controle sobre o trabalho são mais difíceis de reconhecer e mapear. Alguns países estão reconhecendo o vínculo de emprego, o que não deixa de ser positivo, mas questionável se será capaz de impedir o processo em curso.

A uberização traz um tipo de circulação da força de trabalho que conta com a disponibilidade do trabalhador, mas a utiliza quando necessário de forma automatizada e controlada e, também, alavanca um autogerenciamento em que o empregado é chamado para seguir metas econômicas. Significa ser um *just-int-time*, o motoboy não sabe quando vai trabalhar e receber, assim como o motorista do Uber. Ao mesmo tempo, desafiadores termos vão surgindo para designar o trabalho do Uber, como "*crowdsowcing*", ou trabalho amador, e "*gig economy*", ou economia de bicos — são avassaladores, já que afirmam a precarização da vida de milhões de pessoas.

Todos esses prismas vão demonstrando a existência de um trabalhador cada vez mais cooptado, com uma jornada de trabalho mais intensificada e volumosa, consequentemente, aumentando o volume da extração da mais-valia absoluta (as corporações desconsideram os direitos sociais conquistados) combinado com o aumento também da mais-valia relativa (tecnologia). Há o que os economistas chamam de aceleração de rotação do capital, o que é matéria complexa para ser tratada aqui, já que nosso objetivo é demonstrar que a previsão marxiana para o mercado de trabalho no capitalismo, ou seja, de apostar no salário por peça, se assentou nas diversas dimensões demonstradas.

Todo esse quadro aponta a impressionante fragmentação da classe proletária, justamente a apontada por Marx (2015) como capaz de anunciar a dissolução da ordem mundial, até então existente, com negação da propriedade privada e da divisão do trabalho. Era a perspectiva de uma classe em si (uma certa uniformidade e até universalidade) e para si (sua consciência política, até para a construção de um partido político com visão revolucionária).

Atualmente, muito se tem debatido sobre as reais possibilidades de tal classe, tão corrompida pela fragmentação e que, em tese, perdendo tanto volume e importância, seria, de fato, capaz de manter tal protagonismo no sentido marxiano. A questão é boa, valeria até um outro artigo para a coluna, ou seja, definir quem seriam os sujeitos revolucionários. Mas, por ora, podemos expectivar como Marx (2015), que a arma da crítica não pode substituir a crítica das armas [...]", razão pela qual, independente de tais sujeitos, a América Latina, por exemplo, arde nas ruas, nas redes sociais e até em suas instituições (Chile, Bolívia, Peru etc.) em busca de resolver tanta exploração e miséria.

Referências

ABÍLIO, Ludmila Costhel. Uberização: do empreendedorismo para o autogerenciamento subordinado. *Revista Psicoperspectivas: individuo y sociedad*, v. 18, n. 3, p. 1-11, 2019.

BOLTANSKI, Luc; CHIAPELLO, Ève. *O novo espírito capitalista.* São Paulo: Martins Fontes, 2009.

MARX, KARL. *O Capital:* critica da economia; Politica: o processo de produção capitalista. São Paulo: Boitempo, 2015.

A Ortodoxia Estava Errada: Aumentar o Salário Mínimo Não Reduz Empregos

Por **Hugo Melo Filho**(1) e **Anjuli Tostes**(2)

No mês passado, a Academia Real das Ciências da Suécia anunciou os laureados com o Nobel de Economia de 2021: o norte-americano Joshua D. Angrist, o holandês Guido W. Imbens e o canadense David Card, pelas contribuições metodológicas para as ciências econômicas. Card se notabilizou, desde os anos 1990, por seus estudos sobre o impacto do aumento do salário mínimo no desemprego, em parceria com Alan B. Krueger, falecido em 2019, publicados em obras como *Wages, School Quality and Employment Demand, Public Policy and the Income Distribution* e, principalmente, *Myth and Measurement: The New Economics of the Minimun Wage.*

O que Card e Krueger demonstraram empiricamente foi que o aumento do salário mínimo não gera o aumento de desemprego. Ao contrário, tende a produzir benefícios para a empregabilidade e para o conjunto da economia. Os pesquisadores compararam cidades fronteiriças no estado de Nova Jersey, que aumentou o salário mínimo, e do estado vizinho da Pennsylvania. Foram pesquisados 400 estabelecimentos de *fast food*, que costumam remunerar largamente trabalhadores com base no salário mínimo. O objetivo era verificar se o incremento do salário mínimo impactaria negativamente no nível de empregos, como previa a teoria ortodoxa(3). O que Card e Krueger encontraram foi que "não há indicação" de que o aumento do salário mínimo reduza postos de trabalho ou aumente os preços ao consumidor. Os resultados da pesquisa contradizem, desse modo, o entendimento largamente disseminado por instituições como o FMI, Banco Mundial e OCDE, inclusive para impor políticas economicamente restritivas de ajuste a países em desenvolvimento.

Embora as conclusões a que chegou o economista laureado tenham o grande mérito de refutar a compreensão prevalecente entre os economistas sobre o assunto, o observador brasileiro mais atento já suspeitava muito antes do anúncio do Nobel de Economia, à luz do que ocorreu nas duas últimas décadas em nosso país. Aqui, as políticas de valorização do salário mínimo, praticadas a partir de 2007, baseadas no seu reajuste por um índice equivalente

---

Publicação original no *site* **Justificando**: <http://www.justificando.com/2021/11/08/a-ortodoxia-estava-errada-aumentar-o-salario-minimo-nao-reduz-empregos/>. Data da publicação: Segunda-feira, 8 de novembro de 2021.

(1) Juiz do Trabalho no Recife. Doutor em Ciência Política. Professor de Direito do Trabalho da UFPE. Membro da Associação Brasileira de Juristas pela Democracia.

(2) Advogada Popular. Doutoranda em Direito e Economia pela Universidade de Lisboa. Membro da Associação Brasileira de Juristas pela Democracia.

(3) Por exemplo, Milton Friedman, Ejan Mackaay e Sthéphane Russeau, Jean-Michel Cousineau, Gary S. Becker, entre tantos outros.

à inflação somada ao crescimento do Produto Interno Bruto (PIB) de dois anos anteriores coincidiram com as mais baixas taxas de desemprego da história, que alcançaram 4,3% em dezembro de 2014.

A partir do Golpe de 2016 se deu uma inversão nas políticas para o salário mínimo. Temer, mesmo obrigado a cumprir a lei de valorização do salário, que vigeria até 2019, promoveu arredondamentos para baixo na recomposição do salário-mínimo pela inflação. E Bolsonaro abandonou o critério. A taxa de desemprego foi de 14,7% no primeiro trimestre de 2021, recorde da série histórica, iniciada em 2012, segundo o IBGE. Enquanto a política de valorização do salário mínimo coincidiu com o auge histórico dos níveis de empregabilidade, a queda do seu valor real se deu de forma concomitante ao recorde do nível de desemprego.

O programa de austeridade estabelecido pela Emenda Constitucional n. 95/2016, conhecida como "PEC do fim do mundo", congelou por 20 anos os investimentos em políticas públicas. Na sequência, as Reformas Trabalhista e da Previdência, levadas a efeito sob a promessa de ampliação de postos de trabalho e de alavancagem da economia, conduziram o país a uma crise econômica sem precedentes.

O mesmo observador atento sabia, entretanto, que a promessa não passava de narrativa ilusionista. Historicamente, programas de austeridade consistiram em instrumentos para a transfusão de recursos dos pobres para os muito ricos, com consequente ampliação da concentração de renda e riqueza.

Em 2015, a riqueza acumulada por 1% dos mais ricos da população mundial superou a dos demais 99%[(4)]. Em 2019, um pequeno grupo de 26 pessoas controlava o mesmo volume de riqueza que 3,8 bilhões de pessoas. De acordo com a OCDE, a desigualdade vai aumentar 40% nos próximos 50 anos[(5)].

Marx previu que as tendências à concentração e à centralização[(6)] se impõem ao capital em qualquer momento de desenvolvimento do modelo capitalista de produção e da acumulação que lhe é subjacente. A necessidade de aumentar a produtividade para ampliar o mais-valor e como resposta à situação de concorrência a que estão sujeitos os capitalistas os impele a incrementar o capital constante, pela aplicação de novos recursos tecnológicos ao processo de produção, com a consequente redução do capital variável, decorrente da redução de trabalho vivo. Assim, além do mais-valor absoluto, decorrente da apropriação das horas de trabalho excedentes do trabalhador, o empregador também aufere do trabalhador o mais-valor relativo, pois o incremento de tecnológico aumenta as possibilidades de extração de mais-produto.

---

(4) Cf. OXFAM. Documento informativo da OXFAM. *Uma Economia para os 99%*. Janeiro/2017. Disponível em: <https://oi-files-d8-prod.s3.eu-west-2.amazonaws.com/s3fs-public/file_attachments/bp-economy-for-99-percent-160117-pt.pdf>.

(5) Cf. OCDE. *Policy Challenges for the Next 50 Years*. 2014.

(6) As tendências à concentração e à centralização, descritas por Marx em O Capital, derivam do processo de acumulação capitalista. A concentração é processo que decorre, em grandes proporções, da expropriação dos trabalhadores do fruto do seu trabalho por um capitalista. A centralização é processo de expropriação de capitalistas menores por capitalistas maiores — é a tendência ao monopólio: seu limite último é a expropriação de todos os capitalistas por um só (ou por uma sociedade de capitalistas).

Caso não seja acompanhado de um aumento dos salários, o incremento tecnológico leva a uma maior rentabilidade do capital sobre o trabalho no curto prazo. Este fenômeno pode ser mitigado pela difusão do conhecimento e da educação para qualificação da mão de obra, assim como por políticas públicas ativas em áreas como tributação e finanças que reequilibrem a correlação de forças que determina a distribuição dos lucros entre o capital e o trabalho como fatores de produção, como demonstrou Piketty(7).

Mas, ainda nas situações em que possa ocorrer algum aumento absoluto do salário como consequência de um incremento da produtividade, este aumento historicamente acontece em proporção inferior ao aumento da produtividade(8). Ou seja, ganhos de produtividade do trabalho não se convertem em um aumento proporcional do salário real, sendo, portanto, ao menos uma parte do aumento dos níveis de lucro transferido ao capitalista na forma de mais-valor. Conforme salientou Piketty, a "hipótese do capital humano crescente" não passa de uma crença otimista ilusória: "*Transformações desse tipo são logicamente plausíveis e, em certa medida, reais, mas sua influência é bem menor do que se gostaria de imaginar. Não há evidência de que a participação do trabalho na renda nacional tenha aumentado de modo substancial ao longo dos anos*".(9)

O Direito faz com que parte do excedente de trabalho seja pago ao trabalhador, na medida em que limita o nível em que este é explorado. No entanto, esta incorporação de parte do mais-trabalho na remuneração do trabalhador é apenas temporária, na medida em que as limitações criadas pelo direito também geram incentivos para a manutenção da taxa de mais-valor a partir do aumento da produtividade, portanto, do incremento tecnológico viabilizado por investimentos em pesquisa e desenvolvimento. Em um novo patamar tecnológico, a apropriação do trabalho excedente pelo capitalista tende aos níveis iniciais, não pela redução objetiva do salário, mas pela nova divisão da jornada entre tempo de trabalho necessário, agora reduzido, e trabalho excedente (mais-trabalho), agora aumentado, gerando mais-valor relativo.

O conjunto dos elementos articulados que produzem o atual quadro de concentração mercadológica e desigualdade social sob a égide da desregulação é apenas uma forma de regular a economia. Outras possibilidades se apresentam às escolhas políticas. Como Card e Krueger demonstraram empiricamente, o aumento do salário mínimo não representa um custo de oportunidade para a empregabilidade ou o aumento dos preços ao consumidor final, como previa a teoria ortodoxa. Portanto, além de ser providência de caráter civilizatório, a política de valorização do salário mínimo não "atrapalha a economia" — ao menos, do ponto de vista do trabalhador e do consumidor.

A rigor, conforme antecipado por Marx, o incremento tecnológico, movimento essencial ao modo de produção capitalista, para a ampliação da produtividade, aumenta a

(7) PIKETTY, Thomas. *Capital in the Twenty-First Century*. Trad. Arthur Goldhammer. Cambridge/London: The Belknap Press of Harvard University Press, 2014.

(8) *Ibidem*, p. 31.

(9) *Ibidem*, p. 31.

exploração do trabalhador, por meio da incorporação do mais-valor relativo. Assim, faz-se necessário que os governos, pressionados pelas populações oprimidas, adotem ações e políticas decisivas que se contraponham ao regime de exploração sem limites promovido pelo capital. A valorização do salário mínimo é uma das medidas mais essenciais no caminho para defender a dignidade de vida da classe trabalhadora e combater a onda de precarização que se firmou nas últimas quatro décadas de disseminação da ideologia ultraliberal.

Quem Guarda os Portões da Fábrica?

Por Ana Paula Alvarenga Martins[1] e Mário Sérgio M. Pinheiro[2]

Nosso dia vai chegar
Teremos nossa vez
Não é pedir demais:
Quero justiça
Quero trabalhar em paz
Não é muito o que lhe peço
Eu quero um trabalho honesto
Em vez de escravidão
Deve haver algum lugar
Onde o mais forte não
Consegue escravizar
Quem não tem chance
De onde vem a indiferença
Temperada a ferro e fogo?
Quem guarda os portões da fábrica?
Legião Urbana

O Brasil vivencia desde 2016 um violento processo de retrocesso social, com a destruição e supressão dos direitos trabalhistas garantidos na Carta Constitucional e na legislação do trabalho; a fragilização dos sindicatos, espaço histórico de lutas e conquistas das trabalhadoras e trabalhadores brasileiros no permanente conflito entre capital e trabalho e o enfraquecimento das instituições públicas de regulação do trabalho. Em uma sociedade estruturalmente desigual — marcada pela concentração de renda, da terra e dos meios de produção — a ausência de proteção social e a fragilização das instituições de regulação do trabalho, determinam em nosso país condições propícias para que não sejam superados o desemprego, a precariedade das relações laborais e a miséria.

Neste contexto foi realizada a Reforma Trabalhista, implementada pela Lei n. 13.467/2017, promovendo a destruição da arquitetura normativa dos direitos sociais estabelecidos na Constituição de 1988. Difundida sob premissas falsas de geração de empregos, modernização

(1) Juíza do Trabalho do TRT da 15ª Região. Membra da Associação Juízes Para a Democracia — AJD e da Associação Brasileira de Juristas Pela Democracia — ABJD. Mestranda em Desenvolvimento Econômico pelo CESIT/IE/UNICAMP.

(2) Desembargador do Trabalho do TRT da 1ª Região. Membro da Associação Juízes Para a Democracia — AJD e da Associação Brasileira de Juristas Pela Democracia — ABJD.

da legislação laboral, fortalecimento da atuação sindical, a Reforma Trabalhista despontou dissociada da principiologia humanística e social que balizaram os pilares da Constituição de 1988 e da concepção de Estado Democrático de Direito. O legislador reformista fez letra morta ao patamar civilizatório fixado no art. 7º da Constituição e fez emergir a desmedida prevalência do poder econômico na relação de trabalho.

As falácias dos argumentos apresentados pelos defensores da Reforma de 2017 são novamente reprisadas no documento elaborado pelo denominado Grupo de Altos Estudos do Trabalho, como se a repetição, como um mantra, destes falsos argumentos, pudessem validá-los ou torná-los verdadeiros. No relatório apresentado pelo grupo responsável pela análise do Direito e Processo do Trabalho, a ideologia liberal, que nas palavras do relator "*prestigia as formas alternativas de composição dos conflitos individuais e coletivos do trabalho e confere ampla autonomia negocial coletiva*", foi "*a opção fundamental*", promovendo "*a segurança pela simplificação e flexibilização das regras legais trabalhistas e do processo do trabalho*".

Contudo, a história recente da economia brasileira mostra que o desempenho do mercado de trabalho não está associado à suposta rigidez e protetividade da legislação trabalhista, mas sim ao crescimento econômico e à adoção de políticas que promovam um modelo de crescimento compatível com a queda na taxa de desemprego e o avanço do padrão de vida e renda dos trabalhadores. Entre esses dois projetos encontra-se o Brasil desde 2016 em momento de conflagração política, em que os interesses econômicos não se intimidam em direcionar os rumos da sociedade, promovendo a crescente desestruturação e informalidade do mercado de trabalho, alijando milhões de trabalhadores dos mais basilares direitos e elevando a patamares inimagináveis a desigualdade social.

Para além do discurso único que propala construções teóricas questionadas mundo afora, é preciso compreender o sentido que está por trás de cada um dos modelos oferecidos ao país e, recorrendo-se ao passado recente, constatar que é na definição de uma estratégia de crescimento que fortaleça o investimento público, a expansão e modernização da estrutura produtiva, e sobretudo, a expansão dos direitos sociais, e não sua flexibilização, que está uma proposta de país que favorecerá o conjunto da sociedade. A promoção e a defesa abrangente da dignidade da pessoa humana e da construção de uma sociedade justa, igualitária e solidária, não se concretizam se não pelo respeito absoluto aos direitos sociais, ao valor social do trabalho e aos direitos fundamentais das trabalhadoras e dos trabalhadores brasileiros.

Em sentido contrário, as propostas apresentadas pelo Grupo de Altos Estudos do Trabalho aprofundam os efeitos nefastos da Reforma Trabalhista de 2017 sobre o já tão combalido mercado de trabalho brasileiro, seguindo a cartilha defendida nas 101 teses da CNI, com o objetivo evidente de destruição do arcabouço normativo de proteção ao trabalho, propondo o acréscimo de 110 dispositivos à CLT, a alteração de outros 180 dispositivos e a revogação de 40 dispositivos. Os argumentos apresentados são risíveis, as premissas são falsas e se escudam na intenção indisfarçada da defesa e prevalência do capital em detrimento do trabalho humano. Em que mundo *as relações trabalhistas não são vistas como luta de classes, mas como empreendimento comum de empregados e empregadores, sendo o seu sucesso e a continuidade do empreendimento ganho de todos?* Apenas em mundo distópico, míope, daqueles que defendem o uso político da religião, iluministas que se valem "desenganadamente" dos princípios básicos da Doutrina Social Cristã. E aí Chico?

Dentre as propostas apresentadas nos relatórios e que alteram significativamente as normas de Direito do Trabalho, destacam-se a exclusão do trabalhador que presta serviços com a mediação de plataformas digitais, da proteção legal conferida aos empregados em geral, não sendo reconhecida a relação de emprego entre este e as empresas detentoras da capital; a responsabilização do empregado em caso de acidente de trabalho, quando treinado e equipado, deixa de utilizar o equipamento de proteção individual; a previsão do teste de gravidez pré-dispensa da trabalhadora, ficando o empregador desobrigado de eventual reintegração no emprego ou de indenização do período correspondente no caso de recusa ao exame pela empregada; a possibilidade do trabalho da gestante em atividades insalubres em grau mínimo ou médio; a limitação dos casos de responsabilidade objetiva do empregador em casos de acidente de trabalho; a ampliação e parametrização do conceito de trabalhador autônomo e sem proteção legal; a presunção de consentimento tácito do empregado com todas as alterações contratuais, ainda que prejudiciais, decorrido o prazo decadencial de 5 anos contado da alteração, mesmo com o contrato de trabalho em vigor; a redução do intervalo intrajornada para 30 minutos por acordo individual; a ampliação da jornada dos bancários para 8 horas diárias; a tarifação do dano extrapatrimonial com parâmetros nos valores do teto do regime geral de previdência e a aplicação das leis trabalhistas novas aos contratos vigentes.

No âmbito do Processo do Trabalho, destacam-se a limitação da substituição processual aos associados do sindicato substituto; a possibilidade de quitação geral nos acordos extrajudiciais, não podendo o juiz homologar parcialmente o ajuste, retirando a cláusula; a instituição do incidente de configuração de grupo econômico; a parametrização da jurisprudência pacificada para efeito de vinculação dos órgãos judicantes; possibilidade de labor de empregada gestante em atividades insalubres em grau mínimo ou médio, a impossibilidade de reconhecimento de nulidade de cláusula de acordo ou convenção coletiva por controle difuso e incidental, somente podendo se dar pelo controle concentrado de ação anulatória da cláusula; a revisão das normas relativas às comissões de conciliação prévia, com previsão de validade da cláusula de quitação geral do contrato de trabalho.

E se tudo isso não fosse suficiente a desconstruir o Direito do Trabalho, enfraquecer os sindicatos e as instituições públicas de regulação do trabalho, sobretudo a Justiça do Trabalho, e promover um desmonte social sem precedentes, o GAET propõe um projeto de emenda constitucional que acrescentando incisos ao art. 7º da Carta Constitucional estabelece a autonomia do trabalhador e de sua manifestação individual de vontade; a possibilidade de regimes trabalhistas simplificados e facultativos ao trabalhador, com direitos e obrigações definidos em lei específica e, a possibilidade de instâncias conciliatórias, e mediação e arbitragem extrajudiciais, tanto nos conflitos individuais e quanto coletivos.

Essa lógica perversa, cinicamente disfarçada de proposta de simplificação, desburocratização e modernização da legislação do trabalho precisa ser denunciada e veementemente rechaçada em todos os espaços públicos de resistência. Os seus argumentos falaciosos e o seu projeto de país que destrói o que restou do arcabouço da legislação protetiva e emancipatória das trabalhadoras e trabalhadores brasileiros representam "uma ponte para o passado" escravista, sem proteção social, sem direitos mínimos, sem qualquer possibilidade de realização de justiça social e desenvolvimento humano pelo trabalho. Admitir o retrocesso social é negar a essência do Direito do Trabalho.

Terminamos 2021 em luto. Luto pelas mais de 615.000 vidas ceifadas pela necropolítica de um desgoverno genocida. Luto por outras tantas milhares de vidas ceifadas pela fome, causada pela miséria, pelo desemprego e pela profunda desigualdade social. Mas luto também é verbo. E na luta reside a esperança de tempos melhores; tempos que concretizem as promessas constitucionais da liberdade, da segurança, do bem-estar, do desenvolvimento com trabalho digno, da igualdade e da justiça como valores supremos de uma sociedade fraterna, pluralista e sem preconceitos.

Política e Trabalho

Quando Teorias se Redefinem: A Pandemia e o Papel do Estado

Por **Lygia Maria de Godoy Batista Cavalcanti**[1]

A pandemia causada pelo Covid-19 talvez seja o resultado da aplicação de um modelo hegemônico de Estado neoliberal, de claro viés político-ideológico, o qual, no conjunto das mutações, em diversas dimensões, vem provocando abalos marcantes sobre as culturas e os conceitos modernos sob o manto dos quais se conduzia a vida, se organizavam os Estados e as instituições; se agia socialmente, se estruturavam os relacionamentos humanos, se concebiam as regras morais e jurídicas.

Pretendemos nos debruçar sobre alguns aspectos do problema, tendo em vista avassaladora torrente de modificações que vêm ocorrendo ao longo dos últimos anos, impactando tanto o ordenamento jurídico positivo como o papel dos próprios Estados. De modo reflexivo, faremos breve leitura dessas modificações com o fim de recensear o impacto desse modelo hegemônico de Estado neoliberal no mundo, em especial no mundo do trabalho e, de certa forma, a interrelação com a disseminação desse vírus que tem abalado as estruturas do mundo contemporâneo.[2]

Tomaremos como base a chamada "crise do petróleo de 1973" que irá marcar um antes e um depois para todos e cada um dos Estados da sociedade ocidental. O discurso da crise foi o ponto inicial para fazer crer, em termos gerais, que um maior crescimento econômico, maior benefício e bem-estar seriam incompatíveis com um maior desenvolvimento democrático das sociedades e por isso era necessário deixar de lado o Estado intervencionista e incentivar a autoregulação. Todavia, os fatos estão aí para comprovar que, ao contrário do propagado, esse modelo econômico de mercado trouxe consequências gravíssimas à humanidade, em especial à classe trabalhadora.

Qualquer explicação sobre esse momento histórico não pode ser considerada satisfatória se não se levar em conta a engrenagem que envolve o processo de reorganização do capital e de seu sistema político-ideológico de dominação, que, sob o comando das grandes

---

Publicação original no *site* **Justificando**: <https://www.justificando.com/2020/08/13/quando-teorias-se-redefinem-a-pandemia-e-o-papel-do-estado/>. Data da publicação: Quinta-feira, 13 de agosto de 2020.

(1) Doutora e mestra em Sociedad Democrática, Estado y Derecho pela Universidad del País Vasco, Espanha. Mestra em Direito Político e Econômico pela Universidade Mackenzie, São Paulo. Juíza do Trabalho da 21ª Região/RN. Membro da Associação Juízes para a Democracia.

(2) Alyson Mascaro faz uma análise muito interessante desta questão. Mascaro atribui a crise ao sistema social e ao modelo de sociabilidade capitalista já existente, que ele afirma ser intrinsecamente contraditório. A crise não é resultado do azar da natureza, mas tem raízes históricas e sociais que se assentam no modo de produção capitalista. Mascaro, A (2020). Política y derecho de la pandemia. In: *Crítica jurídica y política en Nuestra América*, CLACSO, jun. 2020, p 10-11.

corporações financeiras e empresariais, obrigam os Estados a se ajustarem à nova realidade internacional. Para contribuir com o objeto primordial da análise, teremos que observar a questão da internacionalização capitalista expressa pela propaganda ideológica de mundialização e de globalização, acompanhada pela regionalização dos blocos econômicos captando nuances dos aspectos de criação do mercado mundial e as modificações impostas aos Estados nacionais.

No campo político-institucional, o novo Estado imposto pelo capital antepõe-se ao modelo intervencionista prevalecente no período pós Segunda Guerra em busca da retomada do livre mercado(3). Nesse novo sistema global o mercado impõe aos Estados, de maneira crescente e definitiva, sua lógica econômica. Um modelo no qual a relação entre os dois subsistemas — Estado e Mercado — não é mais uma relação dialética, e sim de submissão, como acentuou Caballero Harriet(4). Deixou de ser um Estado de Direito para ser um Estado mercado.

No campo das relações de trabalho a ordem é difundir a flexibilização do mercado de trabalho. Incapazes de fazer uma crítica ao próprio capitalismo, os teóricos do neoliberalismo invocam a crise (1973) como justificação perfeita para a desconstrução da institucionalidade do trabalho alcançada no Estado do Bem-estar-social. Através da implementação de políticas flexibilizadoras, aparentemente neutras, há logrado criar uma nova institucionalidade, onde se tenta legitimar o discurso de liberdade dos contratos, quando, na realidade, a grande maioria dos trabalhadores se encontra obrigada, cada vez mais, a aceitar as condições laborais precárias impostas por essa violenta reestruturação.

O discurso flexibilizador incorporou no mundo do trabalho um novo *espírito capitalista,* como retratado por Max Weber em sua obra sobre a importância da Reforma Protestante para o capitalismo a reconfiguração do *ethos,* ora calcada na liberdade de escolha. A mudança dos padrões da forma de trabalho e emprego tem se operado à semelhança do que, em suas reflexões sobre o americanismo-fordismo, Gramsci denominou de *revolução passiva*(5). Nessa perspectiva, inspirada no olhar crítico de Gramsci sobre a passagem do feudalismo para o capitalismo, observa-se uma *revolução passiva* na incorporação do novo modelo de Estado, por todo um conjunto de agir, pensar e sentir dessa nova etapa capitalista; criando, a seu modo e semelhança, uma nova cultura construída pelos seus aparelhos ideológicos.

A partir dos anos oitenta, com o domínio das políticas neoliberais, houve uma progressiva liberalização e desregulação dos mercados financeiros, os quais se mundializaram sem nenhuma entidade reguladora supranacional para controlar suas atividades. Com isso, enquanto a economia produtiva representada pelo PIB mundial multiplicou-se por 5,6 entre 1980 e 2007, no mesmo período os ativos do mercado financeiro se multiplicaram por 16,2,

---

(3) HOBSBAWM vê impossível para aqueles que viveram os anos da Grande Depressão compreender como as ortodoxias do puro mercado livre, mais uma vez, viessem a presidir um período global de depressão no final da década de 1980 e na de 1990, que, mais uma vez, não puderam entender nem resolver. HOBSBAW, E. *A era dos extremos:* o breve século XX (1914-1991). São Paulo, 1991.

(4) CABALLERO HARRIET, F. J. *Algunas claves para una otra mundialización*. Santo Domingo: Txalaparta, 2009.

(5) GRAMSCI, Antonio *Cadernos do Cárcere*. v. 4, 2. ed. Rio de Janeiro: Civilização Brasileira.

passando de 12 bilhões de dólares em 1980 para 194 bilhões em 2007[(6)]. Mesmo após a crise de 2008, desta feita, em 2012, segundo dados do McKinsey Global Institute, Financial Globalization, Retreat or Reset? 2013, a relação dos ativos financeiros (capital fictício) em relação ao PIB mundial permaneceu em 356%.

Dados como estes e o mundo em pandemia, estão aí para mostrar as dimensões econômicas da financeirização do capitalismo contemporâneo, em detrimento ao investimento no setor produtivo. A acumulação financeira representa capital apenas para aqueles que o detêm e esperam rendimento, um capital fictício sob o ângulo do movimento do capital como um todo. Enquanto o investimento e o crescimento enfraquecem, os gestores de fundos recorrem à especulação e se lançam na "inovação financeira". Esse jogo especulativo reflete-se na gestão das principais empresas, não financeiras, por meio do controle externo exercido pelos investidores institucionais, que dominam o mercado de capitais. Essa tendência à estagnação é compensada pelo endividamento das famílias para manter seu nível de consumo ou até aumentá-lo.

O compromisso neoliberal coincide com os interesses do 1% mais ricos da população, em comparação com os 99% restantes, resultando, assim, em grande aumento da desigualdade na distribuição de renda, menos crescimento econômico e endividamento generalizado.

Essa liderança do capital financeiro especulativo trata-se da nova feição do capitalismo reestruturado que também compõe a generalização do sistema de financiamento entre as economias nacionais e seus endividamentos perante as economias dominantes do sistema global. Essa dinâmica especulativa, desligada de uma base material, cresce de maneira exponencial, provocando a derrocada dos Estados nacionais. Não há como se estranhar, portanto, que os países mais avançados do mundo, que adotaram integralmente o modelo econômico neoliberal, não foram capazes de conter a disseminação do Covid-19, que já conta com mais de 18 milhões de contaminados no mundo e mais de 690 mil óbitos registrados até o momento, segundo a Organização Mundial de Saúde.[(7)]

Deve ser enfatizado que o empobrecimento e a miserabilidade da classe trabalhadora já haviam sido enormemente ampliados, em todas as partes do mundo, antes mesmo da pandemia. O Relatório da Organização Internacional do Trabalho, OIT, publicado em janeiro de 2020, em Genebra, Suíça, já informava que o desemprego deveria aumentar em cerca de 2,5 milhões em 2020 atingindo mais de 200 milhões de pessoas em idade produtiva. Irrefutável que a opção financeirista do capitalismo mundial, em detrimento do setor produtivo, trouxe graves consequências não só ao nível de empregos, também às condições ambientais, à medida que os Estados nacionais foram privados de financiamento em prol de uma política de austeridade projetada para financiar cortes de impostos e subsídios para as empresas e os ricos, como explica David Harvey, em recente artigo publicado no blogdaboitempo.

---

(6) ZABALO, P. *Dicionário crítico das empresas transnacionales:* claves para enfrentar el poder de las grandes corporaciones. Barcelona, 2012. p.117.

(7) Disponível em: <https://covid19.who.int/>.

A realidade mostra que a predominância da órbita financeira sobre a produtiva vem promovendo um desenvolvimento, sem precedente, da especulação. Nessa aventura, sem futuro, quanto mais se aprofunda esse modelo mais se ampliam as possibilidades de crise, como a história tem demonstrado. Em escala mundial, a pobreza é a norma e a abundância a exceção. Em 1998 as estimativas (PENUD) eram de que as 225 fortunas mais importantes do mundo representavam um total de mais de um bilhão de dólares, isto é o equivalente a renda anual de 47% dos mais pobres entre a população mundial (2.500 milhões de pessoas[(8)]. Novo relatório da Oxfam publicado em 21/01/2020 revela que os 2.153 bilionários do mundo têm mais riqueza do que 4,6 bilhões de pessoas – ou cerca de 60% da população mundial.[(9)]

Do até aqui exposto, pode-se entender as razões pelas quais, no pleno Século XXI, o mundo civilizado não foi capaz de conter uma epidemia que, a exemplo das epidemias havidas em séculos passados, como a "peste" e a famosa "gripe espanhola", sua disseminação está atrelada à falta de políticas sanitárias, à fome e à miséria. Esse panorama é argumento suficiente para se refletir sobre a redefinição das teorias de mercado e o resgate do papel do Estado como regulador decisivo do sistema social. Ademais, é imperioso não permitir que o debate sobre os efeitos causados pelo coronavírus adote uma retórica falaciosa de causador da recessão, para camuflar a verdadeira causa da crise econômica.

---

(8) *Informe Mundial sobre el Desarrollo Humano PNUD*, 1998. Diponível em: <http://hdr.undp.org/sites/default/files/hdr_1998_es_completo_nostats.pdf>.

(9) Disponível em: <https://www.oxfam.org.br/noticias/bilionarios-do-mundo-tem-mais-riqueza-do-que-60-da-populacao-mundial/>.

Defender a Democracia e Proteger os Direitos Sociais

Por **Delaíde Alves Miranda Arantes**(1)

"No Brasil, é necessário lutar pelos direitos de todos e pelo fim da exclusão social."
D. Paulo Evaristo Arns

A ideia da elaboração de um artigo para provocar a reflexão nestes tempos estranhos e difíceis de crise econômica, social, política é uma tarefa difícil, porém necessária, como forma de contribuir para a construção do caminho para superar esta situação. Confesso que o mais árduo é a escolha do tema e início sintetizando minhas preocupações em vários níveis: ameaças à Democracia, como no dizer do Ministro do STF, Celso de Mello *"É preciso resistir à destruição da ordem democrática"*(2). Preocupam-me as tentativas de redução do papel da Justiça do Trabalho e as investidas contra os direitos trabalhistas, sociais e previdenciários, por meio de flexibilizações precarizantes, sob o pretexto de modernização e de criação de mais postos de trabalho.

Ao lado da defesa do Estado Democrático de Direito e da legislação social protetiva, outras questões relativas ao trabalho e aos trabalhadores, somam-se às minhas indignações, reforçando a ideia de trazê-las à reflexão, para dar maior visibilidade, e, assim, contribuir para amenizar a dor e o sofrimento de milhões de pessoas afetadas pelo desemprego, pela precarização do trabalho, pela desigualdade. Grande parte da população vive abaixo da linha da pobreza, contrastando com as garantias da Constituição que estabelece como direito fundamental o trabalho digno e preconiza a construção de uma sociedade mais justa, humana, igual e solidária.

Destaco como graves questões nestes tempos de crise da pandemia da Covid-19, a situação dos trabalhadores em frigoríficos, com alto índice de contaminação pelo vírus, sem condições de cumprir a recomendação de isolamento social da OMS e com sérios riscos de contaminação no trabalho. Ainda, o aumento da desigualdade social com reflexos na

Publicação original no *site* **Justificando**: <https://www.justificando.com/2020/08/27/defender-a-democracia-e-proteger-direitos-sociais-tab/>. Data da publicação: Quinta-feira, 27 de agosto de 2020.

(1) Ministra do TST. Mestranda FD/UnB membro Grupo Pesquisa "Constituição Trabalho e Cidadania (UnB/CNPq) e da AJD — Associação Juízes para a Democracia.

(2) Jornal *Correio Brasiliense* de 31 maio 2020. Disponível em: <https://www.correiobraziliense.com.br/app/noticia/politica/2020/05/31/interna_politica,859843/celso-de-mello-e-preciso-resistir-a-destruicao-da-ordem-democratica.shtml>. Acesso em: 22 ago. 2020.

contaminação com a Covid-19, afetando em larga escala os mais pobres, os moradores das periferias e a dramática situação dos pescadores das periferias de Natal (RN), a ilustrar o enfrentamento dos Pescadores de todo o País, sem renda para a sobrevivência e com altos riscos de contaminação.

Contudo, a minha contribuição aqui, como integrante das fileiras de resistência, se dará em torno da defesa da democracia e da proteção aos direitos sociais, iniciando por abordar a segurança jurídica em seu sentido amplo, com o escopo de garantia dos direitos constitucionais da pessoa humana, do cidadão e cidadã, com o fim de preservar os direitos assegurados na Constituição Federal. A segurança jurídica remonta à Declaração dos Direitos do Homem e do Cidadão, de 1789. Antes era associada aos direitos civis e políticos, mas foi estendida ao plano dos direitos sociais, econômicos, culturais e ambientais do Trabalho e o marco foram as Constituições sociais adotadas em vários países do mundo, sobretudo após a Segunda Guerra Mundial. E ainda, a influência do "Informe do Programa das Nações Unidas para o Desenvolvimento, PNUD", do ano de 1994.

No Brasil, o grande marco foi a Constituição Federal Cidadã de 1988, permitindo afirmar que a segurança jurídica abrange os direitos sociais constitucionalizados, que enumera os direitos sociais fundamentais à segurança, no capítulo II, artis. 6º, 7º e 8º e no Capítulo destinado aos Direitos Sociais, art. 1º, inciso IV e o art. 170.

A garantia dos Direitos Humanos, dos Direitos Fundamentais Trabalhistas, Sociais e Previdenciários insere-se no âmbito da segurança jurídica, ampliando o princípio insculpido em sentido estrito no art. 5º, inciso XXXVI, da constituição, para a proteção do direito adquirido; do ato jurídico perfeito e da coisa julgada, estendendo aos direitos fundamentais sociais protegidos pela Legislação Nacional e pelas Normas Internacionais, dentre as quais as Declarações de Direitos, Convenções e Recomendações da Organização Internacional do Trabalho (OIT).

E nos permite afirmar ainda, que a pandemia da Covid-19, embora se caracterize como situação emergencial, com legislação excepcional e Medidas Provisórias contendo dispositivos à margem da constitucionalidade, não colocou por terra a segurança jurídica, mesmo no difícil cenário do trabalho no Brasil: dificuldades e sofrimentos de milhões de brasileiros e brasileiras carentes da proteção de um Estado Social.

As múltiplas crises instaladas no Brasil, mesmo antes da pandemia da Covid-19, estão impondo sofrimentos, dificuldades e adoecimentos para milhões de pessoas, e particularmente aos mais vulneráveis: aos pobres, aos trabalhadores e trabalhadoras, às micro e pequenas empresas e empreendedores individuais, e agravando a exploração do trabalho infantil, do trabalho doméstico e de todas as formas de trabalhos precários.

Os dados são os mais alarmantes. De acordo com o Boletim Emprego em Pauta n. 15, do DIEESE, de 20 de julho de 2020[3], 19 milhões de pessoas foram afastadas do trabalho; 30 milhões tiveram redução no rendimento do trabalho; 9,7 milhões deixaram de receber remuneração; 61% foi o percentual de redução média de rendimentos dos trabalhadores e

(3) Disponível em: <https://www.dieese.org.br/boletimempregoempauta/2020/>. Acesso em: 23 ago. 2020.

56% dos trabalhadores informais tiveram perda de rendimento com a pandemia, afetando milhões de desempregados; os que tiveram seus contratos de trabalho suspensos; os salários e jornadas reduzidas e os assalariados que percebem salários insuficientes para a sobrevivência. No Brasil mais de 70% dos trabalhadores ativos ganham até dois salários mínimos.

A pandemia revelou a fragilidade do Estado brasileiro para atender às necessidades das camadas mais pobres da população. A existência de um Estado democrático, como regulador das relações econômicas, sociais e políticas, é essencial numa democracia. O desmonte do Estado democrático tem por objetivo a liberdade completa do capital, com sérios prejuízos para o conjunto da sociedade.

E o que dizer do futuro, para quem necessita da proteção do Estado, de políticas públicas e do trabalho para uma sobrevivência digna. Trago para reflexão, caminhos apontados, em contraponto às políticas neoliberais de redução de direitos, de precarização do trabalho adotadas pelo Brasil após 2016. Para Ana Frazão(4), em artigo sobre desregulação e flexibilização de direitos trabalhistas, "*a desregulação dos mercados de trabalho, tal como conduzida no Brasil, contribui para o agravamento da desigualdade e para a retração do crescimento*".

Mais do que nunca é necessário o investimento público para enfrentar a crise econômica e social. No entanto, o que vem ocorrendo são medidas de enfraquecimento da representação sindical e reformas neoliberais, como disposições da Lei da Reforma Trabalhista (Lei n. 13.467/17) e das Medidas Provisórias ns. 927 e 935. A Organização Internacional do Trabalho (OIT), constituída por 187 países-membros, incluindo o Brasil, organizou Recomendações como política de combate à crise em quatro pilares: estímulo à economia e ao emprego; apoio a empresas, empregos e rendimentos, com ampliação da proteção social a todos; proteção aos trabalhadores, com reforço das medidas de saúde e segurança, prevenção da discriminação e da exclusão, e ampliação do diálogo social entre governo e representantes de empregadores e trabalhadores.

A OIT, no evento "Cúpula Mundial", de julho de 20, firmou com outros Organismos Internacionais (ONU, OMS, OCDE), o compromisso de criar um mundo do trabalho melhor após a Covid-19, reforçando a importância da Agenda do Trabalho Decente, da qual o Brasil é signatário; além de Convenções e Declarações de Direitos. O Secretário Geral da ONU, Antônio Guterres declarou que a recuperação da crise "*não é uma escolha entre saúde ou emprego e a economia. Todas essas frentes estão interligadas. Ou nós venceremos em todas as frentes ou falharemos em todas*".

Em documento publicado no Jornal Folha de São Paulo, em julho de 2020, intitulado "Carta ao Povo de Deus", 152 Bispos propõem ao Brasil amplo diálogo nacional envolvendo humanistas, os comprometidos com a democracia e movimentos sociais, para o restabelecimento do respeito à Constituição Federal e ao Estado Democrático de Direito, propondo uma economia que vise ao bem comum, com justiça socioambiental, "terra, teto e trabalho" para todos e todas.

---

(4) Disponível em: <https://www.jota.info/paywall?redirect_to=//www.jota.info/opiniao-e-analise/-parte-iii-15072020>. Acesso em: 23 ago. 2020.

A grande questão que se coloca para todo democrata e defensor dos direitos sociais, trabalhistas, previdenciários é o dever de defender a democracia, combater o processo de ataques à Constituição e a esses direitos fundamentais. Cabe a todos refletir sobre as lições a se tirar da pandemia, para a construção de uma sociedade mais justa e igualitária, capaz de dar respostas verdadeiras aos problemas que enfrentamos, combatendo as desigualdades econômica, social e política.

E finalizo, com reflexão sobre a importância do Estado Social, do artigo "O que vem depois da crise? O Estado Social nos lembra o seu papel", de autoria de Gabriela Delgado e Renata Dutra(5): "... *a construção de relações sociais menos desiguais e ao cumprimento de expectativas civilizatórias, nos fortalece enquanto todo social unido por vínculos de solidariedade, num conjunto no qual o estado social tem um papel que, mais uma vez na história da humanidade, se mostra imprescindível*".

Defender a democracia e proteger os direitos sociais é o imperativo que nos move e provoca indignação a cada dia, aos que não conseguem ser e nem se manter indiferente à desigualdade, aos atos de desrespeito à Constituição, à democracia e aos direitos e instituições sociais.

(5) Coleção Direito do Trabalho e o Coronavirus, Vol. III, Lex Magister, 2020, Ed.OAB Nacional, p.153/159.

Além do Direito Trabalhista: A Constitucionalidade em Disputa

Por **Raquel Rodrigues Braga**[1]

"Quem quer marchar para o socialismo por um caminho que não seja o da democracia política chegará inevitavelmente a conclusões absurdas e reacionárias, tanto do ponto de vista econômico quanto político."

Lenin[2].

A supressão de direitos e a ameaça que paira sob as democracias aguçam as perplexidades contemporâneas. O sistema econômico, calcado na ideologia da nova ordem mundial, com a fleuma da modernidade, manobra para fazer o trabalho retornar à condição de não direito. A precarização no mundo é mais grave ainda em países periféricos, condenados a servir de baias de mão de obra barata.

Os freios trazidos pelo século XX, impostos pela Guerra Fria ante a intimidação da proposta socialista de um mundo coletivizado, extraíram do capitalismo uma sofisticada e importante arquitetura jurídica que o neoliberalismo hegemônico no século XXI quer afastar. A morfologia de retrocesso e o abandono do *welfare state* desfazem avanços civilizatórios e tratam como obstáculo a constitucionalidade moderna.

De 2003 a 2016, o Brasil recusou essa prescrição, adotando ações fundamentais e conjugadas de combate à desigualdade. Fortaleceu o setor público da economia, enfrentou os desequilíbrios regionais, investiu em pesquisa e afirmou os elementos de uma política externa soberana, conquistando o respeito das nações do nosso entorno Sul Americano e do Terceiro Mundo em geral. Contudo, após quase 30 anos de vigência da Constituição, entre os quais 12 anos foram de governos progressistas, que marcaram a saída do país do mapa da fome, não foi possível conter o golpe[3] protagonizado pelo Poder Judiciário, que afastou Dilma Rousseff (PT) da presidência e Luís Inácio Lula da Silva (PT) das eleições de 2018.

Publicação original no *site* **Justificando**: <https://www.justificando.com/2020/09/17/alem-do-direito-trabalhista-a-constitucionalidade-em-disputa/>. Data da publicação: Quinta-feira, 17 de setembro de 2020.

(1) Juíza do Trabalho, TRT/RJ, aposentada, com MBA em Poder Judiciário pela FGV e Especialista Crítica em Direitos Humanos pela Universidade Pablo de Olavide Sevilha-ES. Integrante da AJD e ABJD.

(2) GRUPPI, Luciano, *O pensamento de Lenin*. Trad. Carlos Nelson Coutinho. Rio de Janeiro: Graal, 1979. P. 56.

(3) "O processo", filme de Maria Augusta Ramos (2018). Documentário sobre o Golpe que afastou Dilma Rousseff da Presidência do Brasil.

A artimanha foi admitida[4] por um dos mais expressivos representantes da direita brasileira, Aloísio Nunes Ferreira. Segundo o ministro das Relações Exteriores do governo de Michel Temer, "houve manipulação política dos procuradores da Lava Jato e do então Juiz Sergio Moro"[5]. E que agiam "imbuídos de um projeto político, que vai além do processo judicial".

O ano de 2020 tem revelado as implicações internacionais da trama, com a presença do FBI[6], urdida a pretexto de investigar casos de corrupção na América Latina, obtendo dados de empresas brasileiras, tais como Odebrecht e Petrobras — notórias geradoras de empregos e concorrentes, no mercado internacional, das similares estadunidenses.

A nefasta conjuntura brasileira tem flertado com o fascismo na era Bolsonaro e as ameaças de novo golpe sobre as instituições são realidade no Direito do Trabalho. Dilma Rousseff foi deposta da Presidência da República em 31 de agosto de 2016 e já no dia 23 de dezembro do mesmo ano, foi apresentado, ao Congresso Nacional, o Projeto de Lei (PL) n. 6.787/16, seguido da proposta de reformulação na Lei do Trabalho Temporário, para alterar sete artigos da Consolidação das Leis Trabalhistas (CLT).

A tramitação do PL durou dois meses e três dias (de 09/02 até 12/04 de 2017). As nove páginas iniciais, recheadas de desejos empresariais, atingiram 132 páginas. A alteração incidiu sobre mais de duzentos dispositivos da CLT, com a aprovação por 296 votos contra 177, na Câmara dos Deputados, e 50 a 26, no Senado. A sanção veio em julho de 2017 pelo vice, e substituto de Dilma, Michel Temer, cuja marca é o maior índice de reprovação na história dos Presidentes da República.

Assim nasceu a Reforma Trabalhista (Lei n. 13.467/17), ponto de consenso entre conservadores e neoliberais, vigente a partir de 11 de novembro de 2017, com trâmite de estranha velocidade a revelar a ausência da participação dos maiores interessados: os trabalhadores. Rito apressado e violador da Convenção n. 154 da Organização Internacional do Trabalho (OIT), ratificada pelo Brasil, que exige a consulta prévia às organizações sindicais.

A lei justificada pela pretensa capacidade de gerar empregos, na verdade, reflete a desregulação, o retorno à premissa ultrapassada da "liberdade negocial do empregado", sem a proteção do Estado, e o bloqueio ao acesso à justiça, negadas a gratuidade e a participação sindical, mesmo na hipótese de renúncia.

A crise sanitária mundial da Covid-19 desnudou os efeitos caóticos dessa desregulação trabalhista que, por si, já era responsável pela vulnerabilidade das relações laborais. O "empreendedor", sem a rede estatal de proteção, como "gestor" da sua atividade, perdeu as condições do isolamento, essenciais para a contenção do vírus. A desigualdade social — flagrada no trato do neoliberalismo com os trabalhadores — faz da junção: modelo econômico/pandemia uma tragédia humanitária. Assim, na data em que escrevo este texto, o Brasil conta, infelizmente, 130 mil mortos.

---

(4) Entrevista ao jornal *Folha de S. Paulo*, publicado em 27 set. 2019.

(5) PRONER, Carol *et al* (Orgs.). *Comentário a um Acórdão anunciado*. São Paulo: Outras Expressões, 2018.

(6) Ver matéria publicada pelo *Brasil 247*, em 1º julho de 2020. Disponível em: <https://www.brasil247.com/brasil/fbi-tinha-conhecimento-de-toda-operacao-da-lava-jato-para-destruir-a-odebrecht>.

Na prática, a informalidade expressa em contratos atípicos precarizou as condições de trabalho. E sob o prisma da doutrina, retirou a especificidade da Disciplina, Direito do Trabalho, ao ignorar o seu objeto de estudo: a relação de emprego. Magda Biavaschi[(7)], citando Krotoschin, evoca a frase inscrita na Constituição da OIT: "o Trabalho não é mercadoria" — diretriz definitiva para traçar a autonomia do Direito do Trabalho em face do Direito Civil.

O Brasil, na mesma linha, consagra o Direito do Trabalho na sua especificidade ao incluí-lo na condição de direito social, nos termos do Capítulo II, art. 6º da Constituição, e acrescenta, no *caput* do art. 7º, a vedação do retrocesso social, confirmando as orientações do Pacto São José da Costa Rica de 1969 (cuja ratificação formal da Convenção, pelo país, ocorreu em 1992). A nossa Carta faz mais: atesta a ordem econômica fundada na valorização do trabalho, art. 170; e declara a ordem social com base no primado do Trabalho, art. 193.

A Reforma Trabalhista, de inspiração antirrepublicana, violou as regras constitucionais — normas de ordem pública que o Estado deve velar e proteger —, desprezando o arcabouço jurídico de inserção social, presente no Direito do Trabalho.

O panorama acima indica a necessidade da preservação dos Princípios Constitucionais (art. 1º), que não podem sofrer alterações aleatórias. O valor social do trabalho ocupa o mesmo patamar dos demais fundamentos da Magna Carta: soberania, cidadania, dignidade da pessoa humana, livre iniciativa e pluralismo político. Portanto, não há violação aos princípios fundamentais que não arraste consigo a democracia e os pilares do Projeto de Nação. Exigir o respeito aos limites constitucionais é, apenas, o mínimo do que se deseja no enfrentamento ao neoliberalismo, sob o risco de o "Estado pós-democrático de direito"[(8)], percebido nas violações aos pactos sociais, ganhar vida longa.

O cumprimento do regramento jurídico é fundamental e, não à toa, "Uma defesa das regras do jogo" consta do subtítulo do livro de Norberto Bobbio: "O futuro da democracia"[(9)]. Tal proposta implica a acomodação no Estado Liberal? Em absoluto. A adoção dos limites legais tem o propósito de garantir a efetividade das autonomias judicial e legislativa, que têm sido utilizadas como um "cheque em branco", dos quais são exemplos: a criminalização da política e o oportunismo das maiorias transitórias do legislativo, haja vista o desmonte da CLT.

O Supremo Tribunal Federal tem retardado julgamentos essenciais e, com tibieza, tecido elásticas interpretações das normas constitucionais. A conduta gera dúvida acerca do controle de constitucionalidade que queremos, tamanhos os riscos às harmonias e independência dos poderes, cuja autonomia encontra legitimação quando fundamentada na legalidade, observados os limites constitucionais.

---

(7) BIAVASCHI, Magda Barros, *O direito do trabalho no Brasil, 1930-1942:* a construção do sujeito de direitos trabalhistas. São Paulo: LTr, 2007. p. 68.

(8) CASARA, Rubens R. R. *Estado pós-democrático:* neo-obscurantismo e gestão dos indesejáveis. Rio de Janeiro: Civilização Brasileira, 2017.

(9) BOBBIO, Norberto. *O futuro da democracia:* uma defesa das regras do jogo. Trad de Marco Aurélio Nogueira. Rio de Janeiro: Paz e Terra, 1986.

Ao término desse texto, a tecla repetida em favor dos valores republicanos deixa a sensação de que venho perdendo para a originalidade. Acredito merecer um desconto, dada a importância do que defendo, quando até o próprio Marx elogiou os avanços da formação social capitalista em relação ao atraso feudal que a antecedeu. Autoriza-me a defesa de institutos da democracia liberal em face do fascismo ideado por Bolsonaro?

Os "Direitos Fundamentais Líquidos" e a Gestão dos Indesejáveis

Por **Carlos Eduardo Oliveira Dias**[(1)]

"A diferença entre a Guerra e a Paz é a seguinte: na Guerra, os pobres são os primeiros a serem mortos; na Paz são os primeiros a morrer."

Mia Couto, *Mulheres de Cinzas*

Desde o reconhecimento da pandemia do novo coronavírus, a maior parte das nações têm dirigido os seus principais esforços ao combate aos efeitos mortais e à atenuação das repercussões econômicas, sobretudo causadas pelo indispensável isolamento social. Em alguns países, no entanto, conduzidos por certo fundamentalismo, adotou-se política *negacionista*, com minimização da doença e das mortes que causa, especialmente para justificar medidas contrárias às necessárias restrições da atividade econômica.

A despeito da injustificável refutação das evidências da ciência, a pandemia escancarou a face mais cruel do capitalismo: sua capacidade de produzir iniquidades. Ainda que seja inquestionável a universalidade com que o vírus pode atingir as pessoas, o ponto de chegada está longe de ser o mesmo. Para as parcelas mais favorecidas da sociedade os sacrifícios decorrentes do isolamento social são compensados com outros prazeres acessíveis para que tem condições econômicas. Mas que tipo de vida em isolamento pode-se exigir de quem mora em condições precárias, juntamente com diversas pessoas, nem todas da mesma família? Se o acesso à internet permite remotamente o trabalho, o lazer e a formação, como ficam os 70 milhões de brasileiros e brasileiras que possuem acesso precário — ou nenhum acesso — à rede mundial de computadores? Como exigir medidas de proteção sanitária para quem não tem água ou esgoto tratados, ou para os moradores de rua, que se alimentam de restos de comida apanhados nas lixeiras das grandes cidades?

Se é verdadeiro que a pandemia se mostrou "democrática" na escolha das suas vítimas, as possibilidades de reação são significativamente diferentes, de acordo com as classes sociais atingidas. A desigualdade latente tornou-se visível até para quem tem menor sensibilidade social.

Publicação original no *site* **Justificando**: <https://www.justificando.com/2020/10/08/os-direitos-fundamentais-liquidos-e-a-gestao-dos-indesejaveis/>. Data da publicação: Quinta-feira, 8 de outubro de 2020.

(1) Juiz Titular da 1ª Vara do Trabalho de Campinas-SP.

Pareceria inevitável que, nesse momento, houvesse uma reflexão profunda sobre o papel do Estado nas relações sociais. Em tempos de revitalização do discurso neoliberal, acentuaram-se as críticas à atuação estatal destinada a regular o mercado ou, de alguma forma, intervir nos processos de formação da economia. Os "valores" do livre mercado são vendidos como sinônimo de pujança e desenvolvimento, contrapondo-se artificialmente ao "atraso" representado por políticas de inclusão social, em regras associadas à leniência. No entanto, bastou o surgimento de algo completamente fora do controle do poder econômico para que fosse reconsiderada a demonização do papel interventivo do Estado. Não que isso tenha sido feito de maneira ostensiva, reconhecendo a relevância de atitudes institucionais propositivas para o bem da sociedade. As elites econômicas não têm o costume de agir de forma tão altruísta: em seu individualismo cínico, clamam por ajuda do Estado apenas para proteger seus interesses, mas pretendem continuar criticando seu "paternalismo" quando ajudam os mais pobres.

A situação gerada pela pandemia deveria servir para que o papel do Estado fosse ressignificado, e dele se recuperasse uma das suas principais funções: a de assegurar a paz e a justiça social. No entanto, não parece ser essa a tendência, ao menos em países como o Brasil, que cada vez mais abraça a destruição do seu Estado Social mal-acabado. Ao contrário do que se imaginava, é pouco provável que a tragédia global produza mudanças profundas nas sociedades. Não são raros os exemplos de pessoas, que exalam arrogância e irresponsabilidade, com atitudes de desrespeito ao isolamento social por mero diletantismo e são flagradas em plena exibição de seus sinais externos de mediocridade, que fazem questão de eternizar em suas redes sociais, perenizando sua própria frivolidade. Enquanto isso, milhares de pobres se submetem a um risco imposto pela necessidade do trabalho, usando o tradicionalmente apinhado transporte coletivo, desta feita não apenas cheio de pessoas, mas provavelmente também lotado do vírus infectante e mortal.

Ao lado desses, um caso peculiar: os trabalhadores intermediados por aplicativos, que sustentam parte da economia não atingida pela pandemia e socorrem os integrantes das classes mais bem posicionadas. Trata-se de um exército de trabalhadores invisibilizados por um sistema jurídico que não os protege, já que boa parte da jurisprudência trabalhista ainda se recusa a reconhecer a óbvia relação de emprego entre eles e as plataformas e até mesmo direitos elementares relacionados à sua segurança. Alienados da proteção, esses trabalhadores e trabalhadoras passam fome enquanto transportam comida para os usuários e se submetem ao risco de contágio, sem que o Estado dirija sequer um olhar em sua direção.

Todas essas evidências retratam que, em países como o Brasil, a pandemia potencializou a desigualdade, afastando-o do propósito de construir uma sociedade mais justa, que valorize a importância do Estado em momentos de crise, inclusive aquelas produzidas pelo próprio capitalismo. Coerente com essa visão, as respostas do governo foram débeis, voltando-se primordialmente para a precarização do trabalho e atendimento às grandes corporações. É certo que, além da crise sanitária, o Brasil já enfrentava grave crise econômica, como resultante da recessão dos últimos anos e da falta de capacidade deste mesmo governo de enfrentá-la de maneira eficiente. A ambas adicionou-se uma infindável crise política, produzida por um governo fraco e inconsistente, produtor de conflitos autofágicos e com os demais poderes, e que demonstra a cada dia maior incapacidade de conduzir um país com a importância do Brasil.

Em um cenário extremamente grave e preocupante, o mundo do trabalho é seriamente afetado pela pandemia. Os profissionais que atuam na linha de frente do combate ao vírus, são expostos diariamente aos riscos de sua contaminação e de sua família. Os que atuam em atividades tidas como essenciais correm riscos para prover a sociedade daquilo que é indispensável. Sofrem, ainda, os dissabores possíveis durante o deslocamento para o trabalho, sem obrigatoriedade de fornecimento de proteção específica para esse fim. A eles se associa um número significativo de trabalhadores em atividades não-autorizadas pelo poder público, mas que funcionam de forma clandestina e os colocam em risco.

A resposta necessária envolvia a efetiva proteção do emprego e da renda, alcançando não apenas os trabalhadores do mercado formal de emprego mas sobretudo os chamados "informais" e aqueles marginalizados pelo sistema, pois a preservação da renda dessa massa seria fundamental para assegurar a sobrevivência da maior parte da população brasileira, inclusive oferecendo meios para garantir-lhe o consumo essencial.

Ao lado disso, seria indispensável a adoção de mecanismos de proteção específica para os pequenos empreendedores e para empresas com pequeno capital de giro, patrimônio reduzido e apertada margem de lucro, que precisam de incremento da atividade produtiva no cenário de isolamento social e suprimento dos prejuízos sofridos nesse período.

A postura do governo, no entanto, foi em sentido diametralmente oposto: adotando práticas genocidas, de incentivo à contaminação, criou uma artificiosa dicotomia entre a proteção à vida e a preservação da economia, ignorando por completo que a disseminação da doença e mortes por ela causadas também comprometem o desenvolvimento econômico. Movido pelo fundamentalismo associado à ignorância, o governo agiu ostensivamente contra o isolamento social, com vistas à retomada das atividades do comércio, da indústria e dos serviços, como se isso fosse promover a recuperação do país. Tornou-se evidente que o foco das medidas trabalhistas do governo foi o atendimento ao grande capital. A concessão de um modesto abono emergencial e de uma linha de crédito inacessível para pequenas e médias empresas foram acompanhadas de medidas precarizantes e desestruturantes do mercado de trabalho, como a supressão total ou parcial dos salários dos trabalhadores, medida que retarda ainda mais a retomada da atividade econômica, especialmente das empresas de menor porte, que dependem substancialmente do consumo local.

Em um contexto de normalidade institucional, esses atos não sobreviveriam ao exame de constitucionalidade. Mas o Estado brasileiro há muito rompeu com esse pacto, e o Direito passou a não mais servir à Constituição, desde que preceitos fundamentais nela inscritos passaram a ser relativizados em nome de conceitos jurídicos indeterminados e, sobretudo, dos interesses econômicos. A exemplo do que já fizera com a garantia constitucional da presunção de inocência, o STF buscou elementos circunstanciais para afastar direitos dotados de fundamentalidade material. Ignorou por completo que esses direitos são assim reconhecidos porque pertencem a um núcleo intangível de proteção ao indivíduo e à coletividade, não apenas contra os arbítrios do Estado mas todas as conjecturas temporais e espaciais porventura existentes. Sua fundamentalidade é reconhecida para que o cidadão não fique à mercê das injunções políticas, sociais ou econômicas, e tenha um arsenal que preserve o elementar para a sua dignidade.

Para o STF, todavia, os certos direitos fundamentais são líquidos — em especial os sociais —, ficando à mercê dos interesses do mercado. A constitucionalidade das medidas de precarização é sustentada apenas na preservação da saúde das empresas, pouco importando os efeitos destinados aos trabalhadores e trabalhadoras atingidos pelas medidas. Adotou-se técnica jurídica muito comum na interpretação constitucional brasileira contemporânea: a *jurisprudência de ocasião*, moldada de acordo com os interesses exclusivos das classes dominantes. Pouco importa, nesse caso, que os interesses da maioria sejam desconsiderados, e muito menos que são exatamente os mais pobres que estão fragilizados durante a pandemia, porque a cada dia se encontram mais desprotegidos.

Com isso, o Poder Judiciário continua a dar sua parcela de contribuição à *gestão dos indesejáveis*, fazendo com que o Brasil avance mais algumas casas no processo de perenização da sua histórica e cruel desigualdade social.

Ódio de Classe, o Pós-Golpe e a Quebra das Garantias Sociais

Por **Germano Siqueira**[(1)]

O Brasil vive uma das suas maiores tormentas históricas, com ameaças à democracia e às instituições, muitas chanceladas pelo atual Presidente da República, entre ataques ao Supremo Tribunal Federal, seus integrantes e familiares, além de sucessivos ataques à liberdade de imprensa, agressões ao meio ambiente, indígenas, quilombolas, negros e negras, mulheres, à comunidade LGBTQI e aos direitos sociais, apenas para ficar nesses exemplos de desconstrução do pacto civilizatório.

Essa quadra histórica é apenas reflexo de uma tragédia antecedente que se revela no diálogo publicado pela FSP[(2)], em maio de 2016, mantido entre Sergio Machado (ex-presidente da Transpetro) e Romero Jucá, Ministro do Planejamento do próprio governo que planejava golpear.

Na primeira parte dos diálogos Romero diz que *"(...) **com Dilma não dá, com a situação que está**"* ao que Machado responde: "*Tem que ter um impeachment*". E a respeito desse ponto, com o golpe parlamentar já consolidado, em 22 de setembro de 2016 Michel Temer concede entrevista[(3)] e esclarece o *"com Dilma não dá"*, apontando as "razões maiores" de todo aquele processo.

Ele afirma, sem nenhum pudor, que o impeachment/golpe foi adiante porque Dilma não aceitou incorporar as ideias da chamada "Ponte para o Futuro", a que traz ideias gerais de uma política de Estado mínimo (menos saúde, educação e segurança como garantias estatais e gratuitas) e entrega do patrimônio das riquezas nacionais ao capital estrangeiro, além de promover reformas amplas contra a população e contra os trabalhadores, a exemplo das reformas previdenciária e trabalhista, que era a mesma agenda defendida por Aécio Neves e derrotada nas urnas (em 2014), mas que os segmentos econômicos insistiam em impor à governante eleita.

Ao mesmo tempo em que o Congresso operava o golpe legislativo, a Operação Lava--jato, comandada por Sérgio Moro, agia com parcialidade (revelados em sua plenitude pelo

Publicação original no *site* **Justificando**: <https://www.justificando.com/2020/10/29/odio-de-classe-o-pos-golpe-e-a-quebra-das-garantias-sociais/>. Data da publicação: Quinta-feira, 29 de outubro de 2020.

(1) Juiz do trabalho na 7ª Região. Membro da Associação dos Juízes pela Democracia — AJD.

(2) Disponível em: <http://g1.globo.com/politica/operacao-lava-jato/noticia/2016/05/em-gravacao-juca-sugere-pacto-para-deter-lava-jato-diz-jornal.html>.

(3) Disponível em: <https://www.youtube.com/watch?v=pP2IGTZOS4M&feature=youtu.be>, em matéria do *site The Intercept*, de 22 set. 2016, disponívcel em: <https://theintercept.com/2016/09/22/michel-temer-diz-que-impeachment-aconteceu-porque-dilma-rejeitou-ponte-para-o-futuro/>.

The Intercept), seguindo seu curso de exibicionismo midiático, seletividade penal e interferência no processo político, inclusive para agir no processo de derrubada de Dilma Rousseff, tal como ocorreu no mês de março de 2016, quando se instava a comissão de impeachment na Câmara, oportunidade que Moro promoveu a divulgação ilegal de áudio de conversas entre Lula e Dilma, de Lula com sua esposa e dela com diversos outros interlocutores. Foi a mesma ilegalidade que voltou a cometer nas vésperas da eleição presidencial de 2018, faltando seis dias para a realização do primeiro turno(4), ao levantar sigilo de uma delação desacreditada de Antonio Palocci, que serviu de peça de campanha, na qual atuou politicamente para dela depois tirar proveito pessoal o que, em qualquer outro país, teria lhe rendido perda punitiva do cargo.

Sérgio Moro e parte relevante do empresariado nacional (notadamente a CNI/Fiesp)(5) além de responsáveis pelo quadro desenhado no início, especialmente pela degradação dos limites civilizatórios de uma nação, ao preço da barbárie hoje institucionalizada, tinham também a consciência de que a projetada e desejada eleição do atual presidente representava seus interesses.

Para Moro, ser catapultado ao STF e, para os segmentos empresariais que o apoiaram e ainda apoiam, a promessa de "banir" os direitos sociais da ordem jurídica, sendo na área econômica, com destaque nas relações de trabalho, que a aventura golpista de 2016 se conecta com a escolha dessa elite nacional por Jair Bolsonaro, notadamente quando, ainda candidato, instruído pela figura de seu assessor/ministro, promete bancar um amplo programa de oferta de trabalho para os brasileiros, **mas sem nenhum direito**, chegando até mesmo a cogitar reforma constitucional para abolir o art. 7º da Constituição, extinguir a o histórico Ministério do Trabalho [o que fez no primeiro dia], a Fiscalização do Trabalho, e até extinguir o Ministério Público e a Justiça do Trabalho, como promessas para fortalecer os ganhos empresariais.

Não há dúvidas, nesse resgate histórico, que os atos de Michel Temer e do atual presidente são como os de almas ressonantes, de modo que houve recrudescimento do desmonte das conquistas sociais demarcadas no processo constituinte de 1987/1988, em franco processo de desmonte no pós-golpe, cuja expressão maior é aprovação e sanção da Lei n. 13.467. Tudo dentro de uma lógica (sempre a mesma) de transferir renda do trabalho para o capital, reduzindo ao máximo a participação do trabalhador na proporção do valor criado(6) pelo seu trabalho em prol do lucro.

E é justamente durante o governo Bolsonaro que esse processo se aprofunda não só por medidas legislativas concretas (como o impacto da lei da liberdade econômica e da legislação editada na pandemia), mas na medida em que os elementos da superestrutura,

---

(4) Disponível em: <https://epoca.globo.com/sergio-moro-entra-na-campanha-eleitoral-ao-suspender-sigilo-de-parte-da-delacao-de-palocci-23126422>.

(5) "Empresários redobram pressão contra Governo Dilma e cobram apoio do Congresso". Disponível em: <https://brasil.elpais.com/brasil/2016/03/30/politica/1459289168_509972.html>.

(6) "SALÁRIO, PREÇO E LUCRO" – KARL MARX.

especialmente os de caráter ideológico, apresentam-se mais refinados e articulados, muitas vezes alimentados pelo preconceito e por quebras deontológicas, passando a dar suporte mais definido aos interesses do capital, à revelia das delimitações constitucionais traçadas pelo próprio Estado burguês.

Não por outro motivo, além de várias outras situações igualmente esdrúxulas, mostra-se impactante que candidato a ministro do STF saia em busca de apoio da FIESP[(7)] para sua indicação, prometendo comportar-se de determinada forma e dentro de determinado perfil ao ser eventualmente investido no cargo, ficando claro que o real poder — *o poder econômico* — é quem determina o papel a ser cumprido não só por legisladores (que não vacilam em patrocinar golpes políticos ou deter impeachments cabíveis, se for o caso), mas por hermeneutas estratégicos, incumbidos do controle de legalidade e constitucionalidade.

No tempo presente, quando garantias fundamentais e direitos sociais são relegados ou minimizados por instâncias do Ministério Público e do Poder Judiciário[(8)] para viabilizar equações econômicas vantajosas para os mais ricos, em nome de abstrações como "o mercado" ou hipóteses igualmente vagas como "saúde financeira" das empresas, descolando-se arbitrariamente do pacto político constitucional que deveria guiar a nação, é sinal de que não há mais nenhuma perspectiva de triunfo de valores como igualdade, dignidade e cidadania.

Quando determinados aparelhos ideológicos e seus agentes movem-se sob tais premissas como a entoar um *réquiem* para a morte dos direitos sociais a única lembrança possível é a trazida por Leo Huberman ("História da Riqueza do Homem" 1981, p. 138-139), recordando o processo político decorrente da revolução francesa, ao afirmar que o Código Napoleônico destina-se *"(...) evidentemente a proteger a propriedade — não a feudal, mas a burguesa"* e que o Código tinha cerca de 2.000 artigos "(...) *dos quais* ***apenas 7 tratam do trabalho*** *e cerca de* ***800 da propriedade privada.*** *Os* ***sindicatos e as greves são proibidos,*** *mas as associações de empregadores permitidas.* ***Numa disputa judicial sobre salários,*** *o Código* ***determina que o depoimento do patrão,*** *e não do empregado,* ***é que deve ser levado em conta.*** *O* ***código foi feito pela burguesia e para a burguesia:*** *foi* ***feito pelos donos da propriedade para proteção da propriedade.*** *(...)"*.

Não estamos distantes disso. Ao fim e ao cabo, apesar de uma Constituição de forte carga declaratória e afirmativa de valores, nos temas de interesse dos trabalhadores, diante os retrocessos experimentados, caminha-se no Brasil para os padrões de dominação da burguesia francesa. Enquanto for assim, a constituição, as leis e a interpretação hegemônica nos domínios econômicos serão apena éditos da burguesia nacional protegida pelo aparelho de Estado, não importando a Lei Maior. Talvez porque, como já disse Darcy Ribeiro "o *Brasil,*

(7) Disponível em: <https://g1.globo.com/politica/blog/andreia-sadi/post/2020/10/19/alem-de-politicos-kassio-procura-setor-economico-para-levar-mensagem-de-seguranca-juridica.ghtml>.

(8) A exemplo de decisões recentes do próprio STF, que negou aos Sindicatos o direito elementar de participar de negociações para redução salarial na pandemia; quando autoriza quebra de isonomia na terceirização e a própria terceirização ilimitada.

*último país a acabar com a escravidão, tem uma perversidade intrínseca na sua herança, que torna a nossa classe dominante (**e seus estamentos) enferma de desigualdade, de descaso" ou*, como afirmou mais recentemente o sociólogo Jessé de Sousa(9), no mesmo rumo, simplesmente porque " *o Brasil é um país doente, patologicamente doente pelo ódio de classe (...)"*, o mesmo ódio que não respeita a democracia, faz pouco caso dos trabalhadores e do processo civilizatório.

---

(9) Doutor em Sociologia pela Universidade de Heidelberg – Alemanha e autor de "*A Elite do Atraso*".

O Esgotamento da Pós-Democracia Neoliberal

Por **Vladimir Paes de Castro**[(1)]

"Você não sente nem vê
Mas eu não posso deixar de dizer, meu amigo
Que uma nova mudança em breve vai acontecer."

Velha roupa colorida (Belchior)

Inicio minhas reflexões guiado pela poesia de meu amado conterrâneo Antônio Carlos Belchior, tendo como pano de fundo a evolução dos acontecimentos históricos que estão deixando o mundo em ebulição. Além dos protestos antirracistas "vidas negras importam" que pipocaram no mundo todo e contribuíram sobremaneira para a derrota eleitoral de Donald Trump, ventos de resistência também vêm invadindo nossa América Latina. O povo Boliviano em menos de um ano derrotou nas urnas e de forma contundente o golpe de Estado praticado pelas forças reacionárias do país. E não poderia deixar de citar também a força do povo chileno, que após um ano de massivos protestos, mesmo mediante violenta repressão das forças de segurança do Estado, enterrou por ampla maioria, e de forma definitiva, a constituição autoritária neoliberal promulgada pelo odioso ditador militar Augusto Pinochet.

Demais disso, não poderia deixar de pontuar o resultado das eleições municipais em nosso país, que podem sugerir a chegada paulatina ao Brasil desse processo de rebelião popular. Além do derretimento da extrema direita em todas as regiões, o sucesso da candidatura popular de Guilherme Boulos na maior cidade do país é muito relevante, assim como a eleição de inúmeros vereadores provenientes de movimentos sociais das periferias das grandes e médias cidades.

Esses acontecimentos revelam que as massas populares inflamadas em nossa Pátria Grande latino-americana, e em todo o mundo, começam a se rebelar contra toda sorte de opressões. Surge assim, nessa quadra histórica, uma oportunidade rara para sairmos dessa terra arrasada deixada pela Pós-democracia.

Vale frisar que a situação do Brasil é muito particular, e mais complexa, já que vivemos um momento de profundo retrocesso civilizatório, principalmente com a total desregulação do direito do trabalho operada por essa extrema direita chucra e apoiada com desfaçatez pelos representantes de sempre do poder econômico-financeiro no Congresso Nacional.

Publicação original no *site* **Justificando**: <https://www.justificando.com/2020/11/19/o-esgotamento-da-pos-democracia-neoliberal/>. Data da publicação: Quinta-feira, 19 de novembro de 2020.

(1) Juiz do Trabalho do TRT21-RN. Membro da Associação de Juízes para Democracia (AJD) e da Associação Nacional de Magistrados da Justiça do Trabalho (ANAMATRA).

Falando em Pós-democracia, cumpre mencionar as lições de nosso colega Rubens Casara que em sua obra "Sociedade sem lei" esmiúça a catástrofe social que vivemos no mundo, principalmente na periferia do sistema capitalista. Direitos fundamentais, e principalmente os direitos sociais do trabalho, são habitualmente destruídos pelos agentes estatais que representam os interesses do "deus mercado". O ser humano é coisificado, sendo apenas mais uma mercadoria negociável. Não há limites para a relativização de direitos fundamentais, principalmente quando são empecilhos para atender determinado interesse econômico.

"Lucro
Máquina de louco
Você pra mim é lucro
Máquina de louco."

Lucro (Descomprimindo) (Baiana System)

A consolidação dessa lógica nefasta da Pós-democracia, principalmente na periferia do sistema, vem tensionando o conflito de interesses do povo trabalhador X grandes conglomerados econômico-financeiros. Auxiliados pelos seus tentáculos nos Poderes do Estado, desequilibraram profundamente a balança civilizatória. As condições de vida cada vez mais precária da população, aliada a violência estatal para lidar com o exército de pessoas excluídas do sistema, têm gerado uma onda de insatisfação e revolta que fez com que algumas figuras do *mainstream* neoliberal global ligassem o sinal de alerta.

Além dessa pressão civilizatória e econômica advinda do caos provocado pela Pós-democracia, é primordial, na minha ótica, destacar pontualmente o papel chave do fator China na geopolítica. A crescente importância dessa nação no tabuleiro de forças do planeta, com outros paradigmas sociais, políticos e econômicos, também está servindo de combustível para essa efervescência no mundo.

Ademais dos excelentes indicadores sociais e econômicos da potência asiática no contexto pré-pandemia, sendo o país que mais reduziu a fome e a extrema pobreza nas últimas décadas, a conduta do governo chinês no combate a pandemia do Covid-19 é um exemplo de grande sucesso reconhecido pela Organização Mundial da Saúde (OMS).

Diante desse contexto perigoso para as grandes elites financeiras, instituições neoliberais do calibre de Banco Mundial e Fundo Monetário Internacional se viram forçadas a defender maior investimento público para redução das desigualdades sociais e mitigação temporária do dogma da austeridade fiscal. Figuras conhecidas no Brasil, representantes dessas mesmas elites financeiras internacionais, como Armínio Fraga (ex-Presidente do Banco Central do governo FHC) e André Lara Resende (um dos criadores do plano real e ex Presidente do BNDES do governo FHC), passaram a defender de forma oportunista a suspensão do famigerado ajuste fiscal, e consequente aumento do investimento do Estado, e até da carga tributária, como ferramentas para concretizar a redução das desigualdades, auxiliando a recuperação da economia.

Nesse contexto de efervescência mundial e com o fator China pressionando o *mainstream* neoliberal, um caminho alternativo já se apresenta, muito similar ao que ocorreu no pós

2ª guerra. Os grandes conglomerados financeiros globais, e seus marionetes locais, tentam buscar um caminho desavergonhado de manutenção do *status quo*, mas desta feita com a observância de direitos fundamentais mínimos, reaproximando os valores fluídos do sistema a um keynesianismo de ocasião, como uma tentativa de retomar, no caso do Brasil, parte de nosso combalido projeto constitucional social democrata.

Apesar dessa mudança de caminho apontada acima, nas periferias do sistema a situação é mais complexa. Ao contrário das figuras do mercado financeiro mencionadas, os representantes máximos do neoliberalismo no Estado Brasileiro permanecem na mesma toada pós-democrática, com destaque para o papel do Poder Judiciário, principalmente do Supremo Tribunal Federal. Toda sorte de ataque ao nosso sistema de direitos fundamentais sociais do trabalhador está sendo chancelada pela maioria do plenário da corte, a exemplo de inúmeras inconstitucionalidades da Reforma Trabalhista e ainda mais recentemente o fim do salário isonômico para os trabalhadores terceirizados.

Além disso, foi validado o direito de exceção estabelecido nas medidas provisórias editadas nessa temporada de pandemia, em que direitos basilares dos trabalhadores com previsão em nossa Carta Magna foram totalmente violados, como a exclusão do Sindicato nas negociações de redução de salário, jornada e suspensões contratuais.

Infelizmente não é somente no âmbito das cortes superiores que os interesses do poder econômico estão presentes, mas também em todos os graus e níveis do Judiciário, inclusive no âmbito da Justiça do Trabalho. Historicamente nosso país formou uma elite de magistrados que em sua maioria não tem nenhum compromisso com nossa Carta Magna e a complexidade de direitos fundamentais ali consagrados. Filhos das mesmas elites econômico-financeiras que comandam o país, ou oriundos da classe média mais abastada que fantasia ser elite, a grande maioria desses magistrados age como Pôncio Pilatos da modernidade. Agravam a situação social e econômica da classe trabalhadora, chancelando toda sorte de desconstrução de direitos sociais em absoluta incompatibilidade com os alicerces de nosso Estado Democrático de Direito (arts. 1º e 3º da CF/1988), notadamente a dignidade da pessoa humana, o valor social do trabalho, a construção de uma sociedade livre, justa, solidária, a erradicação da pobreza e redução das desigualdades sociais e regionais, dentre outros preceitos.

Essa visão estritamente econômica do direito é tão incompatível com nosso projeto constitucional, inclusive pensando de forma pragmática, que ao invés de atuar como Poder contramajoritário em face dos interesses selvagens do mercado e manter o patamar digno de direitos sociais da população, na verdade precariza de forma tão aviltante as condições de vida do trabalhador que prejudica inclusive a possibilidade de recuperação econômica. Ora, ao fim e ao cabo, essa retirada de direitos reduz a massa salarial e o consumo das famílias, que é o maior motor de nossa economia.

Além dessa alternativa que já se apresenta, com a possibilidade de retomada paulatina e desavergonhada de nosso projeto constitucional defendida por alguns dos representantes do mercado financeiro, esse tensionamento que o mundo neoliberal institucional tupiniquim tem operado em desfavor do cidadão trabalhador, pode estar levando a um ponto de ruptura, onde quem sabe, num processo parecido com o que ocorreu no Chile no último ano, possamos avançar como nação para uma democracia mais humanizada, em que nossos Poderes sejam ocupados por cidadãos compromissados com o povo brasileiro, e não sirvam somente como entrepostos dos interesses do mercado.

Termino minhas breves reflexões, agora movido pelo samba "Juízo Final" imortalizado na voz de Clara Nunes, com desejo e esperança de que a força popular que está invadindo nossa Pátria Grande latino-americana possa continuar ultrapassando as fronteiras do Brasil. Com isto talvez tenhamos uma nação mais humana, em que os povos originários e quilombolas sejam respeitados e reparados, em que todos possam conviver fraternalmente independente de raça, orientação sexual, gênero, em que se reconheça cada vez mais direitos aos trabalhadores, e que todos, independente de ideologia, tenham absoluto compromisso com os princípios fundamentais de nossa Constituição, para que possamos coletivamente sempre frear qualquer sinalização de mudanças antidemocráticas que nos joguem novamente na barbárie.

"O Sol há de brilhar mais uma vez
A luz há de chegar aos corações
Do mal será queimada a semente
O amor será eterno novamente."

Juízo Final (Nelson Cavaquinho e Élcio Soares)

Extermínio de Direitos do Trabalho Sem Combinar com "Russos"

Por **Grijalbo F. Coutinho**[1]

Vivemos a época mais aguda de destruição do marco regulatório das relações de trabalho no Brasil, fúria neoliberal que teve início nos anos 1990. Nada é comparável, contudo, com o quadro de degradação do Direito do Trabalho da última década, por intermédio de decisões do STF (2011-2020) inspiradoras da ação articulada do Executivo e do Legislativo na mesma direção (2016-2020), matiz antissocial essa exponencialmente robustecida em tempos de *impeachment* presidencial (2016) providenciado com o intuito de atender desejos inconfessáveis do mercado financeiro voltados para aumentar o grau de exploração da classe trabalhadora e espoliar riquezas nacionais.

No conjunto de 60 temas nucleares distintos de Direito do Trabalho analisados pelo STF entre 2007 e 2020, em 57 deles o Tribunal retirou garantias e direitos antes incorporados ao patrimônio jurídico da classe trabalhadora, julgando demandas favoráveis ao capital para liberar a terceirização generalizada; autorizar a prevalência do negociado sobre o legislado; aniquilar fontes de receita dos sindicatos obreiros; reduzir drasticamente o tempo de exigibilidade do FGTS não recolhido; espoliar a competência da Justiça do Trabalho como fator de inefetividade dos institutos do juslaboralismo; suspender texto constitucional de conteúdo garantista em tempos de pandemia e, de ofício, praticamente acabar com a correção monetária e os juros de mora durante o prazo de tramitação dos processos trabalhistas, além de proferir dezenas de outras decisões respeitando exclusivamente o credo neoliberal[2].

Em outra frente complementar, o governo Temer estraçalhou a CLT e demoliu parte da jurisprudência de natureza garantista do TST, com a sua *contrarreforma* dizimadora de conquistas históricas da classe trabalhadora (Leis ns. 13.429 e 13.467, de 2017). Com a mesma fúria, registre-se, o governo Bolsonaro, que acabou com o Ministério do Trabalho, editou medidas provisórias (870, 927, 936, 946 e 984) e apoiou a aprovação de leis (14.020, 14.043 e 14.047) requeridas por graúdas entidades empresariais.

Em síntese, as elites do mercado declararam guerra total a qualquer grau de civilidade nas relações entre o capital e o trabalho no Brasil, cuja receptividade aos seus apelos junto

---

Publicação original no *site* **Justificando**: <https://www.justificando.com/2021/01/28/grijalbo-coutinho-exterminio-de-direitos-do-trabalho-sem-combinar-com-russos/>. Data da publicação: Quinta-feira, 28 de janeiro de 2021.

(1) Desembargador do Trabalho do TRT 10 (DF e TO). Membro da AJD.

(2) COUTINHO, G. F. O STF como Justiça Política do Capital. A desconstrução do Direito do Trabalho por intermédio de decisões sintonizadas com os ímpetos do mercado neoliberal (2007-2020). 2020. 643 f. Tese (Doutorado em Direito e Justiça) – Faculdade de Direito, Universidade Federal de Minas Gerais, Belo Horizonte.

aos poderes constituídos da *República* dos mais aquinhoados tem sido exuberante, pouco importando para os donos do dinheiro o trituramento impiedoso do pacto social advindo do processo constituinte da democracia formal burguesa que resultou na Constituição de 1988, muito menos os efeitos da venenosa aliança com a extrema direita para consagrar o triunfo do neoliberalismo econômico de conteúdo político neofascista.

Com a sistemática destruição dos Direitos do Trabalho é, em última análise, a própria República que se abala, pela ação inconstitucional de seus poderes, ao conferirem voz exclusivamente aos potentados econômicos do mercado financeiro, os quais impõem autocraticamente as suas regras para o conjunto da sociedade.

República pressupõe a primazia da esfera pública em detrimento dos interesses mesquinhos e ruinosos das oligarquias econômicas e políticas.

Se não bastasse o quadro grave de ofensa à Constituição, à República e ao Estado Democrático de Direito, é inquestionável que a desregulamentação, a flexibilização e a precarização das condições de trabalho rompem com o pacto constitucional de 1988, que estabeleceu que o fundamento primeiro da ordem econômica é a valorização do trabalho humano (art. 170).

Não se ignora que a Constituição de 1988 rege uma democracia formal burguesa representativa, e não uma efetiva democracia de acesso igualitário de todas as pessoas aos bens materiais e imateriais à vida digna. Visa, ainda, fazer funcionar a engrenagem do sistema capitalista de produção, com todas as contradições e injustiças que daí decorrem.

Em contrapartida, há em seu texto anteparos que devem funcionar incessantemente para evitar os excessos do livre mercado.

A sua formalidade democrática não põe em xeque o poder econômico e político concentrado nas mãos da burguesia. Ao contrário, a livre iniciativa e a propriedade privada são princípios fundantes do mesmo Estado Democrático de Direito.

Examinado esse quadro por meio da concepção pachukaniana do Direito, poderíamos concluir que é a forma do valormercadoria definindo a forma jurídica em seu sentido clássico, mediante a ação dos três poderes constituídos(3).

Esta última compreensão, todavia, é objeto da crítica de autores que veem na modernidade uma tensão permanente entre os imperativos sistêmicos do modo de produção capitalista e as expectativas por igualdade em todos os planos da vida, de modo que o cumprimento da Constituição também demanda a presença e a efetividade de uma teoria discursiva valorizadora da esfera pública decantada por Habermas(4).

E nessa perspectiva, a Constituição (1988) encontra-se em sintonia com várias das legítimas aspirações de segmentos historicamente excluídos, atenta, por exemplo, à preservação do meio ambiente, ao prestigio dos povos indígenas e a outras questões igualmente incômodas

---

(3) PACHUKANIS, E. *A teoria geral do direito e o marxismo* — e ensaios escolhidos 1921-1929. São Paulo: Sundermann, 2017.

(4) GOMES, D. F. L. *A Constituição de 1824 e o problema da modernidade* — Belo Horizonte: D'Plácido, 2019.

ao capitalismo neoliberal devastador da natureza, cujos ganhos políticos dela advindos, desde outubro de 1988, evidentemente, estão longe de pôr fim às anomalias *patológicas* decorrentes da herança escravista, discriminatória e opressora da sociedade brasileira[(5)].

Além disso, se fosse liberal, neoliberal ou ultraliberal, a Constituição de 1988 não estabeleceria que o direito ao trabalho é direito fundamental, assim como o são igualmente a educação, a saúde, a previdência social, a moradia, o transporte, o lazer, a alimentação, a segurança, a assistência aos desamparados, a proteção à maternidade e à infância (art. 6º).

Em outros termos, a Constituição de 1988 — ápice da democracia formal burguesa no Brasil — repudia o neoliberalismo como prática política de quaisquer dos poderes da República.

Não se desconhece a flexibilidade da teoria da mutação constitucional capaz de autorizar uma nova e diferente interpretação da Constituição sem a mudança do texto constitucional, prática tão relembrada para mostrar a atuação da Corte Suprema estadunidense em um cenário de Constituição centenária.

Não é disso que se trata no caso brasileiro da desregulamentação das relações de trabalho.

Estamos a falar de um pacto constitucional recente no Brasil, advindo do fim da ditadura militar no Brasil (1964-1985), quando as forças econômicas e políticas, depois de vários embates, decidiram por uma Constituição que proclama o valor social do trabalho como fundamento do Estado Democrático de Direito, uma Constituição que proíbe o funcionamento da ordem econômica sem respeitar o princípio da valorização do trabalho humano.

Esses fundamentos e princípios da Constituição de 1988 devem ser ainda mais evidentes e potencializados nos momentos de crise do sistema econômico capitalista de produção, jamais abandonados ou relativizados em nome das *leis econômicas* do livre mercado.

É extremamente instigante averiguar como alguns intérpretes da Constituição, minando as bases do pacto social e político de 5 de outubro de 1988, arvoram-se para redimensionar, de maneira exclusivamente pró-capital, o processo constituinte e o constitucionalismo de 1988. Retrocedem décadas, ao tempo do labor humano sem proteção. Fazem-no ignorando a premissa de que não existe Estado Democrático de Direito sem respeito ao Direito do Trabalho e aos princípios expressos na lei fundamental. Para eles, a Constituição de 1988 não trata de Direito do Trabalho. É a constituição financeira, segundo qualificam Bercovici e Massonetto, que deve sufocar a constituição econômica e social[(6)].

A corrosão da base, dos fundamentos e dos princípios da Constituição de 1988, esse conjunto de garantias asseguradas à classe trabalhadora após árdua disputa política, é a recusa explícita da democracia outrora pactuada com a classe dominante.

---

(5) GOMES, D. F. L. A perífrase esquecida: coragem e Constituição. In: CATTONI DE OLIVEIRA, Marcelo Andrade. *1988-2018:* o que constituímos? Belo Horizonte: Conhecimento Livraria e Distribuidora, 2019.

(6) BERCOVICCI, G.; MASSONETTO; L. F. A constituição dirigente invertida: a blindagem da constituição financeira e a agonia da constituição econômica. Coimbra: Separata do *Boletim de CE* da Univ. Coimbra, 2006.

A burguesia brasileira assentiu com esse modelo de Constituição avessa ao ideário neoliberal, embora tente desmoroná-lo o tempo todo na disputa política cotidiana, aguardando, para tanto, que os poderes constituídos exterminem o conteúdo social marcante da lei fundamental — quanto ao trabalho e as suas complexas relações com o capital —, independentemente da existência de novo processo constituinte e até mesmo de qualquer emenda constitucional.

Neste início de terceira década do século XXI, poucos temas na realidade brasileira adquirem tamanha relevância para a afirmação do Estado Democrático de Direito quanto a necessidade do restabelecimento imediato do Direito Constitucional do Trabalho, usurpado da classe trabalhadora.

Por isso mesmo, a compulsão pelo desmoronamento do Direito do Trabalho no Brasil precisa ser enfrentada urgentemente com luta social e exigência de cumprimento da Constituição de 1988.

O Direito do Trabalho, o Supremo e a Morte

Por **Gustavo Tadeu Alkmim**(1)

Lev Tolstoi publica um de seus textos mais impactantes: *A Morte de Ivan Ilitch*. Narra os momentos finais de um juiz do Tribunal da Relação. Cumpridor dos seus deveres, vestiu ao longo da vida o manto da (suposta) neutralidade, aplicando ao pé da letra o Código Russo de 1864. Não havia nódoa nas suas vestes — nem emoção. Sem riscos, nem inovações. Empolgavam-lhe os louros. Os aplausos, mesmo insinceros, eram bem-vindos. A inveja dos outros e a submissão dos subordinados aguçavam-lhe o ego. Deliciava-se, enfim, com o exercício do poder. Na iminência da morte, revê-se: vivera dedicado ao ofício e tudo que deixava era uma vaga no tribunal ansiada pelos colegas e uma pensão ambicionada pela esposa. No mais, a carreira burocrática, o desencanto, a hipocrisia, as aparências. "Eu subia perante a opinião pública, mas na realidade a vida me fugia" — suspira o magistrado até alguém dizer à cabeceira: "Acabou!".

Na novela, a abordagem jurídica está longe de ser o foco. Que é muito mais complexo: o sentido da vida e da existência. Contudo, não deixa de ser interessante perceber que a vida de Ilitch se confunde com o seu olhar interpretativo de magistrado: literal, não comprometedor, formal. Seus julgamentos têm o silogismo com fio condutor (Caio é homem; os homens são mortais; logo, Caio é mortal), e ele não vê cara, nem coração dos litigantes. Nos momentos terminais, em meio às dores físicas e morais, convive cara a cara com criado Guerasim, de quem depende e recebe um tratamento franco e pessoal.

Leio os devaneios de Ilitch; vejo a dignidade de Guerasim: vem-me à mente nosso magistrado-mor, o STF, e sua relação com trabalhadores e sindicatos.

No cenário pós-impeachment, o Congresso anunciou uma Reforma Trabalhista propagandeada "moderna", que (i) geraria empregos, (ii) atrairia investimentos internacionais, (iii) desoneraria as folhas de pagamento. Somente a terceira promessa se concretizou. O desemprego aumentou, empresas internacionais estão indo embora. À medida que escorre a tinta da máscara, a tal reforma revela ser um engodo. Mas virou lei. E muito custou ao Direito do Trabalho, sangrado pelo legislador, que subverteu a sua lógica, preocupado mais com o bem-estar do empresariado e menos com a proteção ao trabalhador. Com os escrúpulos jogados às favas, sem constrangimentos, anunciou-se a quadratura do círculo: a negociação coletiva superando a lei, e a autonomia individual se sobrepondo à atuação sindical. Com uma mão, acaba com o sustento dos sindicatos — a contribuição compulsória

Publicação original no *site* **Justificando**: <https://www.justificando.com/2021/02/04/gustavo-tadeu-alkmim-o-direito-do-trabalho-o-supremo-e-a-morte/>. Data da publicação: Quinta-feira, 4 de fevereiro de 2021.

(1) Desembargador do Tribunal Regional do Trabalho da 1ª Região. Conselheiro CNJ 2015-2017. Presidente da ANAMATRA 1999-2001. Mestre e Doutor em Literatura pela PUC-Rio. Membro da AJD.

—; com a outra mão, estimula que esses mesmos sindicatos negociem direitos. Numa penada, o legislador reformista quebrou a coluna vertebral do direito trabalhista constitucional. Não houve passeatas, ruas não foram tomadas. Parecia claro, porém, que alguma coisa maléfica acontecia ali. Chamem o Supremo! — deve ter gritado alguém.

Esperançou-se, então, pelo STF anti-Ilitch — vanguardista, inovador, que conjuga circunstâncias e particularidades com a letra da lei: defende a liberdade de expressão, autoriza a "marcha da maconha", descriminaliza o aborto no primeiro trimestre de gravidez e nos casos de anencefalia, declara a competência concorrente para a adoção de medidas contra a Covid-19. Mas havia uma pedra chamada "trabalho" no meio do caminho — quando, então, o Supremo encarna a essência da personagem de Tolstoi. E bate o martelo: vale a literalidade da lei.

Uma reforma trabalhista sempre foi o propósito do pensamento neoliberal. Desde os anos 1990, "flexibilização" e "negociado-sobre-o-legislado" eram palavras de ordem anunciadas como pílulas mágicas para resolver o desemprego — pregadas, até, nos tempos de pleno emprego. Não encontravam eco, porém. Até o Supremo editar a tese da transação extrajudicial em adesão ao PDI. Ali, abria-se a porteira. O STF — que, há muito, já repetia o mantra empresarial de que a legislação trabalhista é ultrapassada e inflexível — passou a tecer loas à "prevalência do negociado", prescrito como a cloroquina da vez, embora estudos e exemplos demonstrassem sua ineficácia. Por ocasião do julgamento sobre a contribuição compulsória, nem mesmo o alerta da Ministra Rosa Weber — "Não podemos mexer em parte sem que haja uma alteração do todo, sob pena de uma desarmonia que atenta contra os comandos constitucionais" — alterou o sentimento ali reinante. E ouvimos, no plenário, os chavões de sempre: a CLT é arcaica, é paternalista, o sistema é de cabresto.

Os sindicatos chegaram a buscar a autorização do desconto por meio de assembleia geral, suprindo, assim, o consentimento individual. Novamente, o óbice do Supremo. Que, não bastasse, alheio a um fato inconteste — os sindicatos irão esfacelados para a "negociação" (as aspas são propositais) —, aprova a repercussão geral da tese que manda observar acordos e convenções coletivas "ainda que afastem ou restrinjam direitos trabalhistas, independentemente da explicitação de vantagens compensatórias". *Acordos* em que condições? — é o caso de se perguntar, diante de um quadro em que os sindicatos perderam a sua fonte de receita e caminham para a inexistência ou irrelevância. Conquistas históricas prometem se desmanchar no ar.

Sabe-se que a crise do sindicalismo envolve múltiplos aspectos. Por um lado, a terceirização. Aqui novamente o Supremo foi decisivo. Acendeu sinal verde até para a atividade-fim da empresa tomadora de serviços. E um dos resultados diretos da terceirização é a fragmentação que dificulta o encontro, o congraçamento, os laços de solidariedade — em suma, o sindicalismo.

Por outro lado, fenômenos como "nova classe trabalhadora de serviços" e "uberização" inibem o coletivismo e acentuam o individualismo e a rivalidade, rompendo a ideia de aglutinação em torno do sindicato. Hoje, agrega-se mais nos movimentos sociais. Ou nas igrejas evangélicas — "espaços de sociabilidade onde as pessoas podem falar sobre seus desejos e anseios. Lá elas encontram laços de fraternidade e solidariedade", no alerta de Marcio Pochman.

O momento é de desafio, transição e ressignificação. Acabar, agora, com a contribuição sindical pode ter sido equivalente a cravar a estaca mortal.

Mas é hora de aplicar a lei, diz o Supremo. Impassível. Sem emoções.

Em seu martírio, Ivan Ilicht consulta o médico. Angustia-se: seu caso é sério? O médico retruca formal e genericamente. Agoniado, anseia por análise pessoal e emocional. Diante da resposta — "Já disse o necessário" —, faz a comparação inevitável: tal qual nos tribunais. "Mas não sou um homem abstrato", pensa. Em vão. Está a provar da mesma sopa fria e amarga que serviu aos jurisdicionados. Volto ao STF: indiferente aos dramas vivenciados pelos sindicatos, só vê abstração. Assim como se vale do silogismo para transferir para a Justiça Comum temas típicos do mundo do trabalho, ignorando-lhe as peculiaridades (desigualdade entre os litigantes, coerção econômica, hipossufiente). E como lavou as mãos diante do violento corte orçamentário de 2016 fazendo ouvidos moucos para a chantagem do deputado relator ("advertir a Justiça do Trabalho acerca dos supostos 'excessos' de seus julgados em detrimento do patronato brasileiro"). Sem falar no recado transmitido ao empresariado: litigar na Justiça do Trabalho passou a ser excelente negócio, sem juros e praticamente sem correção monetária.

Em miúdos, alguma coisa está acontecendo com o Direito do Trabalho. E não é nada boa. Um sindicalismo alquebrado, uma reforma que deforma, uma Justiça do Trabalho minada. E estas decisões... Alguma coisa se passa aqui. Mas o Supremo não sabe o que é... Ou sabe?

Nos anos 1960, Bob Dylan cantou: "porque algo está acontecendo aqui, mas você não sabe o que é. Sabe, Mr. Jones?" Hoje, caberia perguntar: Sabe, Supremo?

Submisso, diante do médico, Ivan Ilicht pensa no quanto de empatia faltou-lhe no julgamento dos processos. O quanto faltou olhar para a parte e ver ali uma pessoa, com história e circunstâncias. Empatia que falta ao Supremo quando ignora as condições dos trabalhadores numa sociedade marcada pela precariedade, pelo trabalho extenuante, pelo descumprimento dos direitos trabalhistas mínimos, pela ainda existência de trabalho escravo. Parece estar a Corte mais preocupada com a *saúde* das empresas. Mesmo em meio à pandemia, quando a *saúde* das pessoas, dos trabalhadores, deveria ser a maior preocupação, o Supremo autorizou a redução de salários por acordo individual. E disse sim para a pejotização de trabalhador intelectual. Decididamente, alguma coisa está fora da ordem.

Diversas matérias da Reforma ainda serão pautadas no STF. Várias inconstitucionalidades. A principal delas talvez seja o acesso à Justiça gratuita envolvendo custas e honorários de sucumbência, talvez a mais cruel distorção trazida pela Reforma. Inibe o trabalhador de buscar a Justiça do Trabalho — ele pode sair tosquiado e devedor. Referendar este estado de coisas implica descamisar de vez a Justiça do Trabalho, hipótese que nos remete ao nosso escritor maior, Machado de Assis, naquilo que seria a fala do diabo: "Também foi dito aos homens: Não matareis a vosso irmão, nem a vosso inimigo, para que não sejais castigados. Eu digo-vos que não é preciso matar a vosso irmão para ganhardes o reino da terra; basta arrancar-lhe a última camisa".

Não por acaso, engavetou-se o projeto de extinção da Justiça do Trabalho. Não precisa, pensou alguém encarnado de demo.

Sabemos da capacidade de a Justiça do Trabalho se reerguer — mas, até quando?

A leitura das reflexões de Ilicht mostra que o mero exercício de poder e os aplausos alimentam a vaidade, mas são efêmeros. E que ser juiz exige mais que dedicação; é preciso empatia. Existem contextos por trás de cada litigante.

Pois contextualizar o papel do Direito do Trabalho num país que banaliza a desigualdade social, levando em conta seus princípios, é o que ainda se espera do Supremo — e não que subtraia a última camisa da Justiça do Trabalho, como a dizer-lhe "acabou!".

Porque algo está acontecendo. Mas o *Mr. Jones* sabe o que é. Não sabe?

Rastro do Teu Sangue no Cerrado

Por **Carlos Eduardo Oliveira Dias**(1)

No último dos seus "Doze Contos Peregrinos", García Márquez conta a história de um jovem casal que atravessa a fronteira franco-espanhola de carro, para passarem a lua-de-mel em Paris. A certa altura, a noiva, que havia ferido seu dedo em um espinho de uma rosa durante a cerimônia, diz ao seu marido: — "Se alguém quiser nos encontrar será muito fácil (...) só vai ter que seguir o rastro do meu sangue na neve."

O lirismo do texto do colombiano é entrecortado por um drama vivido pelos protagonistas, mas a frase dita pela jovem, e que se tornou o título do conto de Gabo, nos veio à lembrança quando do julgamento, pelo STF da Reclamação n. 43.007. Na ocasião, a 2ª Turma confirmou a decisão do Ministro Ricardo Lewandowski, convalidando o amplo acesso ao conteúdo de mensagens trocadas por Procuradores da República e o ex-juiz Sérgio Moro, quando ele ainda integrava a magistratura.

Os eventuais leitores deste artigo devem estar se perguntando: qual a relação, afinal, entre o conto do colombiano, a decisão do STF e o tema central desta coluna? Não se trata, ao contrário do que pode parecer, de um devaneio do subscritor. Afinal, desde sua estreia, a coluna tem se dedicado a denunciar a barbárie que vem sendo cometida contra o trabalho e as instituições que o defendem — ou, ao menos, que deveriam defendê-lo.

Toda a desconstrução que se iniciou com a "reforma trabalhista" de 2017 e teve sequência nas normas voltadas ao enfrentamento da pandemia do novo Coronavírus — parte das quais foi referendada pelo mesmo STF — tem evidente conexão com os fatos descortinados no julgamento da semana que passou. Desde as eleições de 2014, o Brasil tem presenciado um processo de deslegitimação da democracia, que tem como marco inicial a não-aceitação do resultado do pleito pelo candidato derrotado. Representante autêntico das elites políticas e econômicas brasileiras, ele liderou um movimento de questionamento da vontade popular, o que foi sucedido pela adoção de práticas que inviabilizaram o governo da presidenta legitimamente eleita.

A esse grupo aliou-se o que se tem de mais retrógrado na política brasileira, culminando como afastamento injustificado da mandatária, pelas mãos de um Presidente da Câmara que, naquela época, já não tinha boa reputação. Todo esse contexto levou a um controvertido e traumático processo de *impeachment,* mascarado sob falsas imputações de crime de responsabilidade, sem nenhuma sustentação de fato ou de direito. Como consequência,

Publicação original no *site* **Justificando**: <https://www.justificando.com/2021/02/18/carlos-eduardo-oliveira-dias-rastro-do-teu-sangue-no-cerrado/>. Data da publicação: Quinta-feira, 18 de fevereiro de 2021.

(1) Juiz do Trabalho (TRT 15). Ex-Conselheiro do CNJ (2015-2017). Membro da Associação Juízes para a Democracia, da Associação Brasileira de Juristas para a Democracia e da Associação Americana de Juristas.

assumiu a Presidência da República um político da velha guarda, com perfil moldado de acordo com a aristocracia por ele representada. Apropriando-se do cargo, de forma golpista — como ele próprio reconheceu posteriormente — tratou de implementar várias medidas que tinham sido rejeitadas pelas urnas, que impuseram a já citada derrota ao candidato do capital.

Para quitar a fatura do golpe, o Presidente alinhou as demandas do poder econômico e começou a desenhar a destruição do incipiente Estado Social brasileiro: implementou o teto de gastos públicos, com motivações estritamente fiscais e aprovou uma criminosa "reforma trabalhista", usando o falso argumento da criação de empregos, o que nunca iria se concretizar. Aqui, vale lembrar — para que jamais seja esquecido — que contou com a inestimável ajuda de integrantes da própria Justiça do Trabalho, que ignoraram seu papel institucional e se tornaram co-responsáveis pela destruição do Direito do Trabalho.

Mas já se sabia que o breve e conturbado mandato do então Presidente não seria suficiente para saciar o apetite das elites brasileiras pelo sangue dos mais pobres. E é nesse ponto que entra o cenário ora descortinado pela citada decisão do STF. Os mesmos protagonistas do golpe viram uma grande oportunidade para dizimar as possibilidades de retomada da democracia, assimilando o uso do *lawfare* como instrumento capaz de interferir no processo eleitoral de 2018. Contando com a vaidade de um juiz obscuro — com poucas qualificações, mas muita ambição — e de procuradores da República mais preocupados com holofotes do que com justiça, fizeram um pacto sinistro com várias instituições, inclusive a grande imprensa, para impedir uma candidatura que pudesse derruir o projeto em curso.

Esses fatos são bastante conhecidos; o que não se sabia até há pouco tempo, é que essas práticas foram resultado de uma imperdoável concertação de interesses escusos entre os acusadores e o julgador. Sim, o devido processo legal na autodenominada "República de Curitiba" foi substituído pelas combinações, pelos ajustes e acordos realizados por meio de aplicativos de mensagens instantâneas, criando uma situação indefensável sob o ponto de vista da civilização democrática. Seria preciso retroceder o Direito Penal em alguns séculos para que esse tipo de conduta fosse considerada minimamente aceitável. Muito mais grave ainda se identificado que tais procedimentos foram concebidos e executados com a finalidade clara de interferir no processo político e, naturalmente, nos destinos da sociedade brasileira. Talvez os métodos medievais de apropriação do poder fossem menos cruéis e traumáticos do que aqueles adotados na indigitada "República".

O fato é que os anseios dessa "ORCRIM" — como eles mesmos costumavam falar — foram concretizados. Moro tornou-se uma celebridade e virou ídolo dos segmentos mais reacionários da sociedade. Arrebanhou incontáveis fãs pelo Judiciário afora, em todos os graus de jurisdição e em todas as esferas da justiça. Recebeu honrarias, elogios e mais uma porção de puxa saquismos típicos dos medievalescos tribunais brasileiros. Outros tantos chegaram a invejar o suposto heroísmo, como se a atividade de um juiz pudesse ser comparada com a de um justiceiro de histórias em quadrinhos. Como já dissemos em outras oportunidades, em situações de normalidade institucional as atitudes desse juiz seriam motivo de vergonha para qualquer magistrado comprometido com a Constituição e com as leis que jurou defender. Mas, na república do "lavajatismo", o que vale é a interferência no Estado de Direito e na democracia para favorecimento das elites, ainda que à custa dos direitos e garantias fundamentais, dentre as quais atuação imparcial dos órgãos que deveriam cumprir e fiscalizar o cumprimento da lei.

Coroando a falta de respeito com os deveres que teria de cumprir, o ex-juiz deixou a carreira assumiu o ministério do governo de ultradireita que ajudou a eleger e o que deixou melancolicamente. Mas antes disso, foi cúmplice dos desmandos causados por um governo inconsequente e que está cuidando de completar o trabalho sujo feito pelo antecessor. Além da reforma previdenciária, a resposta conferida aos efeitos da pandemia têm sido os mais cruéis possíveis para os pobres, acentuando a desigualdade latente que se vê há séculos no Brasil.

Nesse compasso, a revelação mais ampla do conluio entre acusadores e julgador, e dos termos em que ele se deu, tem sido capaz de causar indignação em diversas instituições e pessoas, a partir dos próprios integrantes do STF. Mas não se pode jamais esquecer que o crescimento exponencial das práticas ditatoriais ora reveladas foi tolerada e incentivada por essas mesmas instituições. Os desmandos do ex-juiz envolveram até a prática de crime, com usurpação de competência do próprio STF, mas isso não acarretou mais do que um leve "puxão de orelhas", incapaz de corrigi-lo e desfazer os males que causou. O Conselho Nacional de Justiça, a quem compete apurar condutas irregulares de juízes, abdicou de julgar as dezenas de reclamações disciplinares que existiam contra ele, até que perdessem o objeto pela sua saída da magistratura. O mal por eles mesmo criado e cultivado, ora é objeto de escárnio e de indignação.

Ainda que corretas, todas as manifestações de censura que ora são propagadas tendem a ser inócuas, pelas mais diversas razões. Mas não podemos jamais esquecer que as impressões digitais de todos aqueles que urdiram o golpe de 2016 e conduziram os fatos que lhe sucederam estão à vista de todos.

Na paisagem árida de Brasília não há neve. Mas quando, no futuro, olharmos para trás, e virmos um imenso rastro de sangue, saberemos que ele foi tirado das trabalhadoras e trabalhadores do Brasil. Foi extraído pela precarização do trabalho promovida pelo capital, com a inestimável colaboração do Poder Judiciário brasileiro, produzindo um cenário de degradação, violência e miséria. Se alguém quiser encontrar os responsáveis, basta seguir os rastros de sangue no cerrado. Que a história os julgue e não os perdoe.

Nem Um Direito a Menos, Nem Um Fascista a Mais

Por **Raquel Braga**[(1)]

"Posso até admitir que Eichmann acreditava sinceramente em sua missão, mas não posso dizer: 'ok, pode voltar e fazer tudo de novo'."
Umberto Eco, *O fascismo eterno*

O Direito do Trabalho atual soa como ficção para os trabalhadores destituídos dos vínculos de sua classe, categoria. Cenário de distintas modalidades de serviços, autoproclamadas modernas, embora não remunerem, sequer, a típica contraprestação da escravidão – a cuia de farinha para misturar a água.

A demonização da relação de emprego, substituída pela precariedade do empreendedorismo, configura um pedaço da ofensiva em curso contra os direitos sociais. O propósito deste artigo é compreender essa dinâmica a partir de duas obras que analisam aspectos socioculturais da conjuntura brasileira.

Uma delas é "Guerra cultural e retórica do ódio"[(2)], em que João Cezar de Castro Rocha desnuda a natureza do ataque bolsonarista, beneficiado por uma técnica discursiva eficaz, na qual extremistas de direita escolhem alvos, selecionam bodes expiatórios, sugerindo, no limite, a eliminação física dos simpatizantes das ideias progressistas.

A pesquisa do autor, ao se valer de fontes primárias, como o relatório "Orvil"[(3)], os livros de Olavo de Carvalho e os discursos e filmes da produtora Brasil Paralelo[(4)], adota o método da "etnografia textual" a identificar a gênese e a lógica da retórica de Bolsonaro. Passo importante para ultrapassar a ingênua tendência da caricatura ou da repulsa provocadas pelo discurso de ódio na sua verborragia em espiral de violência.

O estudo comprova a articulação da ultradireita no Brasil desde, no mínimo, 1985 e conclama a, além de derrotar Bolsonaro, ultrapassar o bolsonarismo. Intento, segundo o autor,

Publicação original no *site* **Justificando**: <https://www.justificando.com/2021/05/27/nem-um-direito-a-menos-nem-um-fascista-a-mais/>. Data da publicação: Quinta-feira, 27 de maio de 2021.

(1) Juíza aposentada – TRT/RJ, com MBA em Poder Judiciário pela FGV. Especialista crítica em Direitos Humanos pela Universidade Pablo de Olavide Sevilha-ES. Integrante da AJD e ABJD.

(2) ROCHA, João Cezar de Castro. *Guerra cultural e retórica do ódio*. Goiânia: Ed. Caminhos, 2021.

(3) Título completo: "*Orvil:* tentativas de tomada do poder", autoria de Lício Maciel e José C. Nascimento, publicado em 2012.

(4) Disponível em: <https://site.brasilparalelo.com.br/home/>.

que implica compreender a mentalidade bolsonarista por ele identificada: avidez em resgatar a Doutrina de Segurança Nacional, alinhada à narrativa conspiratória do Orvil; adesão náufraga ao sistema de crenças Olavo de Carvalho; e ataque à imaginária ideologia de gênero, invenção deles mesmos, "como passaporte para a conquista do eleitorado evangélico".(5)

O ensaísta lança esperança no próprio vaticínio: o que fez ascender o bolsonarismo, será a sua própria ruína. A guerra cultural, ao negar dados objetivos, produzir caos cognitivo e inventar inimigos em série, impede que se articule um programa de governo com o mínimo de coerência e continuidade. A estagnação do crescimento econômico e a ausência, até hoje, de uma ação nacionalmente coordenada para a pandemia são exemplos concretos desse paradoxo.(6)

A obra estimula uma conversa com a sociedade ao invés de contrapor narrativas, substituindo a retórica do ódio pela ética do diálogo. Uma aposta no reconhecimento do outro, "como um outro eu, não um inimigo a ser eliminado"(7), aliada à comunicação capaz de distinguir rumor de fato para a possível desarticulação da "máquina incansável de notícias falsas".(8)

A segunda obra, de Rubens Casara, "Bolsonaro: o mito e o sintoma"(9) nos interessa por apontar o empobrecimento subjetivo da linguagem resultante dos efeitos da racionalidade neoliberal: "Tratar todas as coisas e as pessoas como mercadorias leva a modificações profundas nos discursos".(10) Os dois autores dialogam em vários aspectos e coincidem sobre a necessidade de inventar uma nova linguagem a iluminar o obscurantismo. Casara relaciona a lógica da mercadoria com a incapacidade de reflexão, o que resulta em uma retórica empobrecida, de pensamento ultrassimplificado, desaguando na percepção democrática de baixíssima intensidade. Origem da ameaça aos críticos da "desrazão" mercantil e aos defensores dos valores democráticos, destinados a exclusão simbólica e, no extremo, a eliminação física, naturalizada pelo ódio ao diferente.

O autor elucida: por ter convivido com uma constante democracia de baixa intensidade, o Brasil passou docilmente à pós-democracia; e adverte: se mesmo nas democracias consolidadas, nas quais o direito condiciona a legalidade, foram observados ilícitos dos Estados, na pós-democracia, o novo não é a violação da lei, pior, a sociedade sem lei:

> A democracia, com suas regras, princípios e valores, passa a ser vista como um entrave para o Estado. Como, em razão da racionalidade neoliberal, o Estado deve servir ao mercado e atender aos interesses dos detentores do poder econômico, os limites democráticos ao exercício do poder tornam-se obstáculos aos lucros e à circulação ilimitada do capital(11).

---

(5) ROCHA, 2021, p. 37-38.

(6) *Ibidem*, p. 346.

(7) *Ibidem*, p. 24.

(8) *Ibidem*, p. 343-354.

(9) RUBENS, R. R. *Casara, Bolsonaro:* o mito e o sintoma. São Paulo: Ed. Contracorrente, 2020.

(10) *Ibidem*, p. 12.

(11) *Ibidem*, p. 18.

A obra, ao desvelar as dimensões do neoliberalismo, defende outro mundo possível, a partir de um destino comum e solidário da humanidade, sem ilusões neoliberais de infinitude e ilimitações dos recursos naturais do planeta. Casara afirma o seguinte sobre isso:

> [...] apostar em normas, imagens e em novos modos de atuar no mundo que afastem o modelo das empresas e a lógica da concorrência das relações sociais e impeçam que as pessoas continuem a ser tratadas como objetos negociáveis e/ou descartáveis.(12)

Há conexão no tratamento contemporâneo dado às relações de trabalho e nos fenômenos identificados pelos autores, destacadamente a linguagem empobrecida a dificultar o diálogo; a racionalidade mercadológica de substituição de tudo e todos; e a corrosão dos princípios garantidores da estrutura jurídica e do estado de direito.

A morfologia de amparo à relação de emprego, objeto de estudo da disciplina Direito do Trabalho, alicerçada em arquitetura jurídica moderna do não retrocesso, contrapondo-se à mercantilização, sofre ataques e alterações legislativas que assaltam a sua essência em dois prismas: material, o trabalho como principal meio de inclusão social à vida digna, retornando à mercadoria; e normativo, no abandono aos princípios de proteção, base da sua fundação.

Ouve-se, mundo afora, que o teletrabalho acabou com a semana inglesa. No Brasil, a Reforma Trabalhista (Lei n. 13.467/17) somada às normas editadas em plena pandemia reforçam a exploração secular e a abissal desigualdade.

A tecnologia, supostamente poupadora do repetitivo e alienante, pelo menos em teoria, converte-se em seu oposto: um mecanismo de crescente apropriação da mais-valia e elevação das taxas de superexploração da mão de obra. No Brasil de Bolsonaro, a precarização instala-se. No campo e nas cidades, onde cada vez mais: "agro é pop, agro é tech" e agro é escravocrata; o sistema financeiro utiliza-se dos correspondentes bancários e, com tecnologia de ponta, não paga horas extraordinárias aos poucos bancários remanescentes; e as plataformas digitais, 4G ou 5G, com 100 mil trabalhadores, terceirizados e subempregados, em condições assemelhadas ao início da industrialização na Inglaterra, contra 10 mil empregados no setor.

Rebaixado em sua centralidade, o trabalho ocupa papel secundário no interior da economia agrário-exportadora que retorna, incapaz até de produzir bens de baixo valor agregado, máscaras, respiradores, seringas e cilindros de oxigênio manufaturados a oceanos de distância. A segurança alimentar e a demanda por vacina seriam certamente atendidas, não fosse a orientação neoliberal. A correta direção econômica encontraria solução na expansão do mercado interno como ponto de partida, investimentos e repartição da riqueza.

Os exemplos estão na Europa, Ásia e América do Norte, ao concederem incentivo monetário para o isolamento e resgatarem o Estado de proteção no combate à pandemia. Bolsonaro, ao contrário, intensifica a política de austeridade, estimula aglomerações e condena a obtenção da vacina, condutas investigadas pela Comissão Parlamentar de Inquérito, no

---

(12) *Ibidem*, p. 151.

Senado, a fim de apurar os crimes de responsabilidade do Executivo, relacionados aos 449 mil mortos no Brasil até 24 de maio de 2021.

A democracia brasileira agoniza: censo suspenso, Chacina de Jacarezinho, ameaças ao sigilo do voto, alterações impedindo o contraditório no processo legislativo — apenas para indicar alguns poucos indícios de uma vasta trama. O que há de comum? A afronta à legalidade e ao STF que vetou incursões policiais em comunidades na pandemia e vem impondo limites à indisfarçável inclinação fascista do atual governo.

Conjuntura posta à luz dos diagnósticos dos autores, fio desta reflexão, acatamos a comunicação com as massas digitais, a fim de separar rumor de fato, desde que haja responsabilidade de ação das autoridades, principalmente o Judiciário, a impor limites constitucionais às *fake news*, passo primeiro. Adotada a premissa da legalidade, não excluir ninguém do diálogo, conduta fundamental a ser repetida, inclusive eleitoralmente, fortalecendo a frente ampla em andamento.

Todavia, embora contemple parcelas conservadoras, excluo da conversa os Eichmann(s) de ocasião. O fascismo, sem a forma original no Brasil, é igual no mito "inimputável", debilidade filosófica, pulsão de morte, desrespeito à religião do outro, contestação à ciência, recusa dos valores democráticos e violação legal. Assim, para o fautor e lideranças fascistas que o cercam, cobro limites institucionais e penais, o diálogo com a lei.

A Desigualdade como Ordem Econômica e o Estado Democrático de Direito como Retórica

Por **Germano Silveira de Siqueira**[(1)]

Vive-se no Brasil, a partir de 2018, a trama de um mundo paralelo marcado pelo negacionismo de toda espécie, desde aquele que nega as conclusões sobre ser a terra redonda, passando pelo charlatanismo de prescrições de medicamentos ineficazes, colocando em risco a vida de pacientes.

Boicota-se uma política de enfrentamento da pandemia caracterizando genocídio, notadamente pela postergação da compra de vacinas no momento apropriado. Fala-se ainda do desmonte da política de proteção ao meio-ambiente, do abandono da educação e da cultura, do aniquilamento das políticas sociais e de transferência de renda, além da inequívoca tentativa de golpear a democracia, inclusive aparelhando as instituições republicanas.

Mas o negacionismo não para por aí. Há um negacionismo perverso e pouco referido que diz respeito à destruição de direitos sociais e em torno do qual orbita silêncio preconceituoso e inaceitável.

Silêncio inconcebível porque, afinal de contas, a ideia de Estado Democrático de Direito, que o constituinte de 1987/1988 delineou, assenta-se na afirmação e na efetividade de valores e princípios como a prevalência da cidadania, da dignidade da pessoa humana e do reconhecimento dos valores sociais do trabalho e da livre iniciativa (art. 1º, II, III e IV) na ideia de construir (art. 3º da CF) *"uma sociedade livre, justa e solidária", capaz de erradicar a pobreza, a marginalização e reduzir as desigualdades sociais e regionais"* de modo que calar a esse respeito é tão indecente quanto apoiar qualquer outro aspecto do negacionismo anticivilizatório do bolsonarismo.

Nos últimos anos, como ponto de apoio de uma luta crescente do capital contra a regulação mínima do trabalho digno, além de atos concretos nesse sentido, tem recrudescido a propaganda que busca incutir nos trabalhadores, por meio dos aparelhos ideológicos tradicionais, a repulsa pelos seus próprios direitos, como se lhes fosse algo prejudicial, projetando a *falsa* liberdade de empreender como meio para alcançar a emancipação, quando se sabe que essas fórmulas apenas emulam antigos meios de exploração do capitalismo não regulado, com prática de jornadas extenuantes e salários miseráveis.

Publicação original no *site* **Justificando**: <https://www.justificando.com/2021/06/24/a-desigualdade-como-ordem-economica-e-o-estado-democratico-de-direito-como-retorica/>. Data da publicação: Quinta-feira, 24 de junho de 2021.

(1) Juiz Titular da 3ª Vara do Trabalho de Fortaleza. Graduado pela Faculdade de Direito da Universidade Federal do Ceará – UFC (1990). Especialista e Direito e Processo do Trabalho pela Universidade de Fortaleza (UNIFOR).

Ao mesmo tempo, desenvolveu-se um processo meticulosamente planejado com o objetivo de desaparelhar os Sindicatos em suas finanças, impedindo as suas lutas de resistência, e, como parte da mesma engenharia, retira-se da Justiça do Trabalho, simultânea e paulatinamente, instrumentos individuais e coletivos destinados à tutela de direitos fundamentais e sociais que foram expandidos no processo constituinte originário e na Emenda Constitucional n. 45/04, inclusive no que diz respeito à amplitude de sua competência.

Se em determinado momento histórico houve resistência ao implemento dessas iniciativas precarizantes e destrutivas, o golpe parlamentar de 2016 deu ensejo à formalização de acordos políticos firmados em sua antessala para emplacar essa agenda comprometida com a exasperação do lucro, agenda que se opõe aos paradigmas de proteção de direitos sociais, ambientais e de direitos humanos. Acordos que envolveram todas as instâncias e esferas da institucionalidade, passando pelo apoio da *jus-burocracia* estatal, contrariando o projeto constituinte e favorecendo a elite nacional identificada por Darcy Ribeiro como aquela que "*tem uma perversidade intrínseca na sua herança, que torna a nossa classe dominante (...) enferma de desigualdade, de descaso*", incapaz de incorporar qualquer gesto de solidariedade diante da situação da imensa maioria da população.

Não por acaso, desde o ano de 2016 o número de bilionários vem aumentando no Brasil[(2)] e, mais recentemente, chegou ao número de 238, possuindo esse conjunto de pessoas uma fortuna estimada em 1 (um) trilhão e 600 bilhões de reais, sendo que os dez primeiros da lista acumulam riqueza da ordem de 500 bilhões de reais, segundo a Revista *Forbes*.

Em 2020, em pleno estado de calamidade pública do Coronavírus, 42 desses 238 bilionários nacionais aumentaram suas fortunas *em* US$ 34 bilhões, passando seus ativos de US$ 123,1 bilhões para US$ 157,1 bilhões de dólares.

Ao mesmo tempo, a taxa média anual de desemprego em 2019 foi de 11,9% e de 13,5% em 2020, a maior já registrada desde o início da série histórica em 2012, segundo a Pnad Conatínua (Pesquisa Nacional por Amostra de Domicílios), do IBGE. A taxa de 13,5% verificada em 2020 corresponde a cerca de 13,4 milhões de pessoas na fila por um trabalho no país, isso para não falar dos desalentados [que nem mais buscam colocação profissional] e dos trabalhadores informais (algo em torno de 38,3 milhões de pessoas) e mais 24,6 milhões de pessoas que trabalham por conta própria, todas elas desprovidas do acessos ao pacote protetivo mínimo que o constituinte assegurou aos trabalhadores no art. 7º da Lei Maior.

Esse cenário de confrontação ideológica do capital com o trabalho assume contornos não só de negacionismo da existência da regulação constitucional, mas também de radicalidade, bastando constatar a existência de inúmeros projetos que tramitaram no Congresso Nacional, patrocinados pelas grandes Confederações empresariais, objetivando enfraquecer garantias sociais, inclusive Propostas de Emenda Constitucional para banir o art. 7º da Constituição e um rascunho de outra EC para formalmente extinguir a Justiça no Trabalho,

---

(2) Segundo o *site UOL* (notícia de 27/07) – <https://economia.uol.com.br/noticias/redacao/2020/09/21/novos-bilionarios-da-revista-forbes.htm>.

além de outros projetos como o da terceirização irrestrita — *já aprovado, sancionado e depois chancelado pelo STF* — que só foi aplaudido por quem não conhece seus efeitos maléficos e objetivos perversos, *inclusive o de rebaixamento estrutural de salários,* ou com eles está comprometido.

Além disso, a Lei n. 13.467 trouxe subtração de direitos e inequívocos desenhos de intimidação processual aos trabalhadores, sem paradigma na legislação nacional, como medidas de imposição de despesas processuais aos destinatários de gratuidade.

Paralelamente às ações no Legislativo, uma coroa infindável de decisões decotando a competência da Justiça do Trabalho e barateando o crédito trabalhista ao preço de quase nada prometem um horizonte de baixa efetividade das decisões desse segmento do Judiciário, de rebaixamento das garantias sociais e do próprio papel da Judiciário Trabalhista.

Segundo matéria recentemente publicada em site especializado, levantamento promovido pela Data Lawyer Insights aponta que nos últimos anos o Supremo retirou da Justiça do Trabalho processos que, juntos, respondem pelo impacto de cerca de R$ 5 bilhões de reais. E são todos processos que o constituinte já havia firmado como relação de trabalho na ampliação de competência do art.114, convicção ainda mais consolidada na Emenda Constitucional n. 45/04.

Se o século XX foi marcado pela ideia de um Estado social corporificado na noção de comunidade e solidariedade coletiva, como menciona Bauman[(3)], e na perspectiva de Bobbio[(4)] incorporando direitos sociais que foram reafirmados após a segunda guerra mundial, desafiando "(...) ***a intervenção direta do Estado"*** para a sua efetivação, sendo a Constituição de 1988 resultado do acúmulo desse processo histórico, a desconstrução dessas mesmas garantias constitucionais mínimas, tal como ocorre no Brasil por todas as vias já apontadas, acontecem, repita-se, como finalidade de maximizar o lucro, como já referido à margem da ordem jurídica posta.

Agem a maioria dos capitalistas nacionais e seus parceiros como os *padeiros londrinos* denunciados em uma Comissão Parlamentar de Inquérito, tal como referido por Karl Marx[(5)] em sua clássica obra ao retratar as razões de um grupo deles vender o pão pelo preço integral (*"fullpriced" backers*) e os outros abaixo de seu preço normal (*"the underpriced", "the undersellers"*). Diziam os denunciantes que os vendedores de preço rebaixado *"enganam o público" (falsificando a mercadoria) (...) arrancam de seus trabalhadores 18 horas de trabalho pelo salário de 12 [e...]. O trabalho não pago (the unpaid labour) dos trabalhadores é o meio de que se servem na luta da concorrência [...]"*

Os padeiros londrinos denunciados — *tal como os capitalistas "modernos" e seus associados que promovem o desmonte da proteção social* — implementam semelhantes artimanhas colocadas no centro e na rota de fuga da regulação do trabalho digno e protegido destinada a diminuir o custo variável (parte do capital empregada no pagamento de salários) que,

(3) BAUMAN, Zigmunt. *Danos colaterais:* Desigualdades sociais numa era global. Zahar.

(4) BOBBIO, Norberto. "TEORIA GERAL DA POLÍTICA" – Editora Campus.

(5) MARX, Karl. *O Capital* – Livro 1 (Coleção Marx e Engels) (p. 654). Boitempo Editorial.

segundo Marx[6] é "(...) *compensável por um aumento proporcional no grau de exploração da força de trabalho, ou (...) por um prolongamento proporcional da jornada de trabalho*", na mesma medida em que "(...) *o prolongamento do tempo de trabalho produz (...) uma queda no preço do trabalho e, por conseguinte, no salário diário ou semanal*".

A retomada histórica dessas exigências egoísticas do capital fazem retroceder qualquer ideia de pacto de bem-estar social, motivo da advertência de **BOAVENTURA SOUZA SANTOS**[7] no sentido de que *"grupos sociais cada vez mais vastos são expulsos do contrato social (...) ou que a ele sequer têm acesso tornam-se populações descartáveis. sem direitos mínimos de cidadania são, de fato, lançados num novo estado de natureza, a que chamo fascismo social"*.

A lógica em curso, pelo negacionismo sistemático dos valores constitucionais associados à dignidade da pessoa humana na sua relação com o trabalho, assim como as decisões contrárias do Direito do Trabalho e à própria competência constitucional da Justiça especializada concretizam a desigualdade como paradigma ilegítimo da ordem econômica e o Estado Democrático de Direito pura retórica, trazendo como consequência o *rápido aumento da miséria* e a ruptura do nexo possível *entre capitalismo, estado de bem-estar social e democracia*, cuja responsabilidade estará impressa na biografia daqueles que tomaram parte em todo esse processo inidôneo.

(6) MARX, Karl, *op. cit.*, p. 653.

(7) BOAVENTURA SOUZA SANTOS – *"SE DEUS FOSSE UM ATIVISTA DOS DIREITOS HUMANOS"* – Cortez Editora.

Desordem e Retrocesso

Por **Carlos Eduardo Oliveira Dias**(1)

Quando este texto for publicado, já serão conhecidos os efeitos das sandices do Presidente da República, que transformou as comemorações do 7 de setembro em um registro simbólico do seu desprezo pela democracia. Falando em democracia, a data, em si, nem devia ser motivo para muitas comemorações. Todos sabemos que a Independência do Brasil não passou de uma concertação política destinada à satisfação do príncipe português, tornado por si próprio imperador de um reino que ele criou, já rodeado de intenções autocráticas, num tempo em que as monarquias absolutistas da Europa estavam em franco declínio. Aliás, a singularidade da Independência do Brasil vem do fato de que foi promovida pelo filho do Rei da Metrópole, cujos laços não só não foram desfeitos como intensificados quando ele deixou o país para assumir o trono português. Além disso, de modo muito distinto dos demais países das Américas, o Brasil adotou um regime artificialmente monárquico, introjetando culturas e práticas recorrentes adotadas pela Corte portuguesa, que se distanciavam completamente dos ideais republicanos. A ruptura com esse modelo demorou mais oito décadas, período em que a economia brasileira continuou a ser sustentada pela mão de obra de africanos escravizados.

A Independência, portanto, esteve longe de ser resultado de um levante popular. Do contrário, consolidou a predominância dos interesses da aristocracia, circundada de ostentadores de ridículos títulos nobiliárquicos aos quais se associaram os dignos integrantes da burguesia, sobretudo os donos de latifúndios em torno dos quais construíram seus feudos. Para não se distanciarem dos seus congêneres da nobreza, outorgaram-se uma conhecida patente militar, que originou outro movimento significativo na política brasileira: o coronelismo, surgido nos anos finais do Império, mas que teriam um papel fundamental para preservar os interesses da aristocracia durante a República Velha.

Falando em República, dela igualmente não se pode dizer que tivesse sido produto de alguma revolução democrática. Apesar de, na teoria, concentrar valores voltados à superação do absolutismo monárquico, resultou da insatisfação dos setores econômicos mais relevantes com os rumos do Império, dando espaços à insurreição promovida por líderes militares, que inauguraram uma prática que se mostraria recorrente na história do país. Assim, a exemplo da Independência, a Proclamação da República foi também moldada segundo os interesses da aristocracia política e econômica, de modo que todo o processo que se seguiu foi destinado

---

Publicação original no *site* **Justificando**: <https://www.justificando.com/2021/09/10/carlos-eduardo-oliveira-dias-desordem-e-retrocesso/>. Data da publicação: Sexta-feira, 10 de setembro de 2021.

(1) Juiz do Trabalho em Campinas. Doutor em Direito pela USP. Foi Conselheiro do Conselho Nacional de Justiça (2015-2017).

a atender, exclusivamente, os interesses dos mais privilegiados, aí incluídos os integrantes da recém-consolidada burguesia industrial, advindos do capitalismo tardio da economia brasileira.

O Brasil, portanto, jamais conheceu uma revolução autenticamente popular, que fosse capaz de promover a ruptura definitiva com as estruturas históricas de exploração, subserviência, precarização e injustiça social. Quando os militares proclamaram a República, não se importaram com o fato de que os ventos liberais que motivaram as revoluções burguesas da Europa, um século antes, já estavam sendo contidos por movimentos sociais que expunham as vísceras do capitalismo industrial e questionavam os seus nefastos resultados.

Os republicanos de então, nos legaram uma bandeira re-estilizada, com eliminação dos resquícios imperiais, mas com preservação das cores simbólicas que, supostamente, exaltavam as maravilhas da nação insurgente. Brindaram-nos com o famoso dístico positivista, que, associado às cores da pátria, nos legaram um eloquente símbolo ufanista, que mais parece um roteiro de samba-enredo.

Não foi casual o uso ostensivo e intimidatório dos chamados "símbolos nacionais" pela ditadura militar. Afinal, como lembra Umberto Eco, um dos sinais de identificação do fascismo, é a "ênfase na importância da tradição e da identidade nacional". O discurso do "moral-civismo" — seja lá o que significa — foi o mote das comemorações ao longo dos 21 anos de opressão, atingindo fortemente a educação básica, de modo a introjetar esses conceitos em milhões de crianças e adolescentes nos anos 1970-80.

Igualmente não destoa dessa lógica a apropriação dos chamados "símbolos nacionais" pelos manifestantes que se multiplicaram no Brasil a partir de 2013. Inicialmente com pautas indecifráveis e que até se aproximavam com demandas populares, foram tomando contornos fascistas, especialmente quando o Poder Legislativo consumou um indefensável processo de impeachment e o Poder Judiciário agiu propositivamente para interferir nas eleições de 2018. O ovo da serpente não apenas foi chocado, como pariu centenas de milhares de crias, que deixaram de ter pudores de expor suas vergonhas antes ocultadas. Não se estranha que, ao lado da bandeira e das suas cores, o uso da camisa da seleção brasileira tornou-se outro elemento da simbologia dos fascistas que saíram de suas cavernas. Nada mais justo que sufragar as vestes que representam uma das entidades mais nebulosas da sociedade brasileira, historicamente envolvida em práticas das mais condenáveis.

Por isso, não nos surpreendeu que o atual inquilino do Palácio do Planalto tenha elegido o 7 de setembro para externar para o mundo seus instintos golpistas. A referência a um dos "símbolos da pátria" é a senha para os fascistas de todas as espécies cerrarem seus punhos e mimetizarem feitos triunfalistas, como fez Mussolini antes de assumir o poder. Se é verdadeiro que o Brasil jamais construiu uma revolução popular, não menos real é que qualquer que seja o resultado dessas manifestações, elas não irão reverberar os interesses da maior parte da sociedade. É muito evidente que os objetivos golpistas do Presidente pretendem manietar o Congresso Nacional e o Supremo Tribunal Federal, mas isso está bem distante de representar os anseios da sociedade.

É certo que essas duas instituições, em seu conjunto, têm protagonizado e ratificado sucessivos ataques a direitos sociais. Se tomarmos o Golpe de 2016 — articulado pelo primeiro e validado pelo segundo — como ponto de partida, podemos vislumbrar que o incipiente Estado Social brasileiro, que mal começou a ser construído, vem sendo paulatinamente desarticulado pela nova aristocracia que retomou o poder. Depois da "reforma trabalhista" de 2017, o fantoche usado pelo capitalismo predatório brasileiro tem agido como vetor dos mais significativos retrocessos, como a "reforma da previdência", as normas reguladoras da pandemia e, mais recentemente das tentativas de criação de "novas formas de contratação", que representam um eufemismo para designar outras maneiras de apropriação do trabalho de forma precarizante.

No entanto, isso não significa que o chamamento para as manifestações tenham alguma justificativa. Afinal, não é este o motivo pelo qual as ruas foram pintadas de verde-e-amarelo nesta terça-feira. O que pretende o Presidente é a eliminação de eventuais focos de resistência aos seus arroubos autoritários, para que ele possa continuar a fazer do Estado brasileiro um "puxadinho" para defesa dos seus interesses e de seus apaniguados, cada vez mais enrolados com as evidências de práticas de atos ilícitos.

Por esses motivos, as manifestações de 7 de setembro nada têm de legítimas. Elas não se voltam contra o retrocesso, mas sim a favor da desordem institucional, destinando-se a restaurar uma espécie de monarquia, conduzida por um ser irascível e sua dinastia, cujos propósitos são apenas de angariar cada vez mais benefícios pessoais.

A derrota momentânea do governo federal na análise do PLC n. 17 (conversão da MP n. 1.045) não deve representar um alívio à classe trabalhadora. Foi, ao certo, efeito da reação — ainda que tardia — de parte do movimento sindical, mas isso não é capaz de conter a sanha predatória do capital, que cada vez mais só enxerga formas de se sustentar se for com base no empobrecimento dos que estão quase miseráveis. Do contrário: sabem que o tempo desse (des) governo é cada vez mais curto, e se prevalecer a democracia, como se espera, eles podem não ter outras oportunidades de derrubar mais algumas paredes da proteção social.

Por isso, os setores progressistas da sociedade e, especialmente, aqueles que se preocupam como a classe trabalhadora e reconhecem a sua imprescindibilidade, devem se organizar para oferecer respostas consistentes e efetivas às manifestações, lutando para que seja preservada a democracia e para que possamos, brevemente, apagar de vez, esse período trágico e triste de nossa história.

Quando os Interesses Individuais Subjugam o Sentido do Público

Por **Magda Barros Biavaschi**(1)

No dia 1º de novembro foi publicada a Portaria n. 620, do Ministro do Trabalho e Previdência, Onyx Lorenzoni, proibindo despedir empregados que se recusam a tomar a vacina contra a Covid-19. Segundo seu texto, verdadeira contradição em termos, a não apresentação do cartão de vacina não pode caracterizar justa causa, tratando como prática discriminatória a obrigatoriedade desse certificado tanto no processo seletivo de admissão de empregados quanto na despedida por justa causa. E, rompido o contrato "por ato discriminatório", segundo a Portaria, terá o empregado direito à reparação por dano moral e a optar entre ser reintegrado ao emprego, com ressarcimento do período de afastamento, ou receber em dobro a remuneração do período.

A crítica à Portaria, em boa hora suspensa pelo Ministro do Supremo Tribunal Federal, Luís Roberto Barroso, remete a questões jurídicas importantes apontadas em densos textos.(2) Mas, também, à discussão sobre a liberdade ou não dos indivíduos se negaram à vacinação; isto é, se essa decisão é uma escolha individual ou se a transcende, inserindo-se no tema da saúde pública, visando à proteção da vida dos cidadãos e, mais amplamente, da vida do planeta. A vacinação é preconizada, em nível mundial, como a via que a ciência oferece, até o momento, para enfrentar a ameaça que ronda o planeta. Nesse sentido, a questão que se coloca é se estamos diante de um direito individual de escolha ou de um direito da coletividade, bem maior a ser protegido.

Em Hobbes(3), a liberdade pode ser compreendida como sendo a capacidade de cada indivíduo usar seu poder, de fazer o que seu julgamento e sua razão indicam como adequado; portanto, uma "liberdade negativa"(4). Já em Rousseau, a liberdade adquire dimensão social e histórica, uma "liberdade positiva" como se verá. No entanto, mesmo em Hobbes, os interesses do outro impõem ao indivíduo limites ao exercício de sua liberdade. Para ele, o direito consiste na liberdade de fazer ou de omitir; já a lei determina ou obriga a uma dessas coisas.

Publicação original no *site* **Justificando**: <http://www.justificando.com/2021/12/02/quando-os-interesses-individuais-subjugam-o-sentido-do-publico/>. Data da publicação: Quinta-feira, 2 de dezembro de 2021.

(1) Desembargadora aposentada. Pesquisadora do CESIT/IE/Unicamp. Professora. Membra da AJD.

(2) Na ADPF n. 898, em sede liminar, suspendeu os dispositivos impugnados, ressalvando contraindicação médica. Decisão submetida ao plenário virtual: <https://www.jota.info/stf/do-supremo/barroso-suspende-portaria-do-governo-que-proibe-demissao-de-quem-recusa-vacina-12112021>.

(3) HOBBES, Thomas. *Leviatã ou matéria, forma e poder de um estado eclesiástico e civil.* 2. ed. São Paulo: Abril Cultural, 1979. (Os Pensadores).

(4) BERLIN, Isaiah. *Quatro ensaios sobre a liberdade.* Brasília: UnB, 1981. p. 133.

No estado de natureza, sendo cada um governado por sua própria razão, todos têm direito a todas as coisas. Levados por suas paixões, os homens precisam conquistar as comodidades da vida que lhes resultam em prazer. E como o egoísmo é natural, a inclinação é constituída por um perpétuo desejo de mais e mais poder. Enquanto isso perdurar, não poderá haver segurança de viver o tempo que a natureza geralmente permite. É regra geral da razão que todos se esforcem pela paz, na esperança de consegui-la. No entanto, não a conseguindo, poderão procurar todos os recursos para a guerra, sendo lícito empregá-los. E como entre os indivíduos "sem espadas", o recurso à violência generaliza-se em uma guerra de todos contra todos, o estado natural exige uma saída com base no próprio instinto de preservação da vida.

Guiados pela razão, esse instinto e o desejo de paz levam os indivíduos a estabelecerem pactos, renunciando ou transferindo direitos a uma ou mais pessoas, sendo intransferível o direito à vida. Só que os pactos sociais, para serem legítimos, pressupõem um ato de vontade entre iguais; já os realizados entre desiguais, iníquos e artificiais, esses não asseguram a paz. A única maneira de instituir um poder que garanta segurança suficiente para viverem satisfeitos é conferir força e poder a um homem, ou a uma assembleia de homens que reduzam as diversas vontades em uma só. A autoridade do soberano é dada pelos indivíduos que, reunidos, transferem-lhe seus direitos para que promova a paz, pois *pactos sem espada não passam de palavras.*(5) Ao soberano, guardião do pacto e contra o qual também ele não se pode insurgir, compete obrigar os indivíduos a cumpri-lo, sob pena de retorno ao estado de natureza, à guerra de todos contra todos, com ensina Marques Neto em *Hobbes e as Paixões.*(6) Hobbes mostra ser impossível a sobrevivência dos homens em uma sociedade de indivíduos sem leis racionais que os organizem; ao contrário, é força bruta.

Essas reflexões levam a Rousseau(7) que, nascido no limiar do século XVIII, introduziu a ideia de "liberdade positiva", imbricada na práxis social e nos direitos e deveres que regulam a vida em sociedade. A liberdade adquire dimensão social e histórica. Ainda que tenha gênese natural, atualiza-se pela práxis social, manifestando-se mais como processo do que como estado; essa dimensão permite que se entenda o significado político da liberdade como pressuposto e resultado da sociedade gerada pelo contrato social legítimo. Liberdade essa distinta daquela dos liberais em que os direitos de liberdade garantem ao indivíduo uma esfera privada. Daí que os direitos de liberdade típicos do liberalismo, sendo pré-estatais, são insuscetíveis de interferência do Estado. Já em Rousseau o princípio da liberdade é constituído como norma. Trata-se de direito e dever, não apenas de negação ou ausência de impedimentos. Renunciar à liberdade é renunciar à qualidade de homem, é negar o valor universal da dignidade e da personalidade humanas. *Sobre a origem da desigualdade* mostra os caminhos que a humanidade percorreu visando à igualdade e o faz, como Hobbes, passando do estado de natureza para o civilizado. Na dinâmica dessa trajetória, mostra suas contradições e antagonismos, legado fundamental para se distinguir entre liberdade negativa

---

(5) HOBBES, *op. cit*, op. 103.

(6) MARQUES NETO, Agostinho Ramalho, "Hobbes e as Paixões", *Empório do Direito*, 4 abr. 2015. Disponível em: <http://emporiododireito.com.br/leitura/hobbes-e-as-paixoes-por-agostinho-ramalho-marques-neto>.

(7) Considerações em: BIAVASCHI, Magda B. *O Direito do Trabalho no Brasil – 1930-1942:* a construção do sujeito de direitos trabalhistas. São Paulo: LTr, 2007.

e positiva. E afirma ser contra a lei da natureza que uma criança mande num velho, que um imbecil conduza um homem sábio, que um punhado de pessoas nade no supérfluo enquanto aos esfomeados falta o necessário.

Rousseau, olhando para o processo de socialização, mostra que, em função de suas alternativas e vicissitudes, os homens combinam diferentemente suas pulsões. Impulsionado pela ideia de igualdade e liberdade e desejoso de uma formação social em que ambas estejam articuladas, percebe nas sociedades individualistas, fundadas na desigualdade, que os homens subordinam o *amour de soi* ao *amour propre,* tornando-se egoístas. Mas quando impera a vontade geral, o *amour de soi* é temperado pela *pitié* e eleva-se à virtude, consagrando predomínio do interesse público sobre o privado. Essa compreensão, encontrada em Coutinho[(8)], demanda leitura dos dois textos, articulados em unidade dialética: *O Discurso sobre a Origem e os Fundamentos da Desigualdade* e o *Contrato Social*, de 1755 e 1762;[(9)] ou seja, as obras apresentam dois tipos de contratos: no Discurso, o contrato iníquo, expressão da desigualdade e origem de um Estado a serviço dos ricos; no Contrato, o pacto legítimo, gerador da sociedade igualitária, base da ordem política fundada no interesse comum.

Ainda alerta no *Contrato Social*: mesmo o direito dado ao soberano sobre seus súditos pelo pacto social não ultrapassa os limites da utilidade pública, competindo-lhe fixar princípios de sociabilidade sem os quais não é possível ser bom cidadão e súdito fiel. Quem não aceita ou desrespeita os princípios dessa ordem moral comunitária pode ser banido; não como ímpio, mas como insociável, incapaz de amar sinceramente as leis, a justiça e sacrificar a vida ao dever. Quem finge aceitá-los, mas os viola, que seja punido. Quando o vínculo social afrouxa e o Estado enfraquece, interesses particulares influem: então, a vontade geral não é mais a vontade de todos. Em meio às contradições, torna-se muda e, sob o nome de leis, são aprovados decretos iníquos, tendo por fim o interesse particular. Esse atualíssimo alerta de Rousseau fornece pistas para se olhar um Brasil em que, por vezes, a via do "consenso" ganha força como apta a democratizar e "harmonizar" a desigualdade que costura o tecido social.

Voltando à Portaria liminarmente suspensa, Hobbes e Rousseau são relevantes para se definir caminhos que, na esfera das relações sociais, levem à concretização dos princípios incorporados pela Constituição de 1988. Ambos oferecem luzes à compreensão dos processos históricos e, colocando em relevo a historicidade do homem, permitem desvendar as idiossincrasias de sociedades fundadas no individualismo. Representando dois momentos indissociáveis de uma tradição que busca entender o papel dos indivíduos e do Estado diante das condições de vida na terra, inserem-se na discussão sobre liberdade e seus significados em voga na agenda de humanistas preocupados com sociedades justas e que não tenham a desigualdade como fundante.

(8) COUTINHO, Carlos Nelson. "Crítica e utopia em Rousseau". *Lua Nova 38*, O Individualismo e Seus Críticos, dez. 1996. Disponível em: <https://www.scielo.br/j/ln/a/pCDtnnCQ5kCbbXRkL83Tn4L/?lang=pt>.

(9) ROUSSEAU. Jean Jacques. *Discurso sobre os fundamentos e origens da desigualdade entre os homens*. 2. ed. São Paulo: Abril Cultural, 1978 (Os pensadores); *Idem, Do contrato social:* ou princípios do Direito Político. 2. ed. São Paulo: Abril Cultural, 1978. p. 22-145.

Rumo à Arcádia

Por **Suely Filippetto**(1)

Em territórios que desfrutaram integralmente de prosperidades proporcionadas pelo capitalismo — período conhecido como "anos dourados", "trinta anos gloriosos", "a era de ouro" — entre 1950 e 1970, e também em países periféricos, que não tiveram a mesma condição social de seguridade e de pleno emprego, abate-se a perda de direitos e segue a desgraça da miséria, desigualdade, criminalidade, guerras, fascismo, entre outros tantos fenômenos.

A origem dos males não é determinismo. Decorre do sistema capitalista de produção de bens e serviços com a finalidade de aumento do capital, no qual o Direito está baseado em propriedade privada, Estado burguês e família conservadora. Ganham projeção a violência e o autoritarismo. Restringe-se a democracia. Para além de explorar quem trabalha, não mais absorve a mão de obra disponível. Intensifica exploração, exclusão e subordina qualquer um, inclusive clientes ou usuários. Avanços tecnológicos não conferem liberdade de escolha a quem trabalha e a relação que se estabelece entre o trabalho e o capital é de inteira sujeição de quem vende a força de trabalho.

Discursos anunciam aumento de emprego e melhoria da qualidade de vida, promessas nunca entregues à maioria oprimida.

Para reconfigurar a sociedade, tendo em conta valores como autodeterminação, democracia e direitos dos povos, é preciso transformá-la. Planejar o crescimento econômico e social, de curto e de longo prazo e cumpri-lo.

Novas opções são necessárias, pensadas a partir de construção coletiva substancial e adequada e legítima representação social.

Ao comemorarmos o centenário de Paulo Freire, convém pensarmos na importância da educação com viés humanitário e, não para disciplinar e profissionalizar para trabalho, amparado em competição extrema e cuja riqueza não é justamente distribuída. O dever é formar todos e todas para a vida plena.

Demandas concretas e urgentes devem ser rapidamente atendidas em países periféricos. Não se pode abrir mão do estabelecimento de programas emergenciais de produção e distribuição de alimentos, nem de programas de renda, não somente para subsistência. É preciso que alcancem excluídos, inserindo-os em atividades que lhes proporcione viver com

---

Publicação original no *site* **Justificando**: <https://www.justificando.com/2021/12/20/suely-filippetto-rumo-a-arcadia/>. Data da publicação: Segunda-feira, 20 de dezembro de 2021.

(1) Juíza do Trabalho Aposentada do TRT – 9ª Região. Especialista em Economia do Trabalho para Magistrados e Servidores Públicos pela Universidade Estadual de Campinas-UNICAMP. Membra da Associação Juízes para Democracia (AJD).

dignidade, mediante contrapartidas de participação em associação ou conselho para a atuação criativa na busca de soluções de demandas da coletividade.

Articular e criar espaços para atrair o sentimento e a participação de massas, atentar para o que vem, virtuosamente, das pessoas que vivem e trabalham nas cidades e no campo, suas necessidades mais básicas e provê-las, mediante participação em organização coletiva, tendo em conta a vida em comum, a cooperação, igualdade de oportunidades e o comprometimento com o território onde vive.

O desenvolvimento das indústrias nacionais importa, sempre em contexto que considere interesses locais. É no setor industrial que o trabalho pode se estruturar com melhor proteção e desde que exista o controle de quem trabalha sobre o conteúdo de sua atividade, a qual demanda mobilização de corpos, formação de identidade, coletiva inclusive.

A vontade cultural de transformação deve ganhar relevância, aliada a ações das massas, para que a vida seja desfrutada em cooperação, solidariedade e, entre outras tantas ações, nova forma de disseminação de informações deve acontecer. Liberdade de imprensa não se confunde com liberdade de proprietários de meios de comunicação e de (des) informação de massas.

Políticas públicas devem atentar para o investimento. Emenda constitucional que impõe limite de gastos deve ser superada.

Grandes setores privados não podem ter o controle exclusivo das políticas monetárias e fiscais. Conferir autonomia ao Banco Central e retirar dos Estados, do debate público, a decisão política econômica resulta no congelamento de ações governamentais, partidárias e sindicais. Ficam paralisados os meios de obter, democrática e criativamente, novas formas de organizar a sociedade, de resistir à opressão e à dependência, com perda de autonomia e soberania. Sem esse debate público, reserva-se à política somente a questão cultural, religiosa, entre outras, não sem importância, mas que em grande medida, por si sós, não resultarão em transformações necessárias para o alcance do que essas lutas, inclusive, propõem.

Para o enfrentamento da desigualdade, da miséria, da criminalidade, da fome, de projetos conservadores e de uniformização do conhecimento é preciso pensar que seres vivos importam e devem ter vida digna, educação integral, humanitária, voz, acolhimento, cuidado, proteção.

Sistema de produção capitalista de bens, que estruturalmente despreza o meio ambiente e os seres humanos, mediante políticas violentas, não inclusivas e de encarceramento não nos servem, impondo-se transformar essa "fábrica" de barbárie.

Política Judiciária

Justiça do Trabalho: Pra Quê?

Por **Gustavo Tadeu Alkmim**(1)

Na entrevista para uma vaga na transportadora, diz o britânico Ricky: "quero trabalhar sozinho, sem chefe, dono do meu destino". O preposto retruca: "Aqui, você não trabalha para a gente; trabalha com a gente".

Ricky irá se endividar para pagar a van, seu instrumento de trabalho. O seu expediente será de 14 horas por dia, 6 vezes por semana. O inevitável cansaço e o afastamento familiar gerarão crises pessoais, frustração e a sensação de injustiça. Após ser assaltado, aguardar horas no hospital público, com recomendação médica de repouso, a transportadora, indiferente ao drama de Ricky, não aceitará a justificativa, descontará os dias e ele ainda vai ficar devendo à empresa.

Ernesto é um trabalhador argentino. Tem 63 anos. Entrega pizza usando sua *bike*. Atropelado por um carro, imobilizado e machucado, manda um zap para a empresa. A resposta é seca: "como está o pedido, ainda em condições de ser entregue?". Mesmo Ernesto avisando que não podia se mover, a empresa exige: "é parte do procedimento, você precisa mandar uma foto para cancelarmos o pedido".

As duas histórias poderiam acabar aí. Retratam o nosso tempo: a ganância, o deboche, o ser humano valendo menos que mercadoria. Quadro constrangedor, mas que se tornou banal. Repete-se desde o nascedouro do capitalismo — sistema que traz, no seu âmago, a sanha pelo lucro e a marca da desigualdade. Houve um tempo, no século passado, em que limites foram ultrapassados — e o trabalhador reagiu: reclamou, organizou-se, posicionou-se, quebrou máquinas e empresas, derrubou governos, revolucionou, recuou e avançou, fez greves, conciliou. Identificou os seus companheiros e camaradas. Unidos, sofrendo na carne a exploração, identificaram seus exploradores. Viram-se numa luta de classes. O sistema cedeu: legislou. Com isso, abrandou a luta. Mas o tempo traz consigo a dinâmica dos fatos, mudando muita coisa de lugar. E o sistema tem uma inesgotável capacidade de se metamorfosear. Passou, então, a apropriar-se de símbolos de outrora. A ansiada liberdade de *ser* e *estar* transformou-se na liberdade do indivíduo ser "dono do seu próprio destino", único responsável por seu sucesso. E pelo seu fracasso. A luta mudou de lugar: passou a ser do sujeito com ele mesmo. Na vida. No trabalho.

Chegamos à segunda parte das histórias. Mesmo com a autoestima em frangalhos, alquebrado e convalescente, Ricky sai porta afora, desobedecendo às ordens médicas e aos apelos da mulher e filhos, e parte com a sua van para mais um dia de trabalho. Quanto a

Publicação original no *site* **Justificando**: <https://www.justificando.com/2020/08/06/justica-do-trabalho-pra-que/>. Data da publicação: Quinta-feira, 6 de agosto de 2020.

(1) Desembargador do TRT1 (RJ). Membro da AJD.

Ernesto, diante da repercussão do episódio, deu declarações defendendo a empresa: "a dúvida é pertinente; muitos entregadores mentem". Ambos reproduzem uma narrativa de que é deles a responsabilidade pelo "risco do negócio". Supõem-se parceiros da empresa. Nesta condição, buscam alcançar metas inalcançáveis. Isolados não conseguem nomear o conflito, não identificam o explorador — e entoam o mantra: são empreendedores, colaboradores, não trabalham "para", trabalham "com"; não são subordinados, são parassubordinados.

Aos dois personagens, tantos outros poderiam se unir. De motoristas por aplicativo a teletrabalhadores. Possuem traço comum: perderam o direito à desconexão. Suas vidas estão à disposição do trabalho. Vivem uma realidade que remete aos primórdios da Revolução Industrial. Mas são atuais.

Há quem diga que estamos diante de "novas" relações de trabalho. No entanto, ao tirarmos o invólucro da novidade, vimos mais do mesmo: a velha exploração do homem pelo homem. Trazem em si o elemento "subordinação" — ainda que com outra roupagem. Ainda que metamorfoseado. Não é preciso forçar a vista para verificar a presença dos velhos pratos da balança *capital x trabalho* grotescamente desequilibrados. Que se dê ao imbróglio, então, a antiga saída estatal: a lei protetiva. E na nossa terra Pindorama esta lei já existe, não precisa ser inventada: a CLT. Por mais que a tenham castigado, ela continua movida pelo princípio tutelar ao trabalhador, no que se inclui todo e qualquer trabalho subordinado. E o instrumento para fazer valer a lei também, há muito, existe: a Justiça do Trabalho.

Porém, a par da obviedade da saída, há quem não a veja. Ecoa-se, não de hoje, a reprodução de um discurso (i) que relega o trabalho formal a coisa menor, ultrapassada, incompatível com os tempos atuais, e (ii) garante ao trabalhador que ele é partícipe do sucesso empresarial. O discurso ganha ressonância por vários meios e modos (você é livre! é capaz! pode ser um vencedor!), e afasta, cada vez mais, o trabalhador da CLT. Vimos isso no bojo da malfadada Reforma Trabalhista, assim como na legislação esparsa, que, não raro, tem retirado de certas categorias o manto celetista. Grijalbo Coutinho[(2)] cita alguns exemplos contemplados com a pretensa imunidade trabalhista: transportadores de cargas na sua relação com os motoristas (Lei n. 11.442/2007); proprietários dos salões de beleza e similares em relação de trabalho mantida com cabeleireiros, manicures e outros profissionais do mesmo ramo (Lei n. 13.352/2016); tomadores de serviços domésticos e os trabalhadores denominados diaristas que laboram até duas vezes por semana na mesma residência (Lei Complementar n. 150/2015). Acresçam-se hipóteses mais antigas: as cooperativas de trabalho (Lei 8.949/94), as imobiliárias e incorporadoras e seus corretores (Lei n. 6.530/78), além dos representantes comerciais (Lei n. 4.886/65). Isso sem falar na "pejotização".

Há, ainda, o Projeto de Lei n. 3.748/2020, criando figura híbrida para os trabalhadores de aplicativo, que o Rodrigo Carelli chama de "pegadinha": "o tempo em que a pessoa está ligada no aplicativo, aguardando, não é considerado. O PL, na verdade, mantém o sistema, apesar de conceder parcos direitos".[(3)]

---

(2) Disponível em: <https://jornalggn.com.br/artigos/o-que-vai-restar-por-grijalbo-fernandes-coutinho/>.

(3) Disponível em: <https://www.bbc.com/portuguese/geral-53411585>.

São tendências que reforçam o discurso de que o trabalhador não é empregado; é parceiro. A quarentena do Covid-19 alargou este quadro. Além dos entregadores *delivery*, tidos como "essenciais", trouxe à cena o "teletrabalho" — um labor que, feito em casa de forma virtual, ocupa o dia todo, avança madrugadas e finais de semana, divide-se entre afazeres familiares e domésticos. O *home-office* é, sem dúvida, um dos grandes efeitos da pandemia. Envolve trabalhadores que, arcando com os custos materiais e emocionais, são supostos donos de seus horários — só que nunca se desconectam. Tidos como meros prestadores de serviços são, na expressão de Ricardo Antunes, "escravos digitais", filão descoberto pelos "laboratórios do capital", que pode ser assim resumido: exploração e espoliação acentuadas e nenhum direito do trabalho. "Se a desmedida empresarial continuar ditando o tom, teremos mais informalização com informatização, 'justificada' pela necessidade de recuperação da economia pós-Covid-19. E sabemos que a existência de uma monumental força sobrante de trabalho favorece sobremaneira essa tendência destrutiva do capital pós-pandêmico"(4), frisa Antunes.

O trabalho no mundo digital exige produtividade, metas, números. E conduz à invisibilidade e ao isolamento. A ação e a atuação coletiva não fazem parte do seu universo de possibilidades. O trabalhador não vê o outro, seu colega; vive para si, por si e para o trabalho. Sem as garantias protetivas do direito do trabalho. Sem garantia alguma. Culpa-se pelo fracasso. São primos-irmãos dos motoristas e entregadores de plataforma digital.

A Justiça do Trabalho precisa responder a estes trabalhadores — dizer-lhes da subordinação; esclarecer-lhes que, se há lucro, há patrão, ainda que em forma de algoritmo; lembrar-lhes que têm sim direitos. Miremos nos exemplos dos nossos personagens. Ricky é fruto da ficção (filme *Você Não Estava Aqui*, do Ken Loach) e Ernesto é filho da realidade — ambos são simbólicos. Na entrevista para conseguir a vaga, Ricky debocha da condição de empregado formal ("nem pensar", diz ele); Ernesto preocupa-se mais com a saúde da empresa do que com a sua própria. Segundo dados do IBGE, em março de 2020, eram 36,8 milhões de *rickys* e ernestos brasileiros (informais e sem direitos do trabalho).

O desemprego alcança números inconcebíveis (quase 13 milhões), realçando com cores fortes a desigualdade social — tão aceita e tão tolerada no nosso país. O discurso neoliberal está aí, no dia a dia, pronto, acabado e difundido. O contraponto se faz necessário. Sim, a exploração exacerbada pode provocar reação, como já aconteceu no passado. E novas formas de aglutinação podem surgir na busca por reivindicações coletivas (v. breque dos entregadores). Mas a pauta neoliberal avança incontinente. O que resta, então, à Justiça do Trabalho? Resta cumprir o seu ideal: dizer o Direito do Trabalho na sua essência, ressaltando o seu princípio mais caro, o protecionista. A prática judicial que afirma que no trabalho subordinado não há parceria, há emprego, pode embaçar o discurso neoliberal. E a afirmação desta prática é exclusiva do juiz do trabalho. Cabe a ele dizer que o rei está nu.

Nos passos do pai, Klaus Mann escreveu um grande livro, *Mefisto*, em que narra a história de Hendrik, um ator obcecado pela fama. Para tanto, renuncia aos seus valores e princípios,

(4) Disponível em: <https://www.diariodocentrodomundo.com.br/como-se-trama-a-uberizacao-total-por-ricardo-antunes/>.

e tolera o nazismo ascendente na Alemanha hitlerista, indiferente às perseguições a seus colegas de palco. Ali, *tolerância* e *indiferença* traduziam um pacto com o diabo. No final, pressionado, censurado e intimidado (mesmo tolhida a arte é resistência) Hendrik pronuncia a frase derradeira: "O que querem de mim? Por que me perseguem? Por que são tão duros? Afinal, sou apenas um ator!".

O juiz do trabalho contemporâneo não tem o direito de ficar *indiferente* à pretensa destruição do Direito do Trabalho; não pode *tolerar* o retrocesso como se nada tivesse a ver com isso. Não tem este direito. Precisa sim cumprir o ideal da Justiça do Trabalho. Ou terminará como Hendrik: Por que me perseguem e querem acabar comigo? Sou apenas um juiz do trabalho!

Direito, Judiciário Trabalhista e Aparelhos de Estado

Por **Hugo Cavalcanti Melo Filho**[1]

O Direito do Trabalho, produzido nos marcos da institucionalidade burguesa, constitui instrumento de dominação de classe, verdadeira chancela estatal à exploração do trabalho pelo capital, na medida em que garante a apropriação da mais-valia pelo capitalista. Por outro lado, em virtude de seu caráter interventor no âmbito da autonomia da vontade, impõe limite a esta exploração. Esse limite consiste na permanente busca da fixação de parâmetros civilizatórios na relação naturalmente desequilibrada entre capital e trabalho, que se dá, com maior ou menor eficácia, em cada momento histórico e em cada lugar. Há, portanto, uma tensão permanente entre os papéis de garantidor da atuação coercitiva do Estado e de legitimador, em termos hegemônicos, das relações sociais de produção para formação do bloco histórico.

No último período, o Direito do Trabalho vem se restringindo à função de avalista da coerção Estatal em favor da exploração capitalista, seja pela produção normativa direcionada ao interesse da extração da mais-valia e da acumulação, seja pelo reforço do aparelhamento repressivo e ideológico da Justiça do Trabalho.

A compreensão do desenvolvimento histórico em determinado período não pode ser alcançada apenas com o conhecimento das ideias predominantes à época, senão pela consideração prioritária dos condicionamentos concretos sob os quais se vivia e se agia, dependentes do que Marx denominou forças produtivas, entendidas como forças que contribuem para a produção de recursos.

Para entender como forças produtivas influenciam o processo histórico econômico é preciso confrontá-las com fatores que, de acordo com o pensamento marxiano, facilitam ou alteram a sua incidência, as relações de produção, que são as formas sociais genéricas pelas quais se processa a produção.

A interação entre esses dois fatores se fundamenta em princípios de produção, distribuição e propriedade. As contradições estruturais do capitalismo manifestam-se nesse movimento dialético dos contrários, o antagonismo que se encontra nas relações de classe, na luta por interesses diferentes no processo produtivo.

Publicação original no *site* **Justificando**: <https://www.justificando.com/2020/09/24/direito-judiciario-trabalhista-e-aparelhos-de-estado/>. Data da publicação: Quinta-feira, 24 de setembro de 2020.

(1) Juiz do Trabalho no Recife. Doutor em Ciência Política. Professor de Direito do Trabalho da UFPE. Presidente da Academia Pernambucana de Direito do Trabalho. Membro da Associação Brasileira dos Juristas pela Democracia.

Marx sintetiza a interação entre forças produtivas e relações de produção, apontando o conjunto destas últimas como "*a estrutura econômica da sociedade, a base concreta sobre a qual se ergue uma superestrutura jurídica e política*", e sustenta que "*o modo de produção material condiciona o processo social, político e intelectual em geral*" (MARX, Karl. *Contribuição à crítica da economia política*. 2. ed. São Paulo: Martins Fontes, 1983. p. 24).

Na esteira de Marx, Pachukanis concebe o direito "*não como acessório de uma sociedade humana abstrata, mas como categoria histórica que corresponde a um ambiente social definido, construído pela contradição de interesses privados*" (Teoria geral do direito e marxismo. São Paulo: Boitempo, 2017, p. 86). Assim, "*o processo histórico de desenvolvimento da economia mercantil-monetária e mercantil-capitalista acompanha a realização desses esquemas* [da ideologia jurídica] *na forma da superestrutura jurídica concreta*" e assim "*temos todas as condições para o desenvolvimento da superestrutura jurídica com suas leis formais, seus tribunais, seus processos, seus advogados, e assim por diante*" (*Ibidem*, p. 62).

No Brasil, a partir do Golpe de 2016, deu-se a retomada da hegemonia dos ideais neoliberais, materializada na seara juslaboral, inicialmente, na Lei n. 13.467/2017, com alterações afrontosas aos princípios do Direito do Trabalho, à Constituição e às Normas Internacionais do Trabalho, escancaradas em seis eixos principais: ampliação das possibilidades de terceirização de mão de obra; ampliação das possibilidades de contratação de empregados a tempo parcial; autorização de dispensa massiva de trabalhadores; flexibilização máxima quanto à jornada de trabalho; enfraquecimento dos sindicatos; a redução da relevância institucional da Justiça do Trabalho; prevalência do negociado (*in pejus*) sobre o legislado.

Em 2020, na vigência do estado de calamidade pública decorrente da pandemia de Covid-19, Bolsonaro editou as Medidas Provisórias ns. 927/20 e 936/20. A primeira, vigente até 19.7.20, dispôs sobre as medidas trabalhistas que poderiam ser adotadas pelos empregadores nesse período. Além da indecente autorização de suspensão de contratos de trabalho por até 120 dias, sem salário ou benefício (art. 18 da MP n. 927, revogado pela MP n. 928), cuidou de flexibilizar, em exclusivo proveito dos patrões, os institutos do teletrabalho, das férias e dos feriados, do banco de horas e da jornada de trabalho dos profissionais de saúde. Principalmente, autorizou a celebração de acordo individual com preponderância sobre as leis e normas coletivas.

Já a Medida Provisória n. 936/20 (convertida na Lei n. 14.020/20) instituiu o Programa Emergencial de Manutenção do Emprego e da Renda, autorizando a suspensão do contrato de trabalho e a redução proporcional de jornada e salário, por negociação individual ou coletiva.

Trata-se, a toda evidência, de produção normativa estritamente condicionada pelo modo de produção capitalista, no interesse da extração da mais-valia e da acumulação. Mas o quadro dramático para a classe trabalhadora é delineado ainda por outros fatores característicos do modelo.

A tradição marxista concebe o Estado como um aparelho repressor (ALTHUSSER, Louis. Ideologia e Aparelhos Ideológicos de Estado (notas para uma investigação. In: ZIZEK, Slavoj (Org.). *Um mapa da ideologia*. Rio de Janeiro: Contraponto, 2013. p.111). Esta função fundamental do Estado é exercida pela polícia, pelos tribunais e pelo exército, que intervêm como força repressora suplementar, e, acima desse conjunto, pelo chefe de Estado, governo e administração.

Althusser propõe um acréscimo à "teoria marxista" do Estado, a que seja levada em conta não apenas a distinção entre poder estatal e Aparelho de Estado, "*mas também uma outra realidade que está claramente ao lado do Aparelho (Repressivo) de Estado, mas não se confunde com ele*" (*Ibidem*, p. 114), que conceitua como Aparelhos Ideológicos de Estado. Para Althusser, os Aparelhos Ideológicos de Estado (AIE) são os aparelhos ideológicos religioso, escolar, familiar, jurídico, político, sindical, de informação e cultural (*Ibidem*, p. 115).

Aparelhos repressivos e ideológicos existem para assegurar a submissão da classe trabalhadora às classes dominantes, por meio da exploração capitalista. O aparato judicial figura em ambas as categorias, disso não escapando a Justiça do Trabalho, seja quando avaliza, pela coerção, a exploração de classe (aparelho repressivo), seja quando cria e consolida narrativas que legitimem essa exploração (aparelho ideológico).

A repressão do Judiciário trabalhista à organização da classe trabalhadora é notória. Basta ver as decisões dos Tribunais do Trabalho em dissídios de greve e em interditos proibitórios, que, na prática, inviabilizam o exercício do direito constitucional de greve. Sobreleva, entretanto, a feição de aparelho ideológico que caracteriza o Poder Judiciário.

As decisões da Justiça do Trabalho, em todos os graus de jurisdição, que chancelam as alterações inconstitucionais e inconvencionais feitas pela Lei n. 13.467/17, que negam o vínculo empregatício dos trabalhadores plataformizados, que ratificam o Direito do Trabalho de Exceção construído para o período da pandemia revelam que se trata de ambiente de efetivação do direito ultraliberal. Mais do que isso, exibem a construção de narrativa da necessidade da salvaguarda empresarial, de redução de direitos como pressuposto do desenvolvimento e da empregabilidade, da priorização do empreendedorismo e da transmutação de empregados em associados e colaboradores desprotegidos. Enfim, a deslegitimação do próprio Direito do Trabalho, que tem por objetivo final fazer com que as massas incorporem, como sua, a ideologia dominante.

À frente dessa construção narrativa de imposição ideológica encontra-se o Supremo Tribunal Federal. O STF milita na causa do desmanche dos direitos sociais há décadas e deu carta branca ao Congresso para a chamada reforma trabalhista, decidindo questões sensíveis como a prevalência do negociado sobre o legislado, a ultratividade das normas coletivas, a flexibilização das jornadas, terceirização, a redução da relevância institucional da Justiça do Trabalho, que terminaram constituindo aspectos centrais da referida reforma. Alterada a CLT, o STF decidiu pela constitucionalidade do fim do imposto sindical e ampliou, por várias decisões, as possibilidades de terceirização.

Ao apreciar as MPs ns. 927 e 936, o STF, embora tenha decidido pela suspensão da eficácia de dois dispositivos da primeira (que não considerava doença ocupacional os casos de contaminação de trabalhadores pelo coronavírus e que limitava a atuação de auditores fiscais do trabalho à atividade de orientação), manteve a eficácia do artigo que tratava da prevalência do acordo individual sobre a lei e normas coletivas.

Em relação aos dispositivos da MP n. 936, o STF manteve a eficácia da regra que autoriza a redução da jornada de trabalho e do salário ou a suspensão temporária do contrato de trabalho por meio de acordos individuais, independentemente da anuência dos sindicatos da categoria. Prevaleceu a tese de que tal possibilidade não fere princípios constitucionais, pois não haveria conflito entre empregados e empregadores, mas uma convergência sobre a necessidade de manutenção da atividade empresarial e do emprego.

E, assim, o aparato judicial vai impondo a ideologia que aparece unificada em torno dos interesses essenciais da classe dominante, sobretudo para assegurar a sua hegemonia, por meio das relações de produção e do conjunto das relações sociais. Infraestrutura sobre a qual se edifica o Estado e o Direito e as ideologias encarregadas de fazer com que a formação social seja capaz de reproduzir continuadamente as suas condições de existência.

Lawfare Contra o Direito do Trabalho

Por **Grijalbo Fernandes Coutinho**(1)

Depois da leitura dos ensaios publicados na série "*Trabalho Além da Barbárie*" com assento semanal no irrequieto eletrônico *Justificando*, fiquei a refletir sobre qual seria a novidade a ser apresentada, considerando o fato de ter a vanguarda juslaboralista descortinado os movimentos empreendidos pelo capital para solapar as diminutas mas relevantes conquistas sociais alcançadas pela classe trabalhadora, no plano jurídico-normativo sob o espectro da democracia formal burguesa.

Tentarei contribuir com o debate revelando que na cotidiana luta de vida e morte do Direito do Trabalho, cumprindo o seu papel histórico classista, o Judiciário agarra-se sem cerimônias à morte do juslaboralismo em nome da condensação dos interesses materiais da burguesia(2).

E assim me conduzirei sob a perspectiva da existência de uma guerra jurídica no Brasil contra o Direito Constitucional do Trabalho, lente crítica objeto de pesquisa minha em curso perante à Faculdade de Direito da UFMG.

Não é novidade que o Judiciário, como regra geral do modo peculiar de atuação nos momentos de embates econômico-políticos mais significativos entre o capital e o trabalho, assume inegável protagonismo no desmantelamento impiedoso da essência de normas trabalhistas aptas a impedir mortes e mutilações obreiras.

Isso acontece desde a atuação dos juízes de paz ingleses, no auge da II no Revolução Industrial, até chegar aos dias atuais no Brasil de *lawfare* contra o Direito do Trabalho.

Aliás, aqui, diga-se de passagem, o Judiciário sempre teve enorme dificuldades para fazer cumprir garantias e direitos assegurados aos segmentos mais frágeis, diante do contínuo esvaziamento interpretativo das normas jurídicas.

A teoria crítica da história sociológica chega a descrever o direito oficial, quase sempre boicotado, e o direito não-oficial, o direito das elites respeitado pelos órgãos da Justiça, a exemplo da manutenção do tráfico negreiro durante décadas, no século XIX, após a sua proibição legal, bem como a tortura, o açoite e outras formas de violência praticadas contra seres humanos, por via de regra, contando com o mais absoluto silêncio quando não o respaldo da Justiça(3).

Publicação original no *site* **Justificando**: <https://www.justificando.com/2020/12/03/lawfare-contra-o-direito-do-trabalho/>. Data da publicação: Quinta-feira, 3 de dezembro de 2020.

(1) Desembargador do Trabalho do TRT 10 (DF e TO). Membro da AJD.

(2) MASCARO, A. L. *Estado e forma política*. São Paulo: Boitempo, 2013.

(3) COMPARATO, F. K. *O Poder Judiciário no Brasil*. 16 jun. 2015. Disponível em: <https://reformapolitica.org.br/2015/06/19/o-poder-judiciario-no-brasil-por-fabio-konder-comparato/>. Acesso em: 4 dez. 2020.

Não se ignora o fato de que *Justiça Política e Lawfare* estejam associados originariamente ao uso de procedimentos legais para fins políticos, na aplicação desvirtuada ou manipulada do direito e do processo penal[(4)].

A justiça política é configurada a partir de uma série de procedimentos judiciais supostamente amparados no ordenamento jurídico para, ao fim e ao cabo, derrotar os inimigos incômodos do sistema ou de governos, com a violação de direitos e garantias fundamentais.

Essa compreensão *lato sensu* mostra-se apropriada para apontar peculiar forma de justiça política assim caracterizada por intermédio de sucessivos e sincronizados atos de qualquer Suprema Corte voltados para, no exercício judicante da interpretação constitucional e em atendimento aos anseios burgueses, inverter, de maneira sistemática e organizada[(5)], a aplicação do Direito do Trabalho.

Nesse sentido, é razoável cogitar que todo e qualquer movimento jurisprudencial tendente a inverter o juslaboralismo para, na prática, negá-lo vigência, fundado em iguais ou semelhantes premissas materiais e procedimentais àquelas adotadas no âmbito penal configuradoras do *Lawfare*, traz ao cenário brasileiro a justiça política do capital contra o trabalho e o Direito do Trabalho.

Lembremos que o STF, entre 2007 e 2020, proferiu mais de três dezenas de decisões aniquiladoras dos fundamentos do Direito do Trabalho, revisando substancialmente a sua jurisprudência moderada construída após a vigência da Constituição (1988 a 2006).

Entre tantas outras sentenças demolidoras de direitos do trabalho, o Tribunal de maior expressão no Brasil emitiu os seguintes pronunciamentos, entre 2007 e 2020: 1) autorizou a terceirização generalizada; 2) respaldou a prevalência do negociado sobre o legislado para liquidar direitos obreiros; 3) suspendeu o texto constitucional em tempos de pandemia do Coronavírus para admitir a renúncia de direitos pelos empregados, sem nenhuma assistência sindical, incluindo a redução salarial e a suspensão do contrato de trabalho; 4) autorizou a jornada extravagante de 12 horas por dia; 5) liquidou praticamente todas as fontes de sustentação material dos entes sindicais obreiros; 6) limitou o alcance da substituição processual pelos sindicatos; 7) mitigou os direitos dos empregados e ex-empregados das empresas em regime de recuperação judicial ou falência; 8) reduziu parte substancial da expressão monetária do adicional de insalubridade; 9) interferiu decisivamente, durante vários anos, em política governamental de combate ao trabalho escravo, em atendimento à pretensão de entidade empresarial, quanto à ausência de formação e divulgação da "lista suja"; 10) exaltou a terceirização na atividade fim como mecanismo de redução dos custos com o trabalho, inviabilizando inclusive qualquer isonomia entre empregados de atribuições iguais; 11) suprimiu em até 25 anos o direito obreiro ao FGTS não recolhido pelas empresas; 12) podou praticamente o exercício do direito fundamental de greve por servidores públicos; 13) criou a jurisprudência dos direitos fundamentais do capital contra os direitos laborais

(4) KIRCHHEIMER, Otto. *Empleo del procedimento legal para fines políticos*. Granada: Comares, S.L, 2001.

(5) BERCOVICCI, G.; MASSONETTO; L.F. A constituição dirigente invertida: a blindagem da constituição financeira e a agonia da constituição econômica. Coimbra: Separata do *Boletim de CE* da Univ. Coimbra, 2006.

que *"atrapalham o desenvolvimento do país"*, com o expresso reconhecimento do mecanismo da terceirização generalizada como direito fundamental constitucional da burguesia, sendo a ADPF instrumento constitucional de natureza processual adequado para se voltar contra decisões limitadoras da terceirização, assim como a ADPF serve para proteger o direito de empresas estatais contra os seus empregados, quanto ao pagamento das dívidas trabalhistas por precatório, além de admitir a ADPF patronal para discutir a política governamental de combate ao trabalho escravo; 14) fez do julgamento da via estreita processual de embargos declaratórios a porta aberta para a terceirização generalizada e para reduzir as garantias de empregados públicos contra as dispensas imotivadas; 15) consagrou a espoliação da competência da Justiça do Trabalho como fator consequencialista de inefetividade dos fundamentos do juslaboralismo; 16) anunciou que deve transformar em pó os créditos trabalhistas objeto de debate judicial, com o fim dos juros de mora, embora esta última matéria sequer integre o objeto de julgamento no âmbito das ações respectivas, bem como apontou para a consagração da redução drástica da correção monetária; 17) indicou o extermínio da ultratividade das normas coletivas; e 18) e apontou que seguirá adiante em sua contrarreforma trabalhista, quando examinará outras ações judiciais em curso capazes de exponenciar o grau de extermínio do direito do trabalho e de seu processo, incluindo a negação de acesso à Justiça do Trabalho pela classe trabalhadora e o aval ao selvagem contrato intermitente.

Tais decisões judiciais, se não bastasse o caráter destrutivo do Direito do Trabalho contido em cada pronunciamento, influenciaram na ação do Executivo e do Legislativo para aprofundar os níveis de desregulação das relações de trabalho, a partir das Leis ns. 13.429/2017, 13.467/2017, 13.874/2019 e 14.020/2020 e de medidas provisórias.

Essa guerra jurídica contra o Direito do Trabalho, aprofundada entre 2016 e 2020, contudo, viola a Constituição da República e toda a ordem jurídica.

Sob o olhar crítico dos Direitos Humanos, referidas decisões judiciais realizam o distrato do pacto celebrado no processo constituinte de 1986-1988 quanto aos direitos do trabalho e aos seus princípios, sem a existência de quadro jurídico apto a autorizar a inegável façanha.

Não se sugere que seja algo completamente inesperado ver o Judiciário flexibilizar conquistas civilizatórias da classe trabalhadora, salvo se acreditássemos no idealismo da teoria do "*direito a ter direitos*" como fato consumado do processo de acúmulo jurídico.

Ao contrário, os direitos do trabalho como direitos humanos de caráter econômico, social e cultural, inegavelmente, são construídos, mantidos, destruídos ou ampliados como produtos culturais resultantes de lutas políticas classistas[(6)].

Para além da revelação dos sintomas de uma grave crise de *deficit* da democracia constitucional, a jurisprudência do STF em matéria trabalhista expõe a necessidade de recorrer urgentemente à Constituição para corrigir os equívocos, quanto à interpretação de

(6) HERRERA FLORES, J. *El processo cultural* — materiales para la criatividad humana. Sevilla: Aconcagua Libros, 2005.

seu texto e, por conseguinte, dar máxima efetividade aos direitos fundamentais da classe trabalhadora contra o ideário neoliberal.

Sabemos como se desenvolvem as lutas permanentes entre o capital e o trabalho, no histórico confronto entre maximização de lucros e dignidade laboral. Necessitamos, na atual quadra, enfrentar a metodologia judicial tendente a liquidar o Direito do Trabalho, a guerra jurídica estruturada para o retorno das relações de trabalho no Brasil ao século XIX, agora se processando sob roupagem social adequada ao desenvolvimento das forças produtivas desses tempos de capitalismo guiado pela financeirização, pela robótica e pelo insaciável apetite por acumulação de riquezas.

O Juiz Eichmann: A Burocracia Judiciária Como Armadilha de Classe

Por **Zéu Palmeira Sobrinho**(1)

"A história da sociedade até os nossos dias é a história da luta de classes."
Karl Marx

Decisões recentes da Justiça do Trabalho, no Brasil, reforçam os seus vínculos com o mercado e mascaram o modo como o Estado-Juiz privilegia a barbárie à civilização. Dentre os elos recentes entre o Judiciário e o mercado, duas decisões podem ser destacadas: a primeira foi o julgamento do dissídio coletivo dos trabalhadores dos Correios; a segunda foi a referente ao caso de um empregado que, embora sendo beneficiário da justiça gratuita, foi condenado a pagar honorários e por fim teve a sua pena convertida em prestação de serviços à comunidade.

Ambas as decisões chocaram aqueles que romantizam a defesa dos direitos sociais sob o capitalismo. No caso dos Correios, o TST (Tribunal Superior do Trabalho) chancelou o entendimento de que, ao término de um acordo ou convenção coletiva, se o empregador não negociar com a entidade sindical representativa dos trabalhadores, todos os direitos históricos de uma categoria podem ser jogados na lata do lixo. Essa postura fez o TST implodir a progressividade dos direitos sociais, ideia-força decantada em vários diplomas jurídicos, a exemplo do PIDESC — Pacto Internacional dos Direitos Econômicos Sociais e Culturais.

Essa dificuldade de compreensão, em relação ao retrocesso interpretativo em matéria de diretos sociais, tem levado os estudiosos a buscar entender, para além da razão do Estado, qual é o perfil desse velho julgador que torna permeável a possibilidade concreta de sacrificar o projeto civilizatório. Será que é o retorno da práxis do julgador fascista?

Segundo Pachukanis(2), o Estado fascista não queria sindicatos e juízes como oponentes, mas como sua extensão, ou seja, como uma *longa manus* da vontade do poder de plantão. Para isso, o método mais prático de assimilação ideológica, para tornar os juízes e sindicatos em fascistas, consistia em obrigá-los a cumprir as leis fascistas e encorajá-los a se enxergarem, enquanto guardiães das leis, como cumpridores dos seus deveres patrióticos.

Publicação original no *site* **Justificando**: <https://www.justificando.com/2020/12/10/o-juiz-eichmann-a-burocracia-judiciaria-como-armadilha-de-classe/>. Data da publicação: Quinta-feira, 10 de dezembro de 2020.

(1) Juiz do Trabalho e Professor da UFRN.

(2) PACHUKANIS, Evguiéni B. *Fascismo*. São Paulo: Boitempo, 2020.

Nessa tarefa de interpretação do processo de assimilação ideológica, merece destaque o esforço do jurista belga François Ost em mapear os diversos tipos de magistrado: o juiz Hércules, o juiz Júpiter e o juiz Hermes.(3)

Para Ost, o juiz Hércules seria o juiz legislador, que criaria uma regra para solucionar o caso concreto, não se baseando na lei, mas na relação histórica dos litigantes. O juiz Júpiter seria aquele que não sai do esquadro, atua rigidamente para dar uma interpretação da norma e para evitar substituir ou derrogar a vontade do legislador. O juiz Hermes seria o juiz pós-moderno, que faz do direito uma bricolagem para que cada fragmento jurídico tenha validade, de modo que o peso do julgamento não esteja no fragmento invocado, mas na autoridade de quem o invoca, pois, a exemplo do Deus grego Hermes, o julgador seria o intérprete por excelência, isto é, o transmissor privilegiado da vontade dos deuses para os mortais.

Muito embora qualquer classificação sobre os tipos de julgador, a partir da conduta mais recorrente deste, seja uma caricatura ou um reducionismo do poder explicativo da atividade judicante, observa-se que a metáfora empregada por Ost é uma tentativa de se traçar uma crítica e de se compreender o perfil médio da magistratura. No Brasil, segundo Machado, a formação do magistrado é marcada pelo praxismo, ou seja, pela abstinência crônica de "uma cultura jurídica, crítica e politizada capaz de transcender os limites paradigmáticos do normativismo-positivista e do liberalismo individualista".(4)

Sem negar os problemas advindos de tal caracterização, mas tentando compreender o momento presente da magistratura brasileira, urge acrescentar mais um modelo aos já apresentados por Ost. Trata-se do "juiz Eichmann" que relembra a figura do nazista Adolf Eichmann.

O juiz Eichmann é um velho modelo que reaparece com a roupagem de novidade apenas na aparência. É um "novo" modelo de juiz que tem se tornado tão presente no Brasil, no atual contexto de desconstrução da cidadania e de necropolítica, a despeito das exceções de magistrados que servem de referência à luta pela humanização do direito e contra a barbárie.

Eichmann, conforme descrição feita pela escritora judia Hannah Arendt(5), é o burocrata sem remorso, é alguém que somente pode ser reconhecido pelas pessoas capazes de compreender as entranhas dos crimes praticados pela mediação da burocracia.

Com base no exemplo de Eichmann, um burocrata na esfera judicial não existe para avaliar o conteúdo ou as repercussões de seus atos, mas para cumprir ou executar o que lhe foi atribuído pelo sistema legal. Ele é o protótipo da autoridade que respalda o poder de plantão e valoriza a hiperdisciplina judiciária, tornando a "lei ordinária" um fetiche a ser servilmente louvado e observado.

---

(3) OST, François. Júpiter, Hércules e Hermes: os tres modelos de juez. *Academia: revista sobre enseñanza del derecho de Buenos Aires*, ISSN 1667-4154, año 4, n. 8, 2006, p. 101-130.

(4) MACHADO, Antonio Alberto. *Ensino jurídico e mudança social*. 2 ed. São Paulo: Expressão Popular, 2009, p. 226.

(5) ARENDT, Hannah. *Eichmann em Jerusalém:* um relato sobre a banalidade do mal. São Paulo: Cia. das Letras, 1999.

Eichmann achava-se um homem cumpridor dos seus deveres e, até a sua morte, nunca entendeu porque foi levado a um tribunal para julgamento por ter cumprido a lei. Em sua autoconcepção, Eichmann se via como o homem virtuoso e honrado, pois sequer se recusara a obedecer a razão do Estado cristalizada na legislação vigente. Em sua razão arrogante, Eichmann deixou explícito que se há ou não a justiça no texto legal, isso não era problema seu, mas do legislador que a fez.

Era assim que ele lavava as suas mãos ante o compromisso de ser indiferente ao mal ou ao bem, ante o dever que assimilou de não se achar no direito de fazer qualquer julgamento moral.

Um dos grandes desafios de Hannah Arendt foi mostrar Eichmann como julgador, e não meramente como o réu que um dia foi julgado em Jerusalém. Para além do nazismo, Eichmann sempre foi um julgador modelo inspirador para a burocracia. Ele julgava reiterando, e não julgava decidindo, quem iria ou não para os campos de concentração ou para as câmeras de gás. Nesse contexto, surge o desafio de se especular como Eichmann seria se retornasse aos tempos atuais.

Se Eichmann fosse o juiz de nossos tempos ele teria uma associação de juízes para esbravejar: "desculpe-me, eu cumpri a lei..." Ele chamaria a sua fidelidade de disciplina judiciária e a invocaria como escudo sempre que alguém lhe fizesse um apelo de misericórdia;

Se Eichmann fosse o juiz ele diria, da sua cabine ou gaiola de vidro, que era um homem incorruptível e que a história não deveria julgar os julgadores porque eles eram apenas os operadores do direito, eram os engenheiros ou as parteiras que davam vida aos efeitos decorrentes da aplicação dos textos legais.

Se Eichmann fosse o juiz dos tempos neoliberais, ele se autoqualificaria como um "homem de bem" e diria que suas decisões observam estritamente o aspecto jurídico, sem qualquer valoração moral.

Os "homens de bem" vestidos de toga, segundo a lógica do juiz Eichmann, podem ser identificados pela personalidade obtusa aos sentidos e letárgica em relação ao senso histórico.

Muitos juízes, a exemplo do Eichmann, continuam a ser selecionados para assumir a função de julgar segundo uma racionalidade que desconsidera os afetos, as condicionalidades históricas e as fraquezas humanas. Hannah Arendt diria que eles não são pervertidos, nem sádicos, mas são terrível e assustadoramente normais.

Do ponto de vista das instituições e dos atuais padrões morais de julgamento, essa normalidade continua a ser a mais apavorante de todas as atrocidades juntas, pois implica no dizer de Hannah Arendt "(...) um tipo novo de criminoso, efetivamente *hostis generis humani*, que comete seus crimes em circunstâncias que tornam praticamente impossível para ele saber ou sentir quem está agindo de modo errado".(6)

Para Hannah Arendt conhecer a personalidade normal desafia conhecer a regra, isto é, o normativo. O apavorante, segundo a citada escritora judia, não é conhecer o anormal, mas

(6) *Op. cit.*, p. 299.

a normalidade do perfil do burocrata que o Estado consegue construir a partir da superficialidade. O mal de Eichmann, segundo Arendt, não advém necessariamente da ideologia, dos instintos e sequer tem relação com a essência ou com alguma crença sobrenatural; para ela, o mal é algo banal e sem precedentes.

Hannah Arendt ao reduzir a sua explicação à banalidade do mal, recusou-se a enxergar a relação de causa e efeito na formação da naturalização da perversão. Ela achou que a banalidade do mal era algo que surgia sem inspiração e sem historicidade, no acaso da perversão humana. Arendt não percebeu que o nazismo, sob a influência da luta colonialista entre os países centrais, era uma disfuncionalidade da incontrolabilidade capitalista. Ela se negou a perceber, por exemplo, que o nazismo, Eichmann e o conflito de classe consubstanciavam a competição pela relação da exploração do trabalho.

Para que o equívoco de Arendt não se repita, a interpretação sobre o Juiz Eichmann nos dias atuais imprescinde da consideração sobre o modo como o Estado-Juiz e a forma jurídica atuam na processualidade histórica que existe para mascarar a relação de exploração capitalista.

Enfim, a cegueira produzida pela práxis conservadora e anti-histórica de parte da magistratura mantém os "juízes Eichmann" como armadilhas de classe, sujeitos da burocracia que naturalizam a perversão da exploração e da desigualdade social, partejadas pelo modo de produção vigente, e que abdicam de refletir sobre a relação sociohistórica entre as suas práticas e a reprodução da barbárie.

O Neoliberalismo e o Juiz-Hades

Por **Gabriel Velloso Filho**(1)

A cada ano, o Conselho Nacional de Justiça divulga o relatório anual do Poder Judiciário. Em tom triunfalista, celebra a maior excelência dos juízes e juízas, focado na quantidade de processos julgados — "baixados", na linguagem oficial. Qual um churrasco rodízio pantagruélico de proporções colossais, comemoram-se os milhões de processos "baixados", que chegaram a 35 milhões em 2019. Ou seja: por ano, julgaram-se ("baixaram-se") três vezes mais processos no Brasil que os habitantes da cidade de São Paulo, um número equivalente à população do Canadá. E, imaginando que o número de processos julgados é um coeficiente útil para aquilatar a excelência da justiça prestada, proclama-se com ufanismo a quebra de recorde, certamente sem paralelo na história da experiência humana no planeta.

A escolha do número de processos "baixados" como indicador de excelência da atividade jurisdicional é curiosa. Afinal, não se pode aquilatar a saúde dos habitantes de uma nação pelo número de consultas e prescrições ministradas pelos profissionais de saúde. Ao contrário, um número maior de atuações médicas será uma indicação de que a luta contra as doenças vai mal, muito mal.

Os indicadores produzidos pelo próprio Poder Judiciário podem ser considerados como "internos". Não são grandezas da natureza, nem extraídos da sociedade: o número de processos "baixados", o prazo para julgamento, o índice de congestionamento ou o índice de produtividade comparada da justiça (IPC-Jus), expressões que causam o deleite, horror, êxtase e desespero aos profissionais dos tribunais, estatísticos ou tecnoburocratas que multiplicam a cultura "quantitativista" nos órgãos jurisdicionais brasileiros. Não são dados do mundo real, provenientes do tecido social sobre o qual se instala o poder de julgar.

Em contraste com o galardão mundial em quantidade de processos baixados, o Brasil é um dos países mais desiguais do mundo. Dentre os países das Américas, Ásia, Europa e Oceania, não há quem conteste sua liderança. Está perto de alcançar a liderança mundial no ranking de violência contra a mulher. Em 2019, foi o quarto país em que mais se matou militantes de direitos humanos.

Não há uma linha nos relatórios oficiais dedicada a tais dados embaraçosos. Tampouco consta do *script* uma menção desagradável à deplorável inefetividade da tutela dos direitos fundamentais, exemplificada nas sucessivas condenações sofridas pelo Estado brasileiro na Organização dos Estados Americanos. Nem se balbucia uma sílaba acerca do descaso com a repressão às tragédias ambientais de larga escala. Ou aos crimes financeiros.

Publicação original no *site* **Justificando**: <https://www.justificando.com/2021/01/21/gabriel-velloso-filho-o-neoliberalismo-e-o-juiz-hades/>. Data da publicação: Quinta-feita, 21 de janeiro de 2021.

(1) Desembargador do TRT8 (PA/AP). Membro da AJD.

Toda a lógica de funcionamento do Poder Judiciário brasileira está calcada para a proteção dos interesses do capital, que realiza seus desejos com o esmagamento vertical da jurisprudência dos órgãos inferiores na hierarquia judiciária, fiel ao resguardo, em última análise, da previsibilidade das decisões, do cumprimento dos contratos e da segurança jurídica para o "desenvolvimento econômico". Introduzidas conforme o paradigma que inspirou o Documento n. 319 do Banco Mundial, as reformas do Poder Judiciário na América Latina e Caribe proporcionaram terreno fértil para o desenvolvimento da *communis opinio doctorum* que proclama o credo neoliberal como o ideário único, vencedor na luta das ideias. É algo que se ecoa de portais jurídicos a editoriais de grandes jornais, como grãos de areia que inspiram as pérolas jurisprudenciais do Supremo Tribunal Federal.

Há um elemento estrutural no Poder Judiciário brasileiro e na sua administração que condiciona um modelo de juiz e juíza destituída de compromissos éticos com o resultado do julgamento, indiferente à sociedade que a margeia, que subordina a tutela dos direitos humanos e fundamentais à quantidade de processos "baixados" e privilegia a atuação individual, narcisista e disfuncional, em detrimento da proteção dos valores constitucionais que justificam a sua existência.

Em momentos excepcionais, esboça-se uma ação isolada. A Corregedoria Nacional de Justiça lançou há alguns anos uma tímida iniciativa para a proteção dos direitos humanos e fundamentais com o programa "Justiça Plena", que fracassou vertiginosamente; no momento, divulgou o recém-criado "Observatório dos Direitos Humanos do Poder Judiciário". São empreendimentos fadados ao insucesso caso permaneçam uma frente isolada, uma vez que todo o modelo de avaliação, julgamento, premiação e punição dos tribunais, tal como a aferição das atividades dos magistrados e magistradas — inclusive para promoção e confirmação do estágio probatório — está fundado na abordagem quantitativa de atuação. As estratégias de recrutamento se harmonizam com essa matriz, exigindo a dedicação por um triênio para o desenvolvimento de conhecimentos mnemônicos, em clivagem social que favorece o ingresso e desenvolvimento de pessoas oriundas da classe média e alta. O Poder Judiciário está circundado de elementos estruturais que não podem ser resolvidos com belos e pomposos termos incrustados em portarias e decretos, na ingênua crença de que, como demiurgo, tais palavras magicamente transformassem os mecanismos que animam a produção jurisdicional. É preciso enfrentar o perfil excludente, elitista e autoritário que marca o Poder Judiciário brasileiro desde sua formação estamental no império e que se legitima, na encarnação presente, com a rendição ao economicismo, ao punitivismo e à eliminação de direitos sociais e coletivos, como única via para assegurar o suposto "desenvolvimento econômico" de perfil excludente e neoliberal.

Sem alterações estruturais, a mirada do Judiciário aos direitos humanos e fundamentais será fugaz como o olhar da pantera de Rilke, que se instila na tensa paz dos músculos para melancolicamente perecer em um coração sem emoções.

Quis Ronald Dworkin, ao elaborar sua teoria, imaginar um molde de julgador ideal, o "Juiz-Hércules", capaz de integrar em si virtudes sobre-humanas da sabedoria, paciência e habilidade, necessárias para proferir sua decisão em casos difíceis conforme as regras, princípios e práticas constitucionais que se harmonizem com a integridade dos valores constitucionais. Não há ideal mais distanciado do molde elaborado e consagrado na política judiciária oficial brasileira.

Se Hades se dedicasse a elaborar relatórios periódicos, seriam profusas as estatísticas rigorosas acerca dos castigos aplicados, com cuidadosa contagem das almas remetidas aos planos da além-vida. Afinal, o poder de Hades é maior – e suas atribuições se multiplicam – quanto mais almas se acumularem em seu reino das trevas. Não há melhor aproximação ao vetor do juiz quantitativista, indiferente e individualista, padrões que se potencializam no perfil traçado pela política judiciária oficial. É um perfil que mais se aproxima do ideal capitalista da corporação, embelezado pelas riquezas subterrâneas do mundo da penumbra.

Na narrativa de Homero, são três os destinos possíveis das almas após a vida terrena: os campos elíseos, morada dos heróis e heroínas que se destacaram por suas virtudes e bravura; o tártaro, calabouço eterno para a punição e suplício dos que ofenderam os deuses; e os campos asfódelos, para onde eram enviados os que não se destacaram nem pelo excepcional vício, nem pela extraordinária virtude. É a sina da grande maioria das almas: o império do esquecimento e da indiferença eternas.

Em seu trono, embebido nas sombras, o "Juiz-Hades" contempla seu reino e os metais preciosos que o embelezam. Imerso em pensamentos inescrutáveis, estará sempre indiferente aos murmúrios das almas que perambulam e se tocam nos campos asfódelos. Nenhuma emoção lhe provocam os gritos das cavernas do tártaro. Sabe de sua responsabilidade de cumprir regras eternas e resguardar as riquezas, regras estabelecidas desde tempos imemoriais, sobre as quais não lhe incumbe questionar.

O Grito do Cacique Babau Tupinambá

Por **Lygia Maria de Godoy Batista Cavalcanti**[1]

Pensava no que abordar para o meu segundo artigo desta Coluna, sempre em mente questões relacionadas à linha de investigação escolhida no programa de Doutorado — globalização neoliberal — tema com muito a se pesquisar, sobretudo pelas consequências nefastas desse fenômeno com a disseminação de um modelo político ideológico de Estado-mercado que vem ceifando vidas e destruindo países.

Pensava em como avançar nesse tema para que pudesse, cada vez mais, desnudar esse fenômeno e mostrar sua perversidade e a partir dele trazer alguns aportes que tornassem possível desenhar um novo contrato social, um contrato social planetário, forjado na solidariedade.

Enquanto construía minhas ideias fui impactada pela leitura de artigos desta Coluna que me levaram a seguir outro curso. Senti um enorme desejo de também denunciar a gravidade das escolhas de uma Corte de justiça que tinha por dever de ofício respeitar cláusulas civilizatórias da Carta Constitucional dizendo não ao retrocesso social. Decidi, então, juntar-me às vozes desses maravilhosos articulistas desta Coluna para fazer ecoar o grito de indignação, tal qual o grito do Cacique Babau Tupinambá – liderança indígena conhecida pela luta incansável em defesa dos Tupinambás de Olivença, pelos violentos conflitos fundiários sofridos por sua gente.

O Cacique Babau foi um dos painelistas do Encontro Nacional da Associação Juizes para a Democracia, ocorrido na Bahia entre os dias 6 e 7 de março de 2015, onde se reuniram operadores do direito para dialogar com os que heroicamente lutaram contra a ditadura civil-militar pós 1964; com aqueles que cotidianamente lutam pela igualdade racial e contra a violência do Estado pela terra. Somavam-se ao Cacique outras lideranças dos movimentos sociais (MST e quilombolas).

Enquanto ouvíamos as falas dos representantes dos movimentos sociais — relatos das lutas e resistências, dos atos de violência praticados pelas polícias, do grande número de negros mortos pelas polícias como forma de encerrar uma investigação inconclusiva, da injustiça promovida pelo Estado brasileiro contra essa gente; de repente o Cacique Babau, transfigurado, soltou um grito de guerra — que representava a indignação travada no peito de quem sofre a injustiça social e a opressão, a repressão violenta da polícia e das políticas de um mundo que se autodefine civilizado.

Publicação original no *site* **Justificando**: <https://www.justificando.com/2021/03/11/o-grito-do-cacique-babau-tupinamba/>. Data da publicação: Quinta-feira, 11 de março de 2021.

(1) Doutora e Mestra em Sociedad Democrática, Estado y Derecho pela Universidad del País Vasco, Espanha. Mestra em Direito Político e Econômico pela Universidade Mackenzie, São Paulo. Juíza do Trabalho da 21ª Região/RN. Membro da Associação Juízes para a Democracia.

A leitura do texto de Grijalbo Coutinho, *Extermínio de direitos do trabalho sem combinar com "russos"*, fez ecoar em meus ouvidos aquele grito de guerra do Cacique Baubau. Grijalbo faz uma denúncia contundente de o quanto a fúria neoliberal de destruição do marco regulatório das relações de trabalho no Brasil tem sido chancelada pelo judiciário brasileiro. Relaciona as inúmeras decisões do Supremo Tribunal Federal, entre 2011-2020, em total menoscabo às cláusulas civilizatórias abraçadas pela Carta Constitucional de 1988.

Constatar a destruição dos direitos dos trabalhadores, chancelada pelo STF, provocou, em mim, a indignação que levou o Cacique àquele grito. Passei a lembrar das aulas ministradas pelos saudosos professores da Faculdade de Direito do Recife, nos ensinando os fundamentos de todo um conceito de Justiça, visto de uma perspectiva jurídico-filosófica. A conceituação filosófica da Justiça participava do espírito da frase referida ao poder judiciário, que a história dos Estados Unidos atribui a Thomas Jefferson: "Jurei, perante o altar de Deus, eterna hostilidade a toda forma de tirania sobre o espírito do homem."

Como entender um Judiciário a serviço do rei e contrário ao povo!

Em *O Direito do Trabalho, o Supremo e a Morte*, Tadeu Alkmin inspirado em Lev Tolstoi (*A Morte de Ivan Ilitch*), denuncia a derruição do pensamento crítico. Não há contraponto. A hegemonia político-cultural capitalista tem dado curso a esse modelo de juízes de suposta neutralidade, como na narrativa: "momentos finais de um juiz cumpridor dos seus deveres que vestiu ao longo da vida o manto da (suposta) neutralidade, aplicando ao pé da letra o Código Russo de 1864 [...]. Sem riscos, nem inovações. Empolgavam-lhe os louros...".

Em retrocesso interpretativo a Suprema Corte mostrou-se indiferente ao pacto social, advindo do processo constituinte de 1988, escolhendo por sacrificar um projeto civilizatório que teve como pilar ético e principiológico a Declaração Universal dos Direitos Humanos. Negou, assim, o princípio da dignidade humana que norteia o Estado Democrático de Direito, manifesta no Preâmbulo da Constituição Federal de 1988, optando pela subalternidade às diretivas do *Consenso de Washington.*

Nem mesmo a peculiar teoria política absolutista de Filmer delineada em seu Patriarca, e o Leviatã de Hobbes, protótipo legitimador do autoritarismo e da ditadura, foram capazes de parar o impulso irreprimível dos novos ventos políticos vividos no século XVII que desencadeou o poder teórico do constitucionalismo inglês.

Em verdade, a Suprema Corte se colocou como um *longa manus* da vontade do poder de plantão, na melhor caracterização do juiz Eichmann definido por Zéu Palmeira (*O Juiz Eichmann: a burocracia judiciária como armadilha de classe*), "o protótipo da autoridade que respalda o poder de plantão e valoriza a hiperdisciplina judiciária, tornando a "lei ordinária" um fetiche a ser servilmente louvado e observado." O juiz Eichmann de Zéu não se importa se há justiça no texto legal, é indiferente ao mal ou ao bem. Mesmo diante do claro retrocesso social promovido pela chamada "Reforma Trabalhista" a Suprema Corte brasileira manteve-se inerte, tal como o coelho fascinado pela serpente, nada fez para evitar o perigo que ameaça todo um projeto de Nação.

Obriga-nos a perguntar: a quem servem os juízes se, em qualquer democracia, devem ser servidores de quem lhes delega o poder? Quem é o soberano, o rei ou nós mesmos — o povo?

Enquanto não estivermos cientes de que as constituições são obra política do povo, não comparáveis às Tábuas da Lei de Moisés, nem assimiláveis ao dogma da Santíssima Trindade, teremos decisões que estão mais próximas do espírito de Filmer e Hobbes do que da verdadeira democracia.

Muito embora a razão nos diga que deverímos estremecer de horror ante tais perspectivas, está havendo algo de estranho como se todos caminhássemos ao encontro do desastre.

Recentemente o Tribunal Superior do Trabalho — TST, em julgamento de dissídio coletivo instaurado pela Empresa Brasileira de Correios e Telégrafos (DCG-662-58.2019) permitiu que um capitalismo de rapina destruísse cláusulas históricas da negociação coletiva entre as categorias profissionais e econômicas e pior, em prejuízo ao trabalhador.

Ao que parece estamos vivendo uma época dominada pelo sentimento de perplexidade impotente, como expressou Bertrand Russell (*A última oportunidade do homem*).

A ofensiva neoliberal no Brasil fundou um bloco histórico capitalista com alterações, não só na base econômica também na superestrutura político-ideológica, a partir do recurso às instituições ditatoriais e hegemônicas do Estado burguês. O projeto neoliberal representou a derrota do movimento operário brasileiro. Percebe-se que o direito, tal como concebido no pensamento moderno, perdeu sua essência enquanto instrumento de emancipação social e infelizmente o judiciário tem caminhado para uma interpretação puramente econômica do Direito.

No dissídio coletivo referido a douta maioria condutora do voto vencedor em relação a cláusula 28ª, contra os votos dos Ministros Maurício Delgado e Kátia Magalhães, violou o princípio da proibição do retrocesso social previsto no *caput* do artigo 7º da Constituição Federal de 1988, postulado esse já referendado pelo STF na ADI n. 1.946/99-DF sobre o salário maternidade e que teve como relator o Ministro Sidney Sanches.

Os ministros vencidos pretendiam criar alternativos compensatórios ante a revogação de disposições normativas convencionadas anteriormente, ou seja, cláusulas históricas. Mas a douta maioria acompanhou o voto divergente adotando uma posição não condizente com os avanços obtidos pelo processo civilizatório construído nas batalhas sindicais, consolidados na Constituição Federal de 1988. Abandonaram uma classe de trabalhadores, existente há mais de 360 anos, que luta por seus direitos ao tempo em que algumas categorias sequer existiam, como enfatizou a Ministra Kátia. Outro aspecto enfatizado pela Ministra foi o momento vivenciado: "o momento social que vivenciamos — um momento de pandemia, com poucos precedentes na história. Um momento que gera incerteza, insegurança, gera medo em todos nós e que deveria aguçar os sentimentos de solidariedade e não de arrogância".

Nada disso foi importante para os que acompanharam o voto divergente. Ao contrário, consagraram a redução do conteúdo do direito ao trabalho, afirmando-o unicamente com base na teoria das necessidades, o que esvazia da noção de trabalho o seu sentido emancipador, de transformação do real, no curso do qual se dá a descoberta e o desenvolvimento das potencialidades humanas.

Para quem milita na Justiça do Trabalho há mais de 26 anos é impossível não se indignar em assistir a desconstrução dos direitos sociais, e presenciar a desolação do trabalhador brasileiro, cada dia mais vulnerável, abandonado à própria sorte, minado em sua força pela destruição dos sindicatos, um total enfraquecimento dos movimentos dos trabalhadores não só pelo modelo de Estado neoliberal, forjado na autonomia da vontade, sobretudo pelo descompromisso civilizatório do próprio judiciário brasileiro.

Por tudo isso, quero ecoar o grito do Cacique Babau contra as formas sociais determinadas na formação vigente, contra o economicismo que instrumentaliza as relações sociais; à mercantilização generalizada e aos ditames da política que subordina os direitos sociais à mera circulação no acesso aos mecanismos de poder.

Grito contra o (dis)funcionamento social que a fragmentação e redução do significado do trabalho têm provocado em milhões de vidas.

Grito contra a ilusão da criação de empregos através do mecanismo da flexibilização, instrumentalizada pela terceirização politicamente estimulada, que só trouxe o aumento da desigualdade.

Grito com o mesmo sentimento dos deuses dos Tupinambás que fez eclodir aquele grito do Cacique Babau.

STF: O Proletariado como Inimigo de Classe

Por **Reginaldo Melhado**[(1)]

Leio em um post sobre recente decisão da Justiça Federal mandando a União pagar correção monetária e juros de 1% ao mês. Aí, mais uma vez, fico matutando sobre a sistemática destruição de direitos das classes trabalhadoras promovida pelo Supremo Tribunal Federal (STF).

A coluna de hoje não tratará da validade da TR ou de critérios de correção monetária e juros dos créditos trabalhistas, mas dos patológicos desvios de personalidade da mais alta corte de Justiça deste nosso triste e alquebrado Brasil varonil (agora, aliás, na sua versão mais varonil, misógina, feminicida e homofóbica, sob a batuta do samango que nos mostrou os píncaros da depravação ética e humana). Afinal, o STF emite decisões vanguardeiras e audaciosas ao abordar certos capítulos dos direitos humanos, mas noutros deles choca o mundo com julgamentos de liquidificador, tomando a classe trabalhadora como inimiga. Como nesse exemplo da correção monetária e dos juros nas demandas judiciais por créditos trabalhistas.

O estimado leitor e a prezada leitora devem se lembrar bem dessa história. Em abril deste ano, a Suprema Corte tupiniquim julgou a ADC n. 58, envolvendo a interpretação constitucional do art. 879, § 7º, e do art. 899, § 4º, ambos da CLT, e do § 1º do art. 39 da Lei n. 8.177/91. Estabeleceu que à atualização dos créditos trabalhistas decorrentes de condenação judicial, na *fase extrajudicial*, será tomado como indexador o IPCA-E. Já na *fase judicial*, diz o pretório excelso, a atualização dos débitos judiciais deve ser feita pela taxa Selic. E então é dado o pulo do gato: como a aplicação dessa *taxa de juros* (atente bem a senhora leitora: taxa de juros travestida de critério de *correção monetária*) não pode ser cumulada com a aplicação de outros índices de atualização monetária, cumulação que representaria *bis in idem*, suas excelências guilhotinam a própria taxa de juros moratórios de 1% ao mês, literalmente prevista no reluzente § 1º do art. 39 da nossa vetusta e a essa altura sôfrega Lei n. 8.177/1991. É isto mesmo o que consta da ementa da decisão escrevinhada pelo Min. Gilmar Mendes, relator da façanha: a taxa Selic "não pode ser cumulada com a aplicação de outros índices de atualização monetária, cumulação que representaria *bis in idem*", motivo pelo qual foi extirpada pelos homens e mulheres da capa preta não qualquer outro indexador monetário mas... a própria taxa de juros prevista na lei. O crédito trabalhista cobrado judicialmente vira pó.

Publicação original no *site* **Justificando**: <http://www.justificando.com/2021/10/14/stf-o-proletariado-como-inimigo-de-classe/>. Data da publicação: Quinta-feira, 14 de outubro de 2021.

(1) Membro da Associação Juízes para a Democracia. Doutor em Direito e professor da Universidade Estadual de Londrina.

Seria mero e dramático episódio de acidente de lógica formal? Sabe? Aquele negócio de premissas e conclusões? Não, cuidadoso leitor, não é caso de incoerência ou inconsistência de raciocínio, mas apenas mais um ponto dentro da curva de outra enfermidade mais grave, a *pathoneoliberalite extensiva*.

A doença é grave e marca desatinado transtorno de personalidade. O *corpus* pequeno-burguês do STF, transtornado, descobre-se assombrado e tomado pelo amálgama do espírito de banqueiros, latifundiários, industriais e outras almas incorporadoras do grande capital. O pretório volta-se então contra seus próprios entes mais caros, a Constituição da República, os direitos fundamentais e os princípios gerais dos alfarrábios jurídicos com trânsito em julgado na história universal do direito. Chutando pelos ares os silogismos mais comezinhos, obsessivo e compulsivo, o tribunal despe-se de sua versão *doutor Jekyll* das decisões ambientalistas e identitárias, por exemplo, e mostra sua face mais aterrorizante de *mister Hyde*.

O ministro Luís Roberto Barroso é o maior exemplo dessa bipolaridade. Votou pela descriminalização do porte de maconha para consumo próprio, colocando as hostes punitivistas em alerta. Também declarou seu voto a favor da descriminalização do aborto até três meses de gestação. Não obstante, é um dos mais empedernidos operadores da motosserra dos direitos dos trabalhadores, não escondendo seus afagos ao grande capital em decisões e declarações públicas. Como em sua maior pérola, emitida no Reino Unido, enquanto a reforma trabalhista era aprovada por aqui. Segundo Barroso, o Brasil teria 98% das ações trabalhistas do planeta, mesmo limitando-se sua população a modestos 3% dos terráqueos. Fosse a proposição verdadeira — e ela não o é, sabe-se às escâncaras — e caberia pensar sobre as causas de tamanha litigiosidade e não apenas sobre o remédio da via judicial (de resto, notoriamente ineficaz no Brasil). Mas a afirmação barrosiana é escalafobética e mendaz, e não combina com a empáfia e os ternos cortados com estilo de erudição e rigor acadêmico do ministro.

Diversas foram as decisões "progressistas" do STF, algumas até corajosas, no sentido de reconhecer a prevalência dos direitos humanos e dos princípios constitucionais até mesmo em face da literalidade de regras da lei e da própria Constituição. Foi o caso, por exemplo, do reconhecimento da relação homoafetiva enquanto união estável, como entidade familiar, para efeito da proteção do Estado, a despeito de o § 3º do art. 226 da Carta fazer referência ao vínculo "entre o homem e a mulher". Na mesma linha, tempos depois, o Supremo reconheceu a omissão inconstitucional do parlamento, por não editar lei que criminalize atos de homofobia e de transfobia (Ação Direta de Inconstitucionalidade por Omissão 26). Conquanto tenha recebido o aplauso de parte dos juristas, da sociedade e especialmente da comunidade LGBTQIA+, a decisão foi muito polêmica, pois o julgamento importou o reconhecimento de tipo penal por decisão judicial, desprovida da definição legal, conquanto se trate de atos atentatórios a direitos fundamentais. *Nullum crimen, nulla poena sine praevia lege*.

Também foi o caso da decisão do tribunal considerando ilícita a prisão civil de depositário infiel, qualquer que seja a modalidade de depósito" (Súmula Vinculante 25), a despeito de o inciso LXVII do art. 5º da Constituição admitir o encarceramento, literalmente, nessa hipótese. Aqui, reconheceu-se o caráter supraconstitucional das normas de convenções e tratados internacionais disciplinando a proteção dos direitos humanos. Com um detalhe: a adesão do Brasil ao Pacto de São José da Costa Rica deu-se em 1992, anteriormente à Emenda n. 54 (de 2004), que inseriu na Constituição o § 3º do art. 5º, estabelecendo que "os tratados e convenções internacionais sobre direitos humanos que forem aprovados, em cada Casa do Congresso Nacional, em dois turnos, por três quintos dos votos dos respectivos membros, serão equivalentes às emendas constitucionais". O contorcionismo exegético da Corte, tanto no caso da união homoafetiva como no da prisão do depositário infiel, fundou-se na prevalência dos direitos humanos.

Na mesma linha, o STF julgou a ADPF n. 54, no caso da gestação de feto anencéfalo, para declarar a inconstitucionalidade da interpretação segundo a qual a interrupção da gravidez, na hipótese, seria conduta tipificada nos arts. 124, 126 e 128, I e II, do Código Penal. Portanto, afastou a tipicidade penal da conduta.

A validação do sistema de cotas raciais em universidades, o caso dos anúncios comerciais de venda de grandes nacos da Floresta Amazônica por meio do *Facebook Marketplace*, o inquérito das *fake news* e inúmeros outros episódios poderiam ser aqui citados. Mas, estranhamente, esse mesmo tribunal subverte os direitos fundamentais ao tratar de temas diretamente ligados às relações de classe e aos interesses diretos do capital. Aí ocorre uma guinada e a hermenêutica constitucional é colocada ao avesso: aparecem os sintomas da *pathoneoliberalite extensiva*.

Grijalbo Fernandes Coutinho estudou essa patologia com minudência e seriedade no seu "Justiça Política do Capital: a desconstrução do direito do trabalho por meio de decisões judiciais", livro lançado recentemente pela Tirant. Nele, o autor analisa grandes blocos temáticos envolvendo a matéria, mostrando como o Supremo vem executando uma espécie de justiciamento de classe, pelo capital, na desconstrução de direitos historicamente conquistados pelos trabalhadores. Para ele, o STF leva a cabo o que Otto Kirchheimer denomina justiça política, usando o processo judicial para fins ideológicos, desvirtuando e manipulando a constituição, aliando-se com o capital e grandes grupos de comunicação e, nesse sentido, renunciando ao papel contramajoritário do juiz para firmar-se como corte populista e midiática, numa espécie de grande *reality show* político-jurídico.

Podemos apenas referir algumas das decisões do STF caracterizadoras dessa prática que toma o proletariado como inimigo, e a zelosa leitora já entenderá a que o autor se refere.

A terceirização na atividade-fim foi escancarada, dinamitando-se os alicerces do velho direito do trabalho. Reconheceu-se a prevalência do negociado sobre o legislado, e o princípio da norma mais favorável foi para o buraco. A chocante redução do prazo prescricional do FGTS desarmou o dispositivo constitucional que faculta à lei a criação de outros direitos (de novo, um golpe contra o princípio da norma mais benéfica). Implementou-se sistemático e empedernido esvaziamento da competência da Justiça do Trabalho (complementação de aposentadoria, servidores públicos temporários, concursos públicos na administração indireta, autorização para o trabalho infantil artístico, relações de trabalho, cobrança de honorários), em julgados inconsistentes e abertamente contrários à arquitetura conceitual do art. 114 da Constituição. Nas decisões sobre grupo econômico e sucessão trabalhista na recuperação judicial e na falência, mais uma paulada nos credores trabalhistas, em benefício de banqueiros e quejandos. Trabalhadores de organismos internacionais dançaram no direito de acesso à Justiça pelas mãos da imunidade de jurisdição. A redução do adicional de insalubridade teria sido risível — pois contraria uma súmula vinculante da própria casa — não fosse trágica para a saúde das pessoas e mais um direito fundamental jogado no lixo. A limitação do direito de greve dos servidores públicos finalmente fez funcionar o olvidado mandado de injunção do art. 5º da Constituição, mas não para assegurar o exercício de direitos e liberdades constitucionais, mas para coarctá-los. A jornada de 12×36, o recálculo do benefício previdenciário com a desaposentação, a redução salarial e a suspensão do contrato de trabalho por acordo individual na pandemia da Covid-19: enfim, enfadado leitor, a lista é longa e não caberia nesta apertada coluna.

Coloco aqui apenas a síntese de um resumo do livro de Grijalbo F. Coutinho. A sanha destruidora dos direitos das classes trabalhadoras parece inesgotável na excelsa Corte. Nela, quando estão em jogo os interesses de classe do capital, a interpretação constitucional é posta de cabeça para baixo: em lugar da preeminência dos direitos humanos e dos princípios gerais, a lenta construção civilizatória é rasgada impiedosamente. O filósofo do século 19 estava certo: o judiciário é o mais conservador dos poderes da república e o mais aferrado à manutenção do *status quo* da dominação de classes e da expropriação do trabalho. Pior que uma corte *assumidamente* conservadora, caríssima leitora, é um tribunal de sapatênis e blazer moderninho, posando de progressista, enquanto faz o trabalho sujo da burguesia. Desmoraliza-se na própria incoerência.

Direito do Trabalho

O Efeito Expansionista do Direito do Trabalho Frente a Revolução 4.0 no Brasil

Por **Adriana Goulart De Sena Orsini**[(1)]

O trabalho compreende todo o tipo de força humana despendida em prol da transformação da matéria prima em algum produto ou a prestação de algum serviço. A relação de emprego trata-se de uma espécie do trabalho, marcada por características específicas. Trata-se de uma modalidade única de trabalho, inconfundível com as demais relações laborais, uma vez que os elementos fáticos jurídicos caracterizadores desse tipo de labor são exclusivos dessa modalidade de trabalho, ainda central nas formas de pactuação do trabalho humano.

A relação de emprego surgiu, enquanto uma forma de trabalho livre (em oposição aos regimes de trabalho escravocratas e servis) e simultaneamente subordinado (ao poder diretivo, organizacional e disciplinar do empregador), no contexto da emergência e desenvolvimento da sociedade contemporânea industrial no século XIX. É, portanto, um fenômeno relativamente recente, mas, desde então, corresponde a mais importante e mais frequente entre todas as relações de trabalho que se têm formado na sociedade capitalista.

A relevância socioeconômica da relação de emprego, bem como a singularidade da sua dinâmica jurídica (trabalho livre e subordinado), levaram à estruturação de um ramo jurídico próprio em torno dessa modalidade, com normas, princípios e institutos específicos: o Direito do Trabalho.

Nunca é demais relembrar que a categoria básica do fenômeno do Direito é a relação jurídica que compreende o vínculo entre sujeitos, um objeto e um negócio jurídico. Cada ramo do Direito possui uma relação jurídica própria, que justifica toda a construção de normas, regras princípios e institutos em torno daquela relação específica. No caso do Direito do Trabalho, a relação jurídica fundamental, o seu núcleo básico centra-se na relação de emprego, marcada pela prestação de trabalho por pessoa física, pela pessoalidade, pela onerosidade, pela não eventualidade e pela subordinação.

A extensão do Direito do Trabalho para todas as modalidades existentes de trabalho, acabaria por esvaziar a proteção e a especificidade do trabalho sob a forma de emprego que, por sua situação especial, tem proteção maior. É exatamente a subordinação que lhe outorga um peso superior àquele trabalho que é autônomo, atraindo o caráter tuitivo juslaboral.

Publicação original no *site* **Justificando**: <https://www.justificando.com/2021/01/14/o-efeito-expansionista-do-direito-do-trabalho-frente-a-revolucao-4-0-no-brasil/>. Data da publicação: Quinta-feira, 14 de janeiro de 2021.

(1) Desembargadora Federal do Trabalho do TRT da 3ª Região. Professora associada da Faculdade de Direito da UFMG.

> Os Estados de bem-estar social ainda existentes demonstram que a relação de emprego, a categoria fundamental do Direito do Trabalho, é a base civilizatória escolhida e com camada extra de proteção (DELGADO; PORTO, 2019. p. 35).(2)

Isso corrobora com a ideia de relevância, projeção e tendência expansionista da relação empregatícia defendida por Maurício Godinho, que corresponde à tendência consolidada de redução das demais relações de trabalho e/ou assimilação dessas outras formas de trabalho, inclusive as novas formas que surgiram com o advento da tecnologia, à situação jurídica da relação de emprego. Exatamente o oposto do que é apregoado aos ventos pelos românticos e dissidentes.

Vivemos uma verdadeira era digital, fruto de um processo denominado de Revolução 4.0, Quarta Revolução Industrial ou ainda Indústria 4.0, que surgiu em meados de 2010. Esse conceito diz respeito ao uso de tecnologias para a troca de dados, automação por meio de sistemas cyber-físicos (compostos por elementos computacionais colaborativos para a gestão de entidades físicas), internet das coisas (relacionada com a capacidade dos objetos cotidianos se conectarem à *internet* e coletar e transmitir dados) e computação em nuvem (que é o fornecimento de serviços de computação de armazenamento, servidores, banco de dados, rede, *software*, de forma *on-line*).

O desenvolvimento tecnológico gerado no contexto da Revolução 4.0 modificou sobremaneira a rotina e os costumes dos indivíduos e grupos sociais, as formas de comunicação e as relações intersubjetivas. Nesse sentido, as relações de trabalho, no mundo e no Brasil, também sofreram modificações em diversos aspectos.

A revolução tecnológica e as novas tendências comportamentais advindas desse processo transformam a lógica de interação entre empregadores e empregados. Jornadas de trabalho móveis —como a jornada do trabalho intermitente, inserido pela Lei n. 13.467/17 — e o trabalho à distância — os *home offices* — são exemplos cada vez mais comuns de situações em que houve a modificação das condições do emprego. Tais modificações foram, inclusive, incorporadas pela legislação trabalhista, reconhecendo a importância de seu tratamento em norma jurídica.

Além dessas mudanças nas condições de trabalho, a tecnologia trouxe também uma modificação mais drástica: inaugurou-se nos últimos anos uma nova forma de realização do trabalho, intermediada por aplicativos digitais, que tem recebido o nome de "uberização".

Uberização é o termo utilizado para tratar de um fenômeno geral, marcado por um modelo de negócio denominado de disruptivo, ou seja, de acordo com Clayton M. Christensen, Michael E. Raynor e Rory McDonald (2015), um modelo de negócio que traz uma inovação que desestabiliza os concorrentes e torna ultrapassado tudo o que se conhece até então no seu segmento de atuação. Em que pese reconhecer todo o caráter inovador desses aplicativos

---

(2) DELGADO, Mauricio Godinho; PORTO, Lorena Vasconcelos (Orgs.). *Welfare State:* Os Grandes Desafios do Estado de Bem-Estar Social. São Paulo: LTr, 2019.

— que inclusive mudaram hábitos sociais em uma velocidade inimaginável há pouco tempo atrás, possuindo adesão da esmagadora maioria da população — é preciso destacar que, em termos trabalhistas, essa modalidade de trabalho não é tão inovadora assim.

Em linhas gerais, as empresas responsáveis por esses tipos de aplicativos digitais afirmam fornecer apenas uma ferramenta para facilitar a captação de clientes para um trabalhador autônomo. Entretanto, a análise das situações em concreto pode demonstrar que a relação entre o trabalhador e a empresa do aplicativo trata-se de uma relação empregatícia, uma vez que presentes todos os seus elementos fático-jurídicos.

A exclusão pura e simples do âmbito de aplicação do Direito do Trabalho a essas relações, trata-se de uma visão meramente economicista que visa deslegitimar e desregulamentar a relação de emprego como se houvesse alguma incompatibilidade entre o regime protetivo e as novas formas de trabalho. O pretenso argumento de progresso econômico e de garantia de maior autonomia para o trabalhador motorista ou entregador visa mascarar uma realidade voltada a hiperexploração de mão de obra.

As novas tecnologias tem modificado, de fato, a forma como o trabalho é prestado, pois trouxeram praticidade e agilidade em certos aspectos, no entanto, não se trata de uma nova e distinta relação de trabalho que não se pode configurar de emprego. Ao reverso, evoca-se a tendência expansionista da relação de emprego defendida por Mauricio Godinho para assimilar na modalidade da relação de emprego o trabalho prestado por meio das plataformas digitais. A exclusão da proteção juslaboralista só ocorrerá nos casos em que, efetivamente, ausentes os elementos fático-juridicos da relação de emprego (arts. 2º, 3º e 6º da CLT).

Algumas narrativas economicistas e/ou narrativas epistemológicas visam reduzir a importância da relação de emprego enquanto objeto do direito do trabalho, sob argumentos de que essa modalidade de trabalho livre e subordinado não abarca todas as modalidades de trabalho e que, diante do surgimento de novas formas de trabalho, com a Revolução 4.0, tal modalidade entrará em desuso.

No entanto, percebe-se que, ao contrário, há relevância e projeção expansionista da relação empregatícia, que faz com que as novas formas de se realizar o trabalho estejam sob o manto protetivo do Direito do Trabalho. Ademais, ainda que essas relações se situem em tecnologias inovadoras, no que se refere à forma como o trabalho é prestado, se estiverem presentes os elementos fáticos-jurídicos que caracterizam a relação de emprego: a pessoalidade, a prestação por pessoa física, a não eventualidade, a onerosidade e a subordinação, atraídos os dispositivos da Consolidação das Leis Trabalhistas pertinentes.

Portanto, a reafirmação das bases do Direito do Trabalho de forma a abarcar as situações geradas pelo contexto pela revolução tecnológica (4.0) é uma das possíveis medidas a garantir, no espaço normativo nacional, a gama de direitos e a proteção desse ramo jurídico. Portanto, a compreensão jurídica de que é possível expandir a proteção e as garantias do trabalho humano prestado por meio de plataformas é medida indeclinável e urgente ao contexto brasileiro.

Direito do Trabalho, Emprego, Tecnologia: As Mudanças e as Permanências

Por **Adriana Goulart de Sena Orsini**(1) e **Nancy Vidal Meneghini**(2)

Nos últimos anos, ganharam cada vez mais espaço para debate questões envolvendo as transformações no campo do Direito do Trabalho, sobretudo no que tange às modificações nas formas de se trabalhar, em virtude do crescente desenvolvimento tecnológico. A forma de se trabalhar foi compulsória e abruptamente alterada, buscando e/ou se adaptando à realidade tecnológica, imposta, inclusive, face o distanciamento social e a quarentena. Nesse cenário, o teletrabalho e o *home office* viraram realidade para muitos e a *uberização*, aprofundou-se. Mas, o que realmente mudou do ponto de vista jurídico?

Nossas premissas...

Premissa 1: a promoção de caminhos interpretativos equânimes e adequados é o caminho hermenêutico adequado, face o princípio constitucional da vedação ao retrocesso social e a observância da normatização das categorias nucleares do Direito e do Processo do Trabalho.

Premissa 2: o caráter civilizatório destes ramos jurídicos continua e continuará imperativo, pois o trabalho humano continua é um fundamento central da República Federativa do Brasil por via dos arts. 1o e 7o.

Premissa 3: discursos economicistas vazios, baseados em "lugares comuns", sem comprovação científica, vinculados a vieses liberais, não serão considerados, pois tratam-se de instrumentos de manipulação.

Nossas ideias, nossos marcos, teóricos e científicos...

De acordo com o Mauricio Godinho, (DELGADO, 2019. p.101), a relação de emprego permitiu ao empreendedor capitalista usufruir do máximo da energia, da inteligência,

---

Publicação original no *site* **Justificando**: <https://www.justificando.com/2021/05/06/direito-do-trabalho-emprego-tecnologia-as-mudancas-e-as-permanencias/>. Data da publicação: Quinta-feira, 6 de maio de 2021.

(1) Pós-doutora na área de Direito das Relações Sociais e Trabalhistas – UDF – Brasília/DF. Professora Doutora associada da Faculdade de Direito da Universidade Federal de Minas Gerais. Membro do Corpo Permanente do Programa de Pós-graduação da FDUFMG. Desembargadora do Tribunal Regional do Trabalho da 3ª Região. Gestora do Programa "Trabalho Infantil" no TRT3. Coordenadora do programa RECAJ UFMG — ENSINO, PESQUISA E EXTENSÃO em Acesso à Justiça e Solução de Conflitos. Pesquisadora CAPES e CNPQ em Acesso à Justiça e Solução de Conflitos. Coordenadora do Projeto Estruturante do PPGD/UFMG. Mestre (1999) e Doutora (2006) em Direito pelo Programa de Pós-graduação da Faculdade de Direito da UFMG.

(2) Mestre pela UFMG (2021). Linha de pesquisa Acesso à Justiça e Direitos Humanos. Monitora do PROGRAMA RECAJ UFMG — ENSINO, PESQUISA E EXTENSÃO em Acesso à Justiça e Solução de Conflitos. Assistente do Advogado-Geral do Estado.

da emoção e da criatividade do trabalhador, pois, ao combinar liberdade pessoal do trabalhador com direção empresarial pelo empreendedor, originou um mecanismo de integração da pessoa ao sistema produtivo. Tornou-se, assim, do ponto de vista econômico-social, a principal forma de trabalho nos últimos dois séculos e meio.

Questionamentos do Direito do Trabalho tem o intuito de desconstruí-lo, reduzi-lo e até mesmo torná-lo insignificante para a prevalência de uma hiper exploração do ser humano, trabalhador ou empregado, o que não se afigura científica, jurídica e humanamente adequado.

Os dados estatísticos produzidos pela Coordenação de Trabalho e Rendimento do Instituto Brasileiro de Geografia e Estatística, divulgados em abril de 2021, revelam que a **relação de emprego é, de fato, a mais expressiva**: 67,19 % da população brasileira ocupada em relação à força de trabalho (83.867), relativa a dez/jan/fev de 2021, corresponde aos empregados. A análise da PNAD Contínua: Abril de 2021 demonstra que o número de pessoas ocupadas na categoria empregado é de 56.355, em que pese o número de pessoas sem carteira no setor privado e no trabalho doméstico ser da ordem de 23,76%. O número da informalidade (sem carteira) que é mais expressivo é o que se refere ao trabalho doméstico pois para 1.310 com carteira, temos 3.598 sem carteira, isto em dez/jan/fev 2021. No período de dez./jan./fev. 2020 a relação era 1.717 para 4.492. Todavia, a diminuição no número deve ser lida em consonância ao número de trabalhadores domésticos que era de 6.209 e caiu para 4.908. Veja-se que os números se referem a trimestre durante a pandemia do Coronavírus.

Vivemos em uma era digital, fruto de um processo denominado de Revolução 4.0, Quarta Revolução Industrial ou ainda Indústria 4.0, que surgiu em meados de 2010. Esse conceito diz respeito ao uso de tecnologias para a troca de dados, automação por meio de sistemas cyber-físicos (compostos por elementos computacionais colaborativos para a gestão de entidades físicas), Internet das coisas (relacionada com a capacidade dos objetos cotidianos se conectarem à internet e coletar e transmitir dados) e computação em nuvem (que é o fornecimento de serviços de computação de armazenamento, servidores, banco de dados, rede, software, de forma online).

A revolução tecnológica e as tendências comportamentais advindas desse processo transformaram as possibilidades do trabalho e da interação entre empregadores e empregados. Jornadas de trabalho móveis — como a jornada do trabalho intermitente — e o trabalho à distância — os *home offices* — são exemplos de situações em que houve a modificação das condições do emprego. Tais modificações foram, inclusive, incorporadas pela legislação trabalhista, reconhecendo a importância de seu tratamento em norma jurídica.

A tecnologia trouxe também uma modificação mais drástica: inaugurou-se nos últimos anos uma nova forma de realização do trabalho, intermediada por aplicativos digitais, que tem recebido o nome de "uberização". Uberização é o termo utilizado para tratar de um fenômeno geral, marcado por um modelo de negócio denominado de disruptivo, ou seja, de acordo com Clayton M. Christensen, Michael E. Raynor e Rory McDonald (2015), um modelo de negócio que traz uma inovação que desestabiliza os concorrentes e torna ultrapassado tudo o que se conhece até então no seu segmento de atuação. As empresas responsáveis por esses tipos de aplicativos digitais afirmam que fornecem apenas uma ferramenta, para facilitar a captação de clientes para o trabalhador autônomo. Autores afirmam que se trata de exploração do trabalho humano, baseada na apropriação das qualidades da emoção do trabalhador para torná-lo devedor de sua autorrealização, concretizada pelo aumento do dever de trabalhar, ao qualificá-lo — e ele acreditar nisso — em "microempresário-parceiro".

Para além de ser ou não relação de emprego, a *uberização* é uma relação de trabalho, o que atrai a competência da Justiça do Trabalho. Portanto, ainda que o hermeneuta não considere que os *uberizados* (motoristas ou entregadores) sejam empregados celetistas (nos moldes dos arts. 2º e 3º da CLT), esses indivíduos são trabalhadores, sendo, portanto, competência da Justiça do Trabalho lidar com os conflitos judiciais que dizem respeito a essas relações de trabalho.

Gabriela Neves Delgado, os direitos constitucionais trabalhistas, elencados no art. 7º da Constituição Federal, devem ser estendidos a todo trabalhador, sem restrição imposta por parte da doutrina e jurisprudência — incluindo esses trabalhadores *uberizados*, ainda que não reconhecidos como empregados —, com o intuito de assegurar aos trabalhadores o "*patamar* civilizatório mínimo do direito fundamental ao trabalho digno" (DELGADO, 2006).

O único critério de exclusão do Direito e do Processo do Trabalho que pode ser tolerado é apenas aquele que tange às relações de trabalho que não sejam capazes de dignificar o homem, como, por exemplo, o trabalho escravo.

A Recusa do Empregado a Vacinar-se Contra a Covid-19

Por **Ana Paula Tauceda Branco**(1)

Para o presente ensaio partimos da convicção heideggeriana de que o homem — vinculado ao seu tempo e ao seu espaço, ou melhor, à sua realidade e à sua existência — é marcado por ideias sempre concebidas a partir de sua capacidade de viver a vida situado no mundo em que está inserido.

Miremos na realidade: em um Estado democrático de direito em meio a pandemia do Coronavírus — que já tragou a vida de mais de meio milhão de cidadãos —, alguns indivíduos negam-se a serem vacinados, pautados numa tomada de posição individual justificada por crenças e por um movimento negacionista contra a ciência e a favor das estapafúrdias teses de seus líderes políticos e religiosos.

Nesse cenário, o que nos importa reverberar é sobre a interlocução entre as atitudes desses indivíduos que aqui denominamos de *negacionistas* e o poder disciplinar do empregador.

De pronto, esclarecemos que a despeito das inúmeras alegações por meio das quais se expressa o dissenso nas teorias dos Direito, o nosso olhar foca fundamentalmente o disposto no inciso I do artigo 5º da Carta da República, sob o viés de que os direitos fundamentais são normas que vinculam a tudo e a todos, seja qual for o caso concreto. Basta-nos tal premissa para nos adequarmos à reflexão acerca das questões sistemáticas.

Enxergando a situação posta através das lentes de Robert Alexy na concepção do Direito como um sistema pretensamente racional em relação à hermenêutica constitucional, elaboraremos um breve exercício pautado por dita racionalidade teórica para, em seguida, adentrarmos no aspecto da sociabilidade, que tensiona essa realidade da recusa do empregado a vacinar-se em tempos de pandemia da Covid-19.

Sob a ótica da teorética alemã da Lei de Colisões, a solução não seria tão complexa, eis que o que se extrai da situação sob análise é uma aparente **colisão de princípios/direitos fundamentais em *sentido amplo***, ou seja, que se relaciona a um direito fundamental cujo exercício se pretenda e a um valor constitucional (bem coletivo) que se pugne por preservar. E, segundo Alexy, há de prevalecer o reconhecimento de uma mais alta consideração a ser dispensada aos *valores constitucionais* de ordem pública.

Publicação original no *site* **Justificando**: <https://www.justificando.com/2021/07/08/a-recusa-do-empregado-a-vacinar-se-contra-a-covid-19/>. Data da publicação: Quinta-feira, 8 de julho de 2021.

(1) Desembargadora do TRT/17ª Região. Professora da FDV na Pós-Graduação em Direito do Trabalho, Processo do Trabalho e Direitos e Garantias Fundamentais.

Portanto, essa colisão de direitos fundamentais com os valores protegidos pelo interesse público, ocorre porque há uma *liberdade jurídica,* qual seja, o direito fundamental individual do empregado em se recusar a ser vacinado, *versus*, um *valor constitucional coletivo*, exercido pelo empregador, em nome do interesse de toda a sociedade de manter a preservação da vida dos cidadãos trabalhadores e é justamente esse *princípio fundamental do valor social do trabalho* que exige o compromisso com a manutenção da vida no meio ambiente de trabalho.

A situação em cotejo, segundo a teorética alemã, não careceria sequer de critérios prévios aptos a determinarem uma solução favorável, já que o direito fundamental individual em jogo (recusa individual a vacinação), quando confrontado com o interesse fundamental coletivo (manter a vida da coletividade), perderia em força, uma vez que são muito maiores as possibilidades fáticas e jurídicas deste último, em razão do que a colisão entre ambos leva à prevalência do interesse de índole coletiva.

Superada a mira na dogmática alemã e vinculados a noção habermaniana do ideal político de associação de cidadãos que se reconhecem livres, iguais, autores e destinatários do Direito, passamos a apontar algumas considerações que, quiçá, capilarizem as considerações do magistrado trabalhista brasileiro, nessa situação.

Temos a convicção de que na instância de compreensão dos fenômenos jurídicos e sociais, se por um lado o fato do empregado ter se recusado a vacinar não deve ser suficiente para ensejar uma imediata punição capital trabalhista, por outra banda, o Direito do Trabalho e o chão da fábrica não devem ser usados para a sustentação e o fomento do movimento negacionista da ciência, de modo a colocar vidas em riscos ainda maiores do que aqueles que já se apresentam no meio ambiente de trabalho.

Não sendo aconselhável os extremos acima mencionados, o que temos até então é a decisão do STF nas ADIs ns. 6.586 e 6.587 e no Recurso Extraordinário com Agravo (ARE) n. 1267879, em que firmou-se o entendimento de que o interesse coletivo prevalece sobre os individuais, quando se trata de erradicar a doença da Covid-19, a despeito da Carta assegurar e proteger os direitos dos trabalhadores de índoles moral, espiritual e pessoal.

Porém, apesar de lançar alguma luz na situação de empregados *negacionistas*, referida entendimento deve ser compreendido no âmbito das relações travadas entre capital *versus* trabalho e em cada caso concreto que se apresente.

Assim, partimos de normas capazes de conduzir a uma tomada de decisão madura, como o artigo 225 da CR: "todos tem ao meio ambiente ecologicamente equilibrado, bem de uso comum do povo e essencial à sadia qualidade de vida, impondo-se ao Poder Público e à coletividade o dever de defendê-lo e preservá-lo para as presentes e futuras gerações" e o meio ambiente de trabalho não é exceção a tal comando constitucional.

Em seguida, fazendo a necessária filtragem constitucional dos arts. 157, 158 e 159 da CLT com o art. 225 da CR, depara-se com o imperativo para que empregador e empregado cumpram as normas protetivas de segurança e saúde do trabalho — regras essas que constituem uma das principais ferramentas para efetivar o direito fundamental ao meio ambiente de trabalho sadio, seguro e equilibrado —, que vinculam a ambas as partes e cujo cumprimento deverá ser fiscalizado pela autoridade pública competente.

Nesse horizonte, o Ministério Público do Trabalho formulou Nota Técnica em que orienta que haja um esforço de ponderação do empregador no sentido de não escolher a punição por justa causa como a primeira providência a ser adotada em relação ao empregado que se recusa a vacinar-se, podendo, porém, o empregador chegar a essa solução extrema caso não haja alternativa.

No inafastável dever de fazer a adequada gradação da penalidade disciplinar conforme o caso concreto, surgem as possibilidades de aplicação das penalidades disciplinares de advertência, suspensão ou dispensa por justa causa ao empregado que se recusa a vacinar-se; bem como e inclusive, ao empregador pessoa física (e/ou de seus prepostos e gerentes) que nessa mesma situação de cometimento de falta grava, pode ter contra si aplicada a justa causa, com a resolução indireta do contrato pelo empregado (art. 483 da CLT).

Do sobredito, ainda no cuidado de gradação da punição disciplinar a ser imposta, várias possibilidades surgem da realidade, desde a necessidade do empregador de advertir o empregado *negacionista* para que tenha ciência do risco coletivo e tome a decisão quanto ao dever de vacinar-se para proteger a comunidade daquele ambiente; até, dadas as circunstâncias de uma relação estabelecida com determinado empregado aplicar a suspensão disciplinar; até, por fim, numa atitude exigida em dado contexto, reconhecer dita recusa como falta grave a ensejar na resolução do contrato por justa causa.

Em se decidindo pela aplicação da justa causa ao empregado *negacionista*, a nosso ver a hipótese estaria tipificada como ato de indisciplina ou de insubordinação (alínea "*h*" do art. 482 da CLT), a caracterizar falta grave e ensejar na resolução do contrato, ante a subordinação jurídica a que o empregado está sujeito e que, numa pandemia, a forma como presta o serviço, ou seja, sem vacinação, impede o cumprimento pelo empregador dos deveres legais que lhe são impostos, em defesa da coletividade de trabalhadores.

Superada qualquer discussão em torno da possibilidade da dispensa sem justa causa do empregado *negacionista* sendo uma faculdade do empregador motivar seu ato, pois prevalece o entendimento do cabimento da denúncia vazia do contrato de emprego — o que, registre-se, reputamos absolutamente equivocado ante o que reza a cabeça e o inciso I do art. 7º da Carta.

Entretanto, é sempre bom salientar que a simples motivação do ato demissionário pela recusa do empregado em vacinar-se, não inviabiliza que prevaleça o entendimento de que a dispensa imotivada seja declarada nula, por configurar uma punição ao empregado *negacionista*, o que não se admite nessa hipótese de extinção contratual e que, portanto, pode levar à sua reintegração e, também à reparação por danos morais, face o seu viés punitivo ou discriminatório, à luz do que quer venha a ser fundamentado em Juízo.

Aliás, nessa mesma quadra, vale destacar interessante tese que vem sendo construída para caracterizar a recusa a vacinação como imperativo ou objeção de consciência, em que o empregado assim agiria devido à crença religiosa ou convicção política-filosófica, que é defendida juridicamente como direito fundamental. Porém, como nenhum direito fundamental é absoluto, especialmente em tempos de pandemia, tal liberdade individual de crença ou convicção política não poderia se sobrepor ao interesse coletivo de preservar o maior número possível de vidas.

Enfim, o que se percebe é que o magistrado trabalhista tem o enorme desafio de buscar compatibilizar a proteção coletiva com liberdade de consciência e a centralidade do trabalho; especialmente num contexto pandêmico em que a aplicação da justa causa pode ser compreendida como uma violência do poder privado, pois o empregado seria punido com a pena capital, quedando sem emprego e, consequentemente, sem o salário que lhe permite a sobrevivência.

Ao fim e ao cabo, longe de trazer qualquer solução para uma situação outrora impensável, a nossa única intenção — na concepção haberliana de uma comunidade aberta de intérpretes da Constituição —, foi contribuir com essa pauta, certa, tão somente, que o Estado existe em função do indivíduo e não o indivíduo para ele e, sendo assim, os direitos fundamentais à vida, à saúde ou ao meio ambiente de trabalho sadio, seguro e sustentável, tem o valor social do trabalho humano como o valor constitucional que os unifica e torna possível as suas efetivações na complexa relação capital *versus* trabalho.

Convenção n. 190 da OIT e o Trabalho Decente no Brasil Pós-Pandemia

Por **Adriana Goulart de Sena Orsini**(1)

Os estudos sobre assédio moral no local de trabalho iniciaram-se com as investigações de *Heinz Leymann*, doutor em psicologia do trabalho, alemão, radicado na Suécia, que, em 1984, publicou um pequeno ensaio científico intitulado *National Board of Occupational Safety and Health in Stockholm* sobre as consequências do *mobbing* na esfera neuropsíquica de pessoas expostas a humilhações no ambiente de trabalho.(2)

Marie-France Hirigoyen foi a primeira, na França, a denunciar o fenômeno do assédio moral no trabalho, por meio da obra *Assédio moral: a violência perversa do cotidiano*, que debate a questão a partir de casos reais. Seu segundo livro "*Mal-estar no trabalho*: redefinindo o assédio moral" analisou de forma mais acurada sobre o assédio moral, redefinindo o seu conceito e apontando as diferenças entre o assédio moral e as outras formas de sofrimento no trabalho.

No Brasil, os debates em torno do assédio moral desenvolveram-se a partir de 2000, com a tradução do livro de Marie-France Hirigoyen, psiquiatra francesa, e com a defesa da dissertação de mestrado da médica Margarida Barreto, na área de psicologia social, intitulada: "Uma Jornada de Humilhações".(3)

Em 2018, na 107ª Conferência Internacional do Trabalho foi elaborado um relatório com a análise sistemática do tratamento da violência e do assédio nas relações de trabalho em 80 países. Para preparar o referido relatório, o *Bureau Internacional do Trabalho, sito em Genebra,* levou a cabo uma análise jurídica sistemática do tratamento da violência e do assédio no mundo do trabalho nos quadros regulamentares normativos dos países.

Ao selecionar os 80 países, o *Bureau* procurou que fossem representativos de todas as regiões, sub-regiões e grupos de rendimento, e que dispusessem de informação pertinente ao tema. Utilizando uma série de questões-tipo, a equipe de peritos analisou a legislação, as convenções coletivas, as políticas nacionais e as diversas iniciativas de cada um dos países.

Publicação original no *site* **Justificando**: <https://www.justificando.com/2021/08/12/convencao-190-da-oit-e-o-trabalho-decente-no-brasil-pos-pandemia/>. Data da publicação: Quinta-feira, 12 de agosto de 2021.

(1) Desembargadora Federal do Trabalho – TRT 3ª Região. Professora Associada IV da Faculdade de Direito da UFMG.

(2) NASCIMENTO, Amauri Mascaro. *Iniciação ao Direito do Trabalho*. 34. ed. São Paulo: LTr, 2009. p. 29.

(3) BARRETO, Margarida Maria Silveira. *Uma Jornada de Humilhações*. Mestrado em Curso de Pós graduação, 2000. Pontíficia Universidade Católica de São Paulo. Orientadora: Profª. Drª. Bader Burihan Sawaia.

Dos 80 países escolhidos, 20 países eram da África, 15 das Américas, 4 dos Estados Árabes; 15 da Ásia e Pacífico e 26 da Europa e Ásia Central.[4]

Em 21.06.2019, a Conferência Internacional do Trabalho adotou a Declaração do Centenário da OIT para o Futuro do Trabalho, expressando o compromisso claro para com um mundo do trabalho livre de violência e assédio. Da mesma forma, adotou as primeiras normas internacionais do trabalho sobre a eliminação da violência e do assédio no mundo do trabalho, nomeadamente a Convenção da OIT sobre a eliminação da violência e do assédio no mundo do trabalho de 2019 (número 190) e a Recomendação que a complementa (número 206).

O art. 1º da Convenção n. 190 da OIT, seguindo a orientação do relatório elaborado na Reunião de Peritos, em 2016, traz uma novidade conceitual ao considerar que a violência e o assédio podem ser configurados com uma única ocorrência. Para a OIT, o ponto-chave para verificar se o ato será qualificado como violência ou assédio é a natureza e os efeitos da conduta, e não o número de ocorrências.

Alicerçada nas *obrigações essenciais da Declaração sobre Princípios e Direitos Fundamentais no Trabalho (1988)* — (a) a liberdade sindical e o reconhecimento efetivo do direito de negociação coletiva; (b) a eliminação de todas as formas de trabalho forçado ou obrigatório; (c) a efetiva abolição do trabalho infantil e (d) a eliminação da discriminação em matéria de emprego e ocupação —, a Convenção n. 190 da OIT reconhece que a violência e o assédio nas relações laborais violam os direitos humanos, ameaçam a igualdade de oportunidades e são incompatíveis com o trabalho decente.

A utilização da expressão "violência e assédio" como gênero tem maior alcance e abrangência, abarcando a interdependência e inter-relação entre os tipos de violência e assédio, além de englobar as suas diversas espécies: violência sexual, assédio sexual, violência doméstica, violência física, violência psicológica, assédio moral, violência estrutural, assédio organizacional, assédio virtual (*cyberbullying*), violência de gênero e assédio em razão de gênero. Previu "*world of work*" (mundo do trabalho) e não "*workplace*" o que ampliou notadamente o seu alcance. *Vide* art. 3º: a) espaços públicos e privados, quando constituem um local de trabalho; b) locais onde o trabalhador é remunerado, onde descansa, onde se alimenta ou onde utiliza vestiários e instalações sanitárias; c) em deslocamentos, viagens, eventos, atividades sociais ou treinamentos relacionados ao trabalho; d) no âmbito das comunicações relacionadas com o trabalho, incluindo as realizadas através de tecnologias de informação e comunicação; e) no alojamento fornecido pelo empregador; f) nos trajetos entre a casa e o local de trabalho.

O texto normativo internacional abrange os atos perpetrados durante o trabalho, como também os que tenham relação ou resultem do labor (art. 3º). Engloba, portanto, as condutas abusivas praticadas nas fases pré-contratual, contratual e pós-contratual.

---

(4) ORGANIZAÇÃO INTERNACIONAL DO TRABALHO. *Conferência Internacional do Trabalho, 107ª Sessão, 2018.* Relatório V(1): Acabar com a violência e o assédio contra mulheres e homens no mundo do trabalho. Disponível em: <http://cite.gov.pt/pt/destaques/complementosDestqs2/Violencia_Assedio_Relatorio_V1_OIT_2018.pdf>. Acesso em: 12 jul. 2021.

A Convenção n. 190 representa um marco civilizatório pela igualdade, contra a violência de gênero e o pleno emprego às mulheres no mercado de trabalho, a Lei Mâria da Penha (Lei n. 11.340/16) consiste em um marco civilizatório de defesa da vida das mulheres no Brasil. Ambas dizem sobre a necessidade da defesa da vida, além do reconhecimento dos efeitos nocivos da violência contra as mulheres no mercado de trabalho.

Ao incluir em seu texto a violência de gênero, a Convenção n. 190 regula situações que dizem respeito não apenas às mulheres cisgênero, mas também às pessoas transgênero, às pessoas que possuem uma orientação afetivo-sexual divergente do padrão heteronormativo, bem como aquelas não enquadradas no contexto binário de gênero. A interseccionalidade, compreendida como sobreposição de múltiplos fatores de opressão, dominação ou discriminação, acentua ainda mais a violência de gênero e potencializa a prática de assédio.

A inclusão é um dos focos centrais da Convenção n. 190 pois ela é aplicável a todas as pessoas que trabalham, independentemente do status contratual, incluindo estagiárias e estagiários, voluntárias e voluntários, pessoas que se candidatam a emprego e que exercem a autoridade de um(a) empregador(a).

Aplica-se aos setores público e privado, economia formal e informal e áreas urbanas e rurais. A Convenção n. 190 também considera em seu campo de aplicabilidade os terceiros (por exemplo, clientes, consumidores, prestadores de serviços e pacientes), porque tais pessoas podem ser tanto vítimas quanto agressores.

Reconhece que alguns grupos e trabalhadores e trabalhadoras de certos setores, ocupações e acordos de trabalho são reconhecidos como especialmente vulneráveis à violência e ao assédio (*v.g.*, saúde, transporte, educação e trabalho doméstico, ou quem está trabalhando à noite ou em áreas isoladas).

A Convenção n. 190 da OIT tem três eixos para atuação. O primeiro é o eixo da prevenção e proteção, com criação de planos protetivos e canais de denúncia. O segundo é o da aplicação e reparação, apontando uma reação imediata para que as vítimas se sintam seguras em denunciar. O terceiro é o da orientação e formação. É preciso saber o que é, de que forma ocorre a violência, especialmente com exemplos concreto, com debates e esclarecimentos exaustivos. É que algumas coisas são tão arraigadas culturalmente, que muitas vezes sequer se percebe que se trata de violência e traz prejuízos de vários matizes.

O instrumento internacional está em vigor desde 25.06.2021. O 1º Estado a ratificar foi o Uruguai (12.06.2020) e o 2º foi Fiji (25.06.2020).[5] Referida organização já se colocou a disposição para o apoio técnico imprescindível aos governos e às organizações de empregadores e de trabalhadores sobre a inclusão do normativo em nível nacional, setorial, empresarial e, até mesmo, do local de trabalho. Foi lançada uma campanha global de modo a

(5) INTERNATIONAL LABOUR ORGANIZATION. *Ratifications of C190 — Violence and Harassment Convention, 2019 (No. 190)*. Date of entry into force: 25 Jun. 2021. Disponível em: <https://www.ilo.org/dyn/normlex/en/f?p=1000:11300:0::NO:11300:P11300_INSTRUMENT_ID:3999810>. Acesso em: 12 jul. 2021. Tabela e tradução: autora.

demonstrar a importância do compromisso renovado dos países para ratificar e implementar os instrumentos normativos internacional.(6)

É preciso pensar em programas de integridade (*compliance*) empresarial e a integração em ambientes e relações laborais sustentáveis, voltados a efetividade do trabalho decente. Os programas de integridade previstos Lei n. 12.846/2013 podem ser estendidos às esferas sociais da empresa para coibir práticas de assédio e violências. Medidas de prevenção e atuação com precaução são condutas adequadas em relações laborais dignas do século XXI.

Trata-se de uma oportunidade histórica para definir o mundo do trabalho com dignidade e respeito. Há uma ideia motriz que todos os 187 países-membro da OIT podem utilizá-la como um documento para a orientação e criação de políticas públicas, mesmo que não tenham ratificado a convenção.

---

(6) Disponível em: <https://www.ilo.org/global/topics/violence-harassment/news/WCMS_801251/lang--en/index.htm>. Acesso em: 13 jul. 2021.

Processo do Trabalho

Compilações e Referências Sobre: Uniformizações e Isonomia

Por **Maria Madalena Telesca**, **Gilberto Souza dos Santos**, **Marcos Fagundes Salomão** e **Ricardo Carvalho Fraga**[(1)]

Sabe-se que a Exposição de Motivos do NCPC menciona doutrina da Alemanha e, em menor número de vezes, a organização do Judiciário nos EUA e Inglaterra. Três a dois, em uma contagem rápida. Em temas diversos dos recursais, autores da Itália e Portugal são mencionados em maior número.

As situações dos Países, antes mencionados, são bastante diferentes, inclusive, entre si, Alemanha, Inglaterra e EUA. Nós chegamos a proposições de adoção de suas experiências, trazendo nosso histórico, provavelmente único.

Em Portugal, não mais se tem mais os assentos.

Aqui, existem as súmulas. Todas possuem relevância nas questões recursais. Algumas, inclusive, são vinculantes, com efeitos, até mesmo, para fora deste momento processual.

Em evento da Escola Judicial do TRT RS, os Ministros Luiz Philippe e Sanseverino trataram de:

– interlocução entre tribunais;

– *overruling*; distinguishing e desafetação,

– amicus curiae e tratamento igual às partes;

– *class action* nos EUA.

Ocorreu em 21 de agosto de 2020, estando ainda disponível:

A EMERJ – Escola da Magistratura do Rio de Janeiro realizou debate virtual sobre "Precedentes Judiciais: efetividade e Racionalidade do Sistema Jurídico", coordenado por sua Diretora Desembargadora Cristina Tereza Gaulia. Os temas foram:

– Ministro Fux, a partir do minuto 9, Precedentes sob influência anglo-saxão, e, por outro lado, também, IRDR sob influência germânica;

– eficiência e conciliações;

– justiça e felicidade;

Publicação original no *site* **Justificando**: <https://www.justificando.com/2021/07/29/compilacoes-e-referencias-sobre-uniformizacoes-e-isonomia/>. Data da publicação: Quinta-feira, 29 de julho de 2021.

(1) Desembargadores no Tribunal Regional do Trabalho do Rio Grande do Sul – TRT RS.

– Fernando Sabino e certeza etc.;

– Humberto Theodoro Júnior, modulação decisões judiciais;

– Tereza Arruda Alvim, "criação" de direitos, apesar da doutrina contrária em todo o Mundo;

– Rodrigo Fux, relevância do registro de outros fundamentos, vencidos ou convergentes.

A EMERJ realizou outro evento, mais prático, sobre precedentes e "métodos de identificação". Mencionou-se que existem, no Tribunal de Justiça do Rio de Janeiro, mais de 800 processos de usuários do transporte público, havendo controvérsias semelhantes, todavia, não exatamente iguais. Interessante, mais ainda, é o relato de juíza auxiliar responsável, no mesmo TJ RJ, momento 15 minutos,

Desde alguns anos, o site de nosso Tribunal Regional do Trabalho do Rio Grande do Sul, TRT RS, ícone Recurso de Revista, opção estatística, permite ver os temas mais frequentes, inclusive por Turma, Relator, Advogado, ano, Temas e subtemas, tudo em cores e fácil acesso público,

Outro evento da EMERJ merece registro, mesmo que fora de nossos debates mais habituais. Trata das uniformizações em temas tributários, frequentemente, com os pólos da relação processual inversos aos trabalhistas, consideradas suas vantagens extra processuais,

Retornando à esfera trabalhista, registre-se que é expressiva a lista, com mais de duzentas folhas, de temas desta área, sujeitos a eventual exame pelo Supremo Tribunal Federal,

Certamente, outros estudos, ainda mais, atuais e oportunos poderão nos "aquecer", nestes meses de inverno. Por ora, ficamos do mesmo modo que os poetas enclausurados, repetindo que é necessário: Sinceridade para sussurrar, acreditando que o momento será eterno. Coragem para cantar na rua, convicto de que a beleza e bondade afastarão toda a dor.

Cultura e Trabalho

Sobre Invasões Bárbaras, Expropriação e Reintegração à Natureza

Por **Renata Nóbrega**[(1)]

O que relaciona pessoas em desenvolvimento, profissionais da educação, alimentação, barbárie e o mundo do trabalho?

Estou entre o dia 12 e o 16 de outubro de 2020 e no Brasil há efemérides religiosas, políticas, pueris e profissionais: dia da padroeira Nossa Senhora Aparecida (12), dia das Crianças (12), dia em que o Brasil oficialmente declara sua independência em 1822 (12) e dia do professor e da professora (15).

Além das bordas brasileiras, atribui-se ao dia 12 a chegada de Cristóvão Colombo ao "Novo Mundo", embora acreditasse que havia chegado às Índias (1492).

Finalmente, no dia 16 de outubro, desde 1981, foi instituído o dia mundial da alimentação.

Mas, da tentativa de articular temáticas aparentemente em desalinho, vou urdindo o novelo. Percebo que a usual engrenagem do sistema-mundo[(2)] e o clássico papel do Estado em desonerar o capital costuram as tessituras dessa história. Ela começa a tomar forma em meus pensamentos e as imagens na minha retina vão suleando[(3)] o que tento contar aqui em palavras a fim de dar alguns contornos de uma "laboring landscapes"[(4)] global.

A sequência desse devir, a partir de uma linha cronológica, leva-me a falar em bárbaros e invasões bárbaras. Sobressai no meu pensamento, a noção de que nossas terras foram sequenciadamente invadidas e tomadas por bárbaros.

O termo bárbaro foi cunhado pelos gregos, cuja semântica original dizia respeito a qualquer estrangeiro. Destarte, Colombo, aos 12 de outubro de 1492, foi algum dos muitos

Publicação original no *site* **Justificando**: <https://www.justificando.com/2020/10/15/sobre-invasoes-barbaras-expropriacao-e-reintegracao-a-natureza/>. Data da publicação: Quinta-feira, 15 de outubro de 2020.

(1) Juíza do Trabalho em Pernambuco. Doutoranda em História. Membra da Associação Juízes para Democracia (AJD).

(2) WALLERSTEIN, Immanuel. *O capitalismo histórico e civilização capitalista*. Rio de Janeiro: Contraponto, 2001.

(3) Utilizei o verbo 'sulear', que se encontra em "Pedagogia da Esperança: um reencontro com a pedagogia do oprimido", de Paulo Freire, na variante "suleá-los" (sulear a eles).

(4) ROGERS, Thomas. *The Deepest Wounds:* A Labor and Environmental History of Sugar in Northeast Brazil. Chapel Hill: University of North Carolina Press, 2010.

bárbaros que nos invadiram. Ao expropriar a terra da população que ali vivia, reduziu-a à condição de trabalhadores forçados, sem falar na disseminação de doenças, a exemplo da varíola. A historiografia reporta inclusive seu envolvimento com a plantação[(5)] de açúcar de cana, então, também neste aspecto, o meio de produção subtraído dos povos originários deixaria de servir à alimentação da população para dar lugar aos latifúndios da monocultura açucareira.

Povos "ameríndios", que eram parte da natureza que lhes dava abrigo e alimentação — natureza na condição de sujeito e não de objeto — foram adoecidos, desnutridos e transformados em trabalhadores expropriados dos meios de produção.

O tempo pede passagem e chego a 1822. No dia 12 de outubro daquele ano o príncipe foi aclamado D. Pedro I, o Imperador do Brasil. Mas a permanência[(6)] na paisagem "ameríndia" se manteve: desde o século XVI a cana-de-açúcar, seguiu sendo produzida em grandes extensões de terra, aquecendo o mercado global de tráfico de trabalhadores, especialmente os trabalhadores africanos deportados.[(7)]

Atravessados os séculos, as monoculturas de cana-de-açúcar e de outros cultivos se perpetuaram sobre essas terras, inclusive brasileiras

E assim a economia abandona à coadjuvante, em certa medida, uma produção que, ao longo dos séculos, envolveu um número sempre maior de mão de obra, inicialmente escrava, depois assalariada e, em todos os casos, proletarizada.[(8)]

Nativos "ameríndios", ou africanos e outros povos trabalhadores deportados num primeiro momento detinham as suas terras, numa perspectiva não só de produção, mas dando subjetividade à própria natureza mantenedora daquelas comunidades. Ao serem expropriados da terra, foram descolados de suas próprias redes de relações com a natureza e, por conseguinte, de suas autonomias alimentares, como é o caso da pesca.

Quando em "*O Capital*" Marx tratou da "assim chamada acumulação primitiva", destacando conceitualmente os cercamentos — mecanismo de exclusão do meio de sustento, qual seja, as terras produtivas, transformando-as em propriedade, pondero, nesse meu fluir de ideias em aparente desalinho e correndo riscos ensaísticos, que os povos originários foram alvo de cercamentos.

A monocultura, a escravização, o assalariamento, a proletarização, a subnutrição, as fábricas no campo com a interiorização das monoculturas inicialmente através de ferrovias

---

(5) WOLF, E.; MINTZ, S. Fazendas e Plantações na Meso-América e nas Antilhas. In: *O poder amargo do açúcar: produtores escravizados, consumidores proletarizados*. Recife: Ed. Universitária da UFPE, 2010.

(6) SCHWARTZ, Stuart. *Segredos Internos:* Engenhos e escravos na sociedade colonial, 1550–1835. São Paulo: Companhia das Letras, 1988.

(7) A expressão "trabalhadores africanos deportados" foi proposta no Encontro de Dakar, em novembro de 2016, na primeira edição das Oficinas de Pensamento, onde participaram estudiosos associados às propostas de estudos pós-coloniais e decoloniais do Professor Achille Mbembé. O evento foi noticiado, dentre outros, no *Le Monde Afrique*, de 28 de outubro de 2016.

(8) MINTZ, Sidney. Era o escravo de plantação um proletário?. In: *O poder amargo do açúcar:* produtores escravizados, consumidores proletarizados. Recife: Ed. Universitária da UFPE, 2010.

subsidiadas pelo erário, a navegação a vapor também com lastro em dinheiro público e, com o ciclo da borracha, o investimento estatal em estradas para que o capital pudesse lucrar vendendo pneus e derivados para circular nas estradas, com flagrante abandono de outros meios de transporte e escoamento da produção tudo são passados e presentes que a(s)cendem minha percepção de permanência da "*laboring landscapes*".

O jogo de escalas[9] me permite um sobrevoo além das terras "ameríndias". Do hoje ao ontem, do aqui ao alhures, Angola, Índia, Indonésia e tantos mais povos e lugares passaram e passam por contextos de expropriação da terra de sua população originária.

Cada lugar a seu modo e ao seu tempo, conta-nos essa história de povos escravizados e proletarizados, em todos os casos dominados pelos discursos e práticas (violentas) estatais de desoneração do capital.

A Índia me vem à mente do passado até o momento em que me encontro: 2020. Destaco o Covid-19 como exemplo de uso para discursos e práticas: desregulação estatal de um mercado já majoritariamente informal para, em verdade, sob o discurso da manutenção dos postos de trabalho, tentar tornar-se mais competitiva em comparação à China, sua vizinha. Em alguns estados indianos, vale o registro, a suspensão de direitos trabalhistas em decorrência da pandemia foi determinada para durar até 2023. A ver.

Bom, mas ainda estou em 2020.

De volta à semana em que, no Brasil, há um dia destinado às crianças, que podemos (re)significar pela lição da (re)dignificação da terra e da natureza em geral.

Falando em lição, esta mesma semana engendra o dia 15 de outubro, dedicado a profissionais do ensino, inseridos, por reflexo constitucional, na efetiva concretização do direito à educação como direito de todos e, por óbvio, profissionais que não podem ter suas relações de trabalho precarizadas, sob pena de violar a dimensão concreta desse direito.

Cabe aqui uma digressão que me ocorre acerca da reforma da legislação trabalhista brasileira, feita desde 2017 sob o discurso da valorização do negociado sobre o legislado, mas que impôs às categorias, especialmente a categorias cujas conquistas históricas se deram através da negociação coletiva — professores neste rol, perdas violadoras do princípio do não retrocesso social.

Registro e retomo a costura desse tecido de ideias em outubro de 2020.

Percebo que, se os papéis estatais da democracia burguesa são previstos, quais sejam, os de permanência da desoneração do capital, mantendo-se a engrenagem do sistema-mundo, a data internacional 16 de outubro redimensiona minha perspectiva do que significa o trabalho para além da barbárie.

Assim, a barbárie da qual falei está menos em oposição à expressão civilidade. O trabalho não se limita, de igual modo, ao esforço mediante salário.

---

(9) REVEL, Jacques (Org.). *Jogos de Escala:* a experiência da microanálise. Rio de Janeiro: Editora Fundação Getúlio Vargas, 1998.

Trabalho e barbárie aqui são ação e reação ao longo dos tempos, a luta marxiana que revisitamos a cada dia, a contra hegemonia gramisciana que praticamos em todos os campos e, porque não, a revolução e a dimensão estatal leniniana movida pela repulsa, resistência e reação unida e universalmente deflagrada contra quem nos expropria ao longo dos séculos.

Retomar o que Marx chamou de meio de produção, mas que aqui, peço licença, para singela e pouco categoricamente chamar de terra e de natureza, não como dimensão limitada de fonte de riqueza econômica ou produtiva, mas como copartícipe integrada ao equilíbrio dinâmico das espécies plurais e diversas que somos e que com ela compomos, reconhecendo-a como sujeito que sempre teve condições de garantir a alimentação de toda diversidade.

Pacha Mama, Gaia, Pangeia *et al.*

Como me ensinou Ailton Krenak: "Devíamos admitir a natureza como uma imensa multidão de formas, incluindo cada pedaço de nós, que somos parte de tudo: 70% de água e um monte de outros materiais que nos compõem. E nós criamos essa abstração de unidade, o homem como medida das coisas, e saímos por aí atropelando tudo, num convencimento geral até que todos aceitem que existe uma humanidade com a qual se identificam, agindo no mundo à nossa disposição, pegando o que a gente quiser. Esse contato com outra possibilidade implica escutar, sentir, cheirar, inspirar, expirar aquelas camadas do que ficou fora da gente como 'natureza', mas que por alguma razão ainda se confunde com ela. Tem alguma coisa dessas camadas que é quase-humana: uma camada identificada por nós que está sumindo, que está sendo exterminada da interface de humanos muito-humanos. Os quase-humanos são milhares de pessoas que insistem em ficar fora dessa dança civilizada, da técnica, do controle do planeta. E por dançar uma coreografia estranha são tirados de cena, por epidemias, pobreza, fome, violência dirigida."

Ocupar, resistir, ensinar, plantar, colher e integrar-se à Gaia sempre foram atos revolucionários e, talvez por isso, sempre compuseram a "coreografia estranha" de que fala Krenak.

E nesse emaranhado de palavras aqui urdidas, espero que remanesça uma suma sútil do que acredito ser a trama do trabalho vencendo a barbárie e que alimente cada um e cada uma de energia para "cantar, dançar e viver a experiência máxima de suspender o céu"[(10)], nessa "coreografia estranha" de resistência e (re)integração!

"Hasta la victoria!"

---

(10) KRENAK, Ailton. *Ideias para adiar o fim do mundo*. São Paulo: Companhia das Letras, 2019.

Sobre Céu e Terra: "Descansar a Vista até Onde a Vista Alcança"

Por **Renata Nóbrega**[(1)]

Descansar a vista
Até onde a vista alcança
De uma zona temperada
Até onde o sonho te leva
Na varanda suspensa
De São Sebastião
Intocada por ipoméias
Pés de manga, costela-de-adão
Eu me sentava pra ver
Aquele quadro vivo mudar
Vista para Ilhabela
Éramos a tela impressionista
Tropical, latino-americana
Litoral, início de janeiro
Tardes de veraneio, lume dos faróis
Anunciando a noite neon

'Varanda suspensa', de Céu

As imagens de uma caminhada pequeno burguesa entre março e abril de 2021.

A zona sul de Recife (PE) num momento de reabertura de áreas de circulação, enquanto os números da Covid-19 no Brasil avizinham 4.000 mortes/dia.

Pelos ouvidos, a música *Varanda suspensa* e a cantora chamada Céu.

No deambular de corpos, a maior parte deles corre, caminha ou pedala sem máscaras ou com elas apenas sobre boca e/ou queixo. Isso, que fique claro, são nossos corpos burgueses e brancos que se exercitam e recebem a luz solar e celestial.

Céu segue cantando: "Descansar a vista até onde a vista alcança".

Publicação original no *site* **Justificando**: <https://www.justificando.com/2021/04/08/sobre-ceu-e-terra-descansar-a-vista-ate-onde-a-vista-alcanca/>. Data da publicação: Quinta-feira, 8 de abril de 2021.

(1) Juíza do Trabalho em Pernambuco. Doutoranda em História. Membra da Associação Juízes para Democracia (AJD).

Ao olhar em volta, esses andantes em meu ângulo de visada perdem lugar para outros corpos: dois homens de amarelo intenso, faixa de neon nas barras das mangas dos braços e das pernas, chapéus com proteção para raios solares, luvas e, aparentemente, máscaras.

Ambos possuem suas mãos em trabalho intenso de varrição, intercalado pelo movimento não menos intenso do arrastar de baldes grandes e amarelos sobre rodas — lixeiras. Os homens amarelo-manga limpam as sujeiras que a gama corpórea andante de cor branco gelo vai espalhando e espraiando naquela trajetória.

A moça Céu, em sua voz de captura e com seu nome celeste, segue derramando a melodia que acessa meus ouvidos, articula palavras que, há pouco, rearranjei em minha cabeça: "Pés de manga, costela-de-adão".

Para matar a sede, um dos homens "pé de manga" bebe sua água numa garrafa azul reutilizada e, ao esvaziar o vasilhame, este permanece ao seu alcance, encaixado entre a alça e o corpo da lixeira por ele conduzida. Acredito que a coloca com a boca para baixo pela facilidade do encaixe, mas penso que assim também o faz para que, quando o lixo dos homens "costela de adão" for lançado à lixeira, o transbordo não chegue a atingir a parte da garrafa que irá à boca daquele trabalhador que tem a sede.

Minha jornada é retina e lágrima caída. "Varanda suspensa" é um lugar que confortavelmente habito. Apenas mais uma "costela de adão" que segue os fluxos de branco gelo de uma manhã de sol, mas que se tronou mais do que céu e mar.

Lembro-me das terras. Terra somos nós: "Cores de Frida Kahlo, cores", invade meu pensamento essa frase cantada em outra voz brasileira feminina e melódica.

"Caminho pelo mundo e presto muita atenção em cores."

Somos as cores — e porque não as flores — da Terra.

Somos um amálgama de corpos para o trabalho, que, de algum modo, segue alimentando o capital.

Desperto, mas o sonho segue, pois é a mesma paleta de cores de um mundo que, quando estou esperançada – e é no mais das vezes, remete minha vista aos tons multivariados da Wiphala.

Aquela bandeira — a Wiphala, atribuída historicamente aos povos primeiros, exprime, numa das muitas línguas dessa nossa ancestralidade, a junção entre a alegria e o sonho de conduzir uma bandeira comum a todas às existências.

A jornada de várias caminhadas que ainda faremos, primaveras de muitos povos, utopia fundante de muitas lutas e que me permite forjar as forças para novas e muitas outras caminhadas.

Bastantes vidas a vivermos para trabalharmos além da barbárie. Trabalhos que, muito além de salários e subserviência, sejam realizados coletivamente, desenvolvidos no principal meio expropriado: a terra.

Aliás, engrenagens humanas que não perpetuem o desenlace existencial com as terras e a Terra. Amálgamas vivos de cores que, ao destituírem as distinções promovidas pelo capital e perpetuadas pelo Estado na preservação deste mesmo capital, conformem as lutas em uma reintegração humana à natureza.

Em *Grande Sertão: Veredas*, diria Guimarães Rosa: "o irremediável extenso da vida".

Minha caminhada segue na zona sul do Recife (PE), entre brancos "costela de adão" e amarelos "pés de manga", mas a esperança, ao som de Céu, é a de vermos esse "quadro vivo mudar... Éramos a tela impressionista tropical, latino-americana...".

Céu cantando à terra que é viva e que não é mero meio de produção, muito pelo contrário, é a integração da própria existência. E que pede seu preço quando uma das espécies que compõe sua paleta insiste em distinguir-se não só dela, mas dentre os seus semelhantes, pintando cores estanques para os que varrem e os que sujam, chamando aos primeiros trabalhadores e aos segundos patrões.

Céu me faz reviver o jenipapo, minha mancha mongólica de nascença que, apesar de ter-se apagado com o tempo, manteve-se me permitindo várias conexões e me (re)fez para abraçar a terra do jeito que Damiana Kaiowá sente a terra e a ela se irmana.

Tekohá, na língua de Damiana, é "a Terra onde se é".

O sol se põe e Céu canta "anunciando a noite neon".

Lembro-me do documentário *Apyka'i – Os Mortos tem voz*, em que Damiana verbaliza esse neon ofuscante e que faz queimar nossos jenipapos de nascença: "Tekohá, eu nunca não vou estar aqui!".

Que nos encontremos nas nossas muitas lutas, por um trabalho além da barbárie, que assim o será quando não mais distinguirmos assalariados e assalariantes, que assim o será quando nossa integração for plena e os pés de manga estejam tão espalhados quanto as costelas de adão!

Mais do que o Pão Nosso de Cada Dia: Por Rosas e pelo Direito de Sonhar

Por **Juliana Ribeiro Castello Branco**[1] e **Perla Klautau**[2]

No filme "*Pão e rosas*" (1999), Ken Loach conta a história de uma imigrante mexicana, Maya, que se submete às mais duras situações ao cruzar a fronteira e chegar aos EUA para trabalhar. Ela é movida por uma necessidade de sobrevivência, mas também pelo desejo de viver outra vida, sair do seu mundo, para encontrar um lugar onde pudesse ultrapassar as dificuldades causadas pela falta de recursos e, principalmente, transpor a barreira que a interditava de sonhar um futuro distinto do presente. Porque deseja, Maya se lança ao desconhecido. Sem garantias, Maya se arrisca, se expõe. O desejo comparece no filme na fala de diversos personagens e em diversas situações: o desejo secreto e silencioso que move o trabalhador da limpeza a estudar para ingressar na universidade; o desejo barulhento, apaixonado e inexperiente dos representantes do sindicato em tentar *mudar o mundo*; mas também no desejo ocultado e adormecido dos companheiros de trabalho que, motivados por Maya, conseguem experimentar outra posição, na qual saem da situação de servilismo e enfrentam, coletivamente, a força dos que os mantêm submetidos. Podemos ver que quando isso acontece, há música, eles dançam, sorriem e se potencializam como sujeitos desejantes. Na cena em que se manifestam nas ruas da cidade, exibem uma faixa: "*Queremos pão, mas também queremos rosas*", afirmando que existir não é apenas subsistir.

Passados vinte anos a sociedade se encontra esfacelada a tal ponto que existir deixou de ser condição, e se transformou em privilégio de poucos. Aos demais, resta uma sub-existência, a existência limitada à luta para não deixar morrer o corpo de fome, doença e cansaço. Vidas sem rosas ou sonhos. É essa a vida dos personagens Ricky e Abbie Turner em "*Você não estava aqui*" (2019), filme dirigido por Ken Loach, cujo roteiro também se desenvolve em torno das relações de trabalho. O cotidiano do casal coloca em evidência corpos submetidos ao sistema neoliberal, que lhes retira pouco a pouco as perspectivas de futuro. Com os corpos cansados, esgotados de tanto trabalhar, Ricky e Abbie perdem o direito às horas de sono e às possibilidades de sonho. Não há encontro social, não há coletivo, não há alegria nem música. Muito menos rosas e sonhos. Portanto, não há potência: *o que existe é vida sem vida.*

De Maya ao casal citado, muita coisa se perdeu em condições materiais, e cada vez mais nos deparamos com o trabalho como sinônimo de barbárie. Nesse panorama, a privação

---

Publicação original no *site* **Justificando**: <https://www.justificando.com/2021/06/17/mais-do-que-o-pao-nosso-de-cada-dia-por-rosas-e-pelo-direito-de-sonhar/>. Data da publicação: Quinta-feira, 17 de junho de 2021.

(1) Juíza do trabalho – TRT/RJ. Mestre em Direitos Humanos pela Universidade Pablo de Olavide, Sevilha-ES. Membra da AJD.

(2) Psicanalista. Membro Efetivo do Círculo Psicanalítico do Rio de Janeiro – CPRJ. Professora do Instituto de Psicologia da Universidade Federal do Rio de Janeiro – IP/UFRJ.

a que está submetido o sujeito no contexto neoliberal ultrapassa a questão da distribuição de renda e suas repercussões econômicas e sociais. O que está em cena é o impedimento ao direito de desejar, do direito ao sonho. Para dar corpo a essas ideias, façamos um giro a outro cenário contemporâneo: adolescentes e jovens, vendedores de balas e amendoim nos sinais de trânsito da Zona Sul do Rio de Janeiro, vestidos com camisetas iguais onde se pode ler a frase: *"Quem dorme sonha, quem trabalha conquista"*. Abaixo desta, uma referência bíblica correspondente à citação, e a identificação desses jovens como *Tropa do sinal.*

Por trás das letras grafadas nas camisas é possível observar o desamparo social, configurado da seguinte forma: Estado ausente, Igreja no comando e onipresença da referência militar. Sem garantias asseguradas, encontramos nas estampas das camisas um dizer que nos fornece sinais dos ideais cultivados por muitos dos jovens que se encontram à mercê das intempéries do mercado e sem ancoragens de proteção social. Diante da incerteza de um futuro ou, até mesmo, sua privação como perspectiva, a condição de desamparo, inerente a todo humano, é maximizada, instaurando a insegurança, a desestabilização e a vulnerabilidade como ingredientes da vida cotidiana de muitos jovens situados precariamente nos laços sociais. A urgência de vislumbrar um porvir, muitas vezes, promove que o trabalho se realize em condições extremas: *trabalhar como condenados aparentando felicidade,* com a esperança de que a disciplina, a hierarquia e os dogmas impulsionem o ideal empreendedor contido na promessa de garantir a conquista do *pão de cada dia*.

A felicidade, transformada em ferramenta ideológica, vem sendo eficaz neste contexto. No discurso hegemônico vigente, a negatividade inerente à própria vida e às relações sociais é descartada e eliminada do campo de percepção dos espectadores interagentes, mantendo as derrotas pessoais e as experiências frustradas reservadas ao espaço individual fechado e inacessível ao coletivo.(3) Está vigente a regra de dar ênfase ao positivo e descartar o que não é bom. Com isso, exteriorizar a injustiça não é possível, já que esta é sentida como fruto de ação própria, de modo que o sujeito suporta a contrariedade e resigna-se diante da sua suposta incapacidade, como se, por não ser suficientemente bom, merecesse o sofrimento. Trava-se então uma luta, na qual o adversário é o próprio sujeito, que, ao final, perde as batalhas. Derrotado, o indivíduo em situação de desamparo pode ser acometido por quadros de neuroses traumáticas com sintomas de depressão e pânico.

O trabalho de Ricky é o exemplo do contrassenso dessa guerra em que os adversários habitam o mesmo corpo. O encarregado pela contratação de Ricky lhe assegura que, sendo independente e livre para realizar o trabalho, será o único responsável pela conquista do seu sonho, da realização dos seus desejos: *o que fica oculto é que a condição para a realização do trabalho é que o sonho não seja realizado, mas que tampouco deixe de ser perseguido*. Para que a produtividade ultrapasse o esgotamento sentido no corpo sem que o trabalhador se insurja, é preciso tê-lo submetido ao ideal neoliberal de geração de lucro ilimitado: manter acelerado o ritmo das atividades, sem que reste tempo para refletir. Invisibilizado o conflito capital *versus* trabalho, Ricky vive uma constante situação de insuficiência, onde a frustação criada pela hiperexploração do trabalho é sentida como impotência pessoal.

---

(3) HAN, Byung-Chul. *Psicopolitica:* neoliberalismo y nuevas técnicas de poder. Traducción Alfredo Bergés. Barcelona: Herder Editorial S. L., 2015.

Este paradoxo pode produzir um tipo de sofrimento capaz de revelar como a precarização tem o potencial de instaurar um estado constante de vulnerabilidade que, a serviço do discurso neoliberal, inscreve marcas traumáticas silenciadas pelo processo de reprodução do discurso em questão. A Tropa do sinal estampa esta contradição nos dizeres de suas camisetas: se quem dorme, sonha e quem trabalha conquista, o trabalhador submetido ao modelo neoliberal precisa conquistar. E para conquistar deve trabalhar além dos seus limites físicos, sacrificar o sono e os sonhos.

Desse modo, a vulnerabilidade se torna não só a marca patente da condição de trabalhador, mas, sobretudo, funciona como combustível para conquistas que podem ser empreendidas por este sujeito que a tudo se submete e por tudo se responsabiliza. Em seu cerne, esse sujeito fabricado porta o desempenho e o desmentido social. Ambos patenteados pelo modelo neoliberal de obtenção de riqueza: a exigência de conquistas diante da ausência de suportes socialmente disponíveis para que esse processo se dê, somado ao imperativo de viver a positividade que o sistema impõe. Fica evidente que Ricky não dorme, não sonha, trabalha, e não conquista. E os jovens que trabalham em condições precárias, ainda podem sonhar?

As camisetas usadas por adolescentes e jovens para trabalhar nos sinais de um grande centro urbano estampam que as figuras de poder já não mais ocupam as funções de proteção e cuidado. Nossa aposta é a de que o reconhecimento de tal desamparo pode servir também como potência, ou seja, como combustível para o fortalecimento de laços que se tramam horizontalmente. Entrelaçados por situações de vulnerabilidade, jovens trabalhadores podem construir a ancoragem da qual foram privados, tecendo amarras a partir do reconhecimento das potencialidades singulares dentro do coletivo. Isto pode permitir o resgate do sono e propiciar a construção de espaços para sonhar.

Ao negar o isolamento imposto pelo sistema e afirmar a atuação coletiva como meio de busca da dignidade, vislumbramos nestes trabalhadores potência de resistência, embora permaneçam imersos no discurso hegemônico, propagado e repetido nos dizeres das camisetas da *Tropa do sinal.*

Acreditamos que é urgente atuar, de forma implicada, a partir dessa suposta contradição compreendendo-a em seu contexto e acolhendo-a em sua fragilidade. Cabe aos campos do direito e da psicanálise colocar em ação práticas que criem condições para o desenvolvimento das potencialidades humanas, baseada na interrelação dos sujeitos, marcadas por contrastes, entrecruzamentos e mesclas.(4) Precisamos trabalhar na criação de mediações políticas, institucionais e jurídicas que garantam o reconhecimento da transferência de poder, capaz de produzir novo significado ao trabalho: que não seja prestado exclusivamente para se ganhar o pão, mas para que se afirme como meio de realização de desejo, garantindo-se, aos que o exercem, o direito a voltar a sonhar e querer rosas.

---

(4) FLORES, Joaquin H. *La reinvención de los derechos humanos*. Sevilha: Atrapasueños, 2007.

Cinema, Mundos do Trabalho e "Ele Não" Mais

Por **Raquel Braga**(1)

"Os artistas são a antena da raça."
Ezra Pound

Maria Augusta Ramos delineia as alterações do mundo do trabalho em dois documentários, *Não toque em meu companheiro* (2020), fantástica história sindical de 1990/1991, e *Futuro junho* (2016), rodado nas três semanas antecedentes à Copa do Mundo de 2014.

Não toque em meu companheiro adota o nome do movimento garantidor dos salários de 110 bancários — 50 paulistas, 30 mineiros e 30 paranaenses —, funcionários da Caixa Econômica Federal, dispensados injustamente, "por justa causa", com interferência direta do presidente da república, Fernando Collor de Mello, após a greve de 1991.

Os dirigentes obtiveram, sob minuciosa e organizada condução, autorizações de descontos em folha, no montante de 0,3% sobre os salários dos participantes, destinados ao pagamento dos dispensados até a reintegração judicial, um ano depois. O movimento, ao final, contava com 35 mil bancários colaboradores.

Quase 30 anos depois do ocorrido, o filme promoveu encontros entre os dirigentes sindicais responsáveis pela cotização e os reintegrados e entre todos eles e os jovens bancários de 2020.

Solidariedade, carinho e cumplicidade no primeiro encontro, destoaram do segundo, em que emergiram sinais de desinteresse sindical, despolitização e individualismo. A minoria dos jovens bancários divergiu das análises de conjuntura dos sindicalistas, evidenciando, mais do que mero conflito entre gerações, tratar-se de mundos em disputa.

Inevitáveis outras acareações comparativas, a força do regramento jurídico na contenção e reparação dos ilícitos, como na história, em contraste ao porvir, diminuição do Estado de providência social, desproteção legal e tecitura do tratamento dispensado às relações de trabalho no presente.

O longa-metragem entrelaça a causa imediata (retorno dos companheiros aos postos de trabalho) à luta principal (defesa das instituições públicas), incluída a não privatização da Caixa Econômica Federal, questões indissociáveis das eleições presidenciais.

Publicação original no *site* **Justificando**: <https://www.justificando.com/2021/08/26/raquel-braga-cinema-mundos-do-trabalho-e-ele-nao-mais/>. Data da publicação: Quinta-feira, 26 de agosto de 2021.

(1) Juíza aposentada (TRTRJ). FGV/MBA em Poder Judiciário. Especialista Crítica em Direitos Humanos – Universidade Pablo de Olavide Sevilha, Espanha, AJD e ABJD.

Outro paralelo vem à tona: a similaridade dos presidentes, Collor e Bolsonaro. Manchetes jornalísticas, arquivos sindicais e televisivos recuperam idênticas pautas e estratégias de campanha: poder ungido por Deus, pai de família, moralismo e combate à "corrupção".

Marilena Chauí, filósofa, e Luiz Carlos Belluzzo, economista, aparecem em diferentes momentos. Ela afirma: "o liberalismo encobre o desemprego estrutural pela uberização do trabalho, cada um acha que é empresário de si mesmo." Ele destaca: "Os bancos privados distorcem a alocação de recursos, não investem. O mercado financeiro é autorreferido, não tem uma relação mais próxima com o emprego, produção e renda, estão relacionados com eles mesmos."

O resultado é comovente. As belas imagens do projeto "Minha Casa, Minha Vida" e da Caixa Econômica Barco nas águas amazônicas emocionam, amostras do papel fundamental dos bancos públicos no desenvolvimento do Brasil exuberante e ferozmente destruído na atualidade.

O som de Johan Sebastian Bach preenche a tela nos minutos finais, pouco antes dos créditos, é a autorização para chorar.

O filme *Futuro junho*, por sua vez, substancia a tensão social do país às vésperas de sediar a Copa do Mundo de 2014, consequência da crise fabricada, aproveitada pelas elites nacionais e parcelas conservadoras, objetivando a retomada do neoliberalismo. A narrativa desenha a elevação dos lucros e o repasse dos prejuízos aos trabalhadores.

As primeiras tomadas revelam o gigantismo paradoxal de São Paulo, moderna arquitetura vertical e horizontalmente lenta pelo tráfego excessivo. Motoqueiros, em bailado habilidoso a despeito da letalidade inerente, disputam o espaço dos retrovisores de outros veículos. O povo espremido no transporte público e a elite sobrevoando a cidade de helicóptero. SP e a macroeconomia enquadram a fotografia da desigualdade social brasileira. Corta!

Avança a numerosa passeata nas laterais da tela, profissionais municipais de educação na defesa do acesso à escola de qualidade. O carro de som pontua "a inversão das prioridades da cidade, território da especulação imobiliária e financeira, arrecadação de 52 milhões de orçamento, receitas dos impostos pagos pelos cidadãos e não revertidos para a população em saúde, educação e habitação popular."

Os protagonistas são os laboristas, seus mundos do trabalho e a conjuntura: bolsa de valores, medidas econômicas, repressão agressiva da polícia militar aos lutadores sociais, principalmente ao movimento grevista dos metroviários, e a copa do mundo (o sete a um da Alemanha no Brasil se assemelha à câmera da cineasta, que não aparece em cena, embora esteja integralmente no documentário).

O economista de investimentos, André, explica o desaquecimento econômico em 2014, após uma década de estabilidade, sem motivos para tanto alarde, porém, a elite conservadora resolveu sabotar e apostar no caos, atendendo aos anseios neoliberais privatistas e antinacionais.

O motoboy, Alex, recebe, no lar, a vendedora de jazigos, imagem nada aleatória ante o grau elevado de acidentes de trabalho fatais em sua profissão. Relata mortes, em serviço, de dois irmãos no espaço exíguo de um ano e dois meses.

O metalúrgico da Volkswagen, Anderson, diferentemente da expressiva parte dos brasileiros do período, não troca o carro de mais de dez anos, exibido em sua garagem.

O líder metroviário, Fernandes, conduz o movimento grevista e, no curso do filme, é posto na rua por isso. O desembargador explica o critério para declarar a abusividade da greve e condenar o Sindicato dos Metroviários em 100 mil reais/dia, na sessão de julgamento no Tribunal Regional do Trabalho de São Paulo, retransmitida para os espectadores: "que funcionasse de forma normal como se não houvesse greve, naqueles horários de pico, autorizando que 70%, do que não é normal, funcionasse também nos demais horários."

O absurdo da decisão mata o direito de greve e mingua o sindicato.

A atividade sindical, fio condutor da solidariedade dos trabalhadores, não existe sem legislação de sustento e, sem ela, graças à precarização do trabalho demonstrada no padrão dos personagens reais: o metalúrgico sem condições de adquirir o carro que produz e o motoboy que não consegue pagar o plano de saúde para o filho, nem mesmo o vendido pela própria esposa.

Ideias correlacionam-se, a concepção neoliberal de valorização do capital financeiro e o tratamento coisificado do trabalhador, descartável e eliminável, contrapondo-se com os seres humanos que o filme delicadamente desvela. São pessoas interessantes, dignas e identificadas: Alex Cientista, André Perfeito, Anderson dos Anjos e Alex Fernandes.

As diferenciações no grau de aproveitamento da vida aparecem na tela. O analista do mercado financeiro é o único a desfrutar da cidade: jantar em bom restaurante, concertos musicais e o jogo do Brasil, na Copa do Mundo, no estádio.

E não nos enganemos, embora o país tenha uma desigualdade abissal, essa configuração injusta a privilegiar o capital tem sido imposta mundialmente: pouca gente vive a vida, a maioria a assiste pela TV.

As 26 pessoas mais ricas do mundo detêm a mesma riqueza dos 3,8 bilhões mais pobres que correspondem a 50% da humanidade, conforme indicam dados do relatório da OXFAM, de 2018. O trabalho perdeu a centralidade, dinheiro gerando cada vez mais dinheiro é a proposta do neoliberalismo para o mundo.

As últimas cenas de *Futuro junho* espelham um Brasil sacolejante nos trilhos, em direção à escuridão. A sensibilidade artística, profética, antecipou o destino Paulo Guedes, ventríloquo do boneco fascista. Na verdade, quem comanda o desmonte do Estado, resvalando nas pastas da saúde, da educação e da cultura. Metas perversas bem-sucedidas, deixar queimar empregos, películas e florestas, objetivando privatizações de bancos, água, energia e o que mais conseguir.

Os dois documentários auxiliam a compreensão dos fenômenos para desestabilizar as narrativas demagógicas e oportunistas que engendraram a atualidade e não fogem ao selo da documentarista, uma das melhores do mundo, a desnaturalização dos comportamentos hipócritas diante do inadmissível.

A cineasta, com montagens primorosas, transforma imagens em convocatórias para sacudir o estado das coisas expostas. Reparem na afirmação fundamental de um dos bancários das antigas: "a necessidade da politização do debate como mais importante do que a implementação de um plano político específico."

Exato. Emerge a urgência de um Projeto de Nação para o Brasil, com o envolvimento de todos os setores da sociedade, imune aos casuísmos, derrotando a lógica do capital financeiro, relacionando pautas ignoradas, fazendo chegar à consciência a necessidade de lutar pelo acesso igual aos bens, materiais e imateriais, em idênticas condições.

O que alcançaremos na atuação em conjunto aos movimentos sociais, criar e implementar políticas públicas afirmativas a sanar desigualdades e não aprofundá-las, como constatado na cronologia dos fatos denunciados pelos documentários.

Contudo, qualquer projeto estará fadado ao fracasso se não visar eliminar o fascismo vigente. A destruição do país, militarizado e desgovernado, em plena pandemia, resulta da política corrupta, objeto da CPI do Senado, e do genocídio de mais de 570 mil pessoas até a segunda quinzena de agosto de 2021.

À luta, ELE NÃO MAIS!

Os 10 mil caracteres disponíveis neste espaço, insuficientes para enumerar os prêmios nacionais e internacionais da cineasta, limitam-me a incluir o Prêmio Marek Nowicki (2014), pelo conjunto da obra, outorgado pela Helsinki Foundation of Human Rights.

A arte não precisa necessariamente ser engajada, no entanto, se há fascismo, os artistas que se levantam contra ele são tão imprescindíveis quanto os heróis que o combatem. Viva Maria Augusta Ramos!